Rolf-Ulrich Kunze
Nation und Nationalismus

Kontroversen um die Geschichte

Herausgegeben von
Arnd Bauerkämper, Peter Steinbach und Edgar Wolfrum

Rolf-Ulrich Kunze

Nation und Nationalismus

Wissenschaftliche Buchgesellschaft

Einbandgestaltung: schreiberVIS, Seeheim

Die Deutsche Bibliothek verzeichnet diese Publikation
in der Deutschen Nationalbibliografie;
detaillierte bibliografische Daten sind im Internet über
http://dnb.ddb.de abrufbar.

Das Werk ist in allen seinen Teilen urheberrechtlich geschützt.
Jede Verwertung ist ohne Zustimmung des Verlags unzulässig.
Das gilt insbesondere für Vervielfältigungen,
Übersetzungen, Mikroverfilmungen und die Einspeicherung in
und Verarbeitung durch elektronische Systeme.

© 2005 by Wissenschaftliche Buchgesellschaft, Darmstadt
Satz: Lichtsatz Michael Glaese GmbH, Hemsbach
Gedruckt auf säurefreiem und alterungsbeständigem Papier
Printed in Germany

Besuchen Sie uns im Internet: www.wbg-darmstadt.de

ISBN 3-534-14746-4

Inhalt

Vorwort der Reihenherausgeber VII

Vorwort 1

I. Einleitung 3
  1. Gegenstand und Leitfragen der Nationalismusforschung . . . 3
  2. „Gibt es überhaupt eine deutsche Geschichte?"
     Eine kritische Frage und eine noch kritischere Antwort 5

II. Überblick: Nation, Nationalstaat, Nationalismus 7
  1. Begründung der Themenauswahl 7
  2. Vorgehensweise 9
  3. Die Anfänge der modernen Nationalismusforschung
     bei Ernest Renan 1882 10
  4. Phasen und Themen nationalismusgeschichtlicher Forschung:
     vor 1882, 1882 bis 1983, seit 1983 13
  5. Definitionsansätze zu Nation, Nationalstaat und Nationalismus 17
  6. Probleme der Nationalismusforschung und ihre Bedeutung . . 25

III. Forschungsprobleme der Nationalismusgeschichte 27
  1. Nationalismustypologien und ihre historische Anwendung . . 27
    a) Kulturnation und Staatsnation 27
    b) Nationalismus im Westen, in Mittel- und Osteuropa . . . 29
    c) Nationalismus und *nationbuilding* in ‚kleinen Nationen' . . 32
    d) ‚Progressiver' und ‚nicht-progressiver' Nationalismus . . . 35
    e) Vormoderner und moderner Nationalismus 40
    f) Europäisch-atlantischer und Transfernationalismus 41
    g) Nationalismen im universalhistorischen Vergleich 43
    h) Postnationale deutsche Identität, 1945 bis 1990,
       und der neue deutsche Nationalstaat von 1990 46
  2. Nationalismustheorien und ihre historische Anwendung . . . 48
    a) Sozialpsychologischer Ansatz: Psychologie und politische
       Pädagogik 49
    b) Kommunikationstheoretischer Ansatz: *Social
       communication* 51
    c) Organologischer Ansatz: völkisch-nationales Denken . . . 54
    d) Säkularisierungsgeschichtlicher Ansatz: Nationalismus als
       Religion 55
    e) Ideologiegeschichtlicher Ansatz: Nationalismus
       als Ideologie 61
    f) Anthropologischer Ansatz: Ernest Gellner, Kultur und Macht 63
    g) Konstruktivistischer Ansatz: *imagined communities* . . . 74

Inhalt

    h) Konstruktivistisch-sozialgeschichtlicher Ansatz: Partizipation und Gewalt, gesellschaftliche Gruppenidentitäten 81
    i) Pfadabhängigkeit: institutionelle Stabilität und Strukturwandel 86
  3. Modernisierung, *nationbuilding* und Nationalismus 87
    a) Das Fallbeispiel der Niederlande 87
    b) Nationalismus und sozialer Wandel 91
  4. Integraler Nationalismus. Ein Überblick 93
  5. Nationalismus und Region 97
  6. Recht und Nation: die Erfindung der deutschen Reichsnation im Staats- und Verwaltungsrecht nach 1871 98
  7. Aktuelle Forschungstrends in der nationalismusgeschichtlichen Literatur der 1990er Jahre und Desiderate der Nationalismusforschung 105

IV. Ausblick: Lehren aus der Nationalismusforschung? 112

Quellen und Literatur 114

Personenregister 123

Sachregister 125

Vorwort der Reihenherausgeber

Kontroversen begleiten nicht nur die wissenschaftliche Arbeit, sondern sind deren Grundlage. Dies gilt auch für die Geschichtswissenschaft. Weil wissenschaftliche Auseinandersetzungen nicht leicht zu durchschauen und noch schwerer zu bearbeiten sind, ist es notwendig diese aufzubereiten.

Die Reihe „Kontroversen um die Geschichte" ist als Studienliteratur konzipiert. Sie präsentiert die Auseinandersetzungen zu Kernthemen des Geschichtsstudiums; ihr Ziel ist es, Studierenden die Vorbereitung auf Lehrveranstaltungen und Examenskandidaten ihre Prüfungsvorbereitung zu erleichtern. Entsprechend kennzeichnet sie ein didaktischer und prüfungspraktischer Darstellungsstil.

Über diesen unmittelbaren Nutzen hinaus nimmt die Reihe die Pluralisierung der Historiographie auf, ohne dem Trend zur Zersplitterung nachzugeben. Gerade in der modernen Gesellschaft mit ihrer fast nicht mehr überschaubaren Informationsvielfalt wächst das Bedürfnis nach einer schnellen Orientierung in komplizierten Sachverhalten. Ergebnisse der historischen Forschung werden in dieser neuen Reihe problemorientiert vermittelt. Die einzelnen Bände der „Kontroversen um die Geschichte" zielen dabei nicht auf eine erschöpfende Darstellung historischer Prozesse, Strukturen und Ereignisse, sondern auf eine ausgewogene Diskussion wichtiger Forschungsprobleme, die nicht nur die Geschichtsschreibung geprägt, sondern auch die jeweilige zeitgenössische öffentliche Diskussion beeinflusst haben. Insofern umschließt der Begriff „Kontroversen" zwei Dimensionen, die aber zusammen gehören.

Die Spannbreite der „Kontroversen um die Geschichte" reicht vom 16. Jahrhundert bis zur Zeitgeschichte. Einige der Bände sind jeweils einzelnen Themengebieten wie der Verfassungsgeschichte gewidmet, die im historischen Längsschnitt behandelt werden und überwiegend über den deutschen Sprach-, Kultur- oder Staatsraum hinaus eine vergleichende Perspektive zu anderen Regionen und Staaten Europas eröffnen. Andere Bände behandeln einzelne Epochen oder Zeitabschnitte europäischer und deutscher Geschichte wie etwa den Absolutismus oder die Weimarer Republik. Gelegentliche Überschneidungen sind somit nicht nur unvermeidbar, sondern auch durchaus sinnvoll.

Der Aufbau der Bände folgt einem einheitlichen Prinzip. Die Einleitung entfaltet den Gesamtrahmen der behandelten Epoche oder des dargestellten Querschnittbereichs. Daran schließt sich ein Überblick an: Er begründet die Auswahl der behandelten Deutungskontroversen und ordnet diese in den Gesamtrahmen ein. Der Hauptteil der Bände umfasst sechs bis acht Forschungsprobleme. Dabei werden nicht vorrangig alle Entwicklungen und Stadien der Forschung nachgezeichnet, vielmehr Schlüsselfragen und zentrale Deutungskontroversen der Geschichtswissenschaft übersichtlich und problemorientiert präsentiert. Der Darstellung dieser Schlüsselfragen folgt zum Schluss eine kritische Bilanz des Forschungsstandes, in der auch offene

Vorwort der Reihenherausgeber

Probleme der Geschichtsschreibung dargelegt werden. Historische Forschung ist ein nie beendeter Prozess, dessen Befunde immer einer kritisch-distanzierenden Bewertung bedürfen. Auch dies soll in dem abschließenden Kapitel der Bände jeweils deutlich werden. Eine Bibliographie der wichtigsten Werke steigert den Gehalt der Bände; das Register weist zentrale Personen- und Sachbezüge nach und dient einer schnellen Orientierung.

Unser Wunsch ist es, dass die Reihe „Kontroversen um die Geschichte" einen festen Platz in den Bücherregalen von Studierenden der Geschichtswissenschaft, aber auch benachbarter Disziplinen einnimmt, die sich auf Lehrveranstaltungen oder Prüfungen vorbereiten. Darüber hinaus sind die Bände der Reihe an Leserinnen und Leser gerichtet, die Befunde der Geschichtsschreibung sachkundig vermitteln möchten oder ganz generell an historisch-politischen Diskussionen interessiert sind.

Arnd Bauerkämper
Peter Steinbach
Edgar Wolfrum

Vorwort

Kaum ein anderes Thema der Geschichtswissenschaft spiegelt die methodische und inhaltliche Pluralisierung der Humanwissenschaften so direkt wie die Nationalismusforschung. Der in diesem Bereich Tätige ist zumal dann, wenn er die Topographie dieser Forschungslandschaft beschreiben will, auf kollegiale Anregungen und Kritik in besonderem Maß angewiesen, um seiner höchstpersönlichen ‚Pfadabhängigkeit' und Neigung zu Lieblingspanoramen nicht allzu stark nachzugeben. Je verschiedener die Ansätze dieser Kritik, desto besser für das Produkt.

Die vielfältigen Perspektiven der Nationalismusforschung hat mir über viele Jahre hinweg mein akademischer Lehrer Wolfgang Altgeld erschlossen, vor allem im Hinblick auf die Bedeutung nationalreligiös-konstruktivistischer Denkmuster im deutschen Nationalismus des 19. und frühen 20. Jahrhunderts. Das Frankfurter rechtshistorische Oberseminar von Michael Stolleis hat meinen Blick auf die nationalismusgeschichtliche Relevanz des juristischen *nationbuilding* gelenkt, das – vor allem in vergleichender Perspektive – nach wie vor ein Forschungsdesiderat der Nationalismusforschung darstellt. Für Hinweise aus einer universalgeschichtlichen Perspektive bin ich Imanuel Geiss zu herzlichem Dank verbunden. Sein Beharren auf realhistorischen, den latenten Eurozentrismus bewusst überwindenden Vergleichsstrukturen wird durch die Aktualität nationalistischer Konflikte rund um den Globus auf traurige Weise jeden Tag bestätigt. Die Mitarbeit an der auf die Vermittlung von Grundkenntnissen niederländischer Geschichte zielenden *free access*-Online-Datenbank NiederlandeNet des Zentrums für Niederlande-Studien in Münster unter Leitung von Friso Wielenga zeigte mir einmal mehr die nationalismusgeschichtliche Bedeutung des europäischen Sonderfalls der niederländischen Nationalgesellschaft, für die das Etikett des ‚westeuropäischen Nationalstaats' niemals wirklich passte. Der Blick auf die Problemgeschichte des niederländischen *nationbuilding* kann die allzu selbstverständliche Akzeptanz nationalstaatlicher europäischer ‚Normalmodelle' heilsam relativieren. Ganz besonders danke ich schließlich Arnd Bauerkämper für seine kritische und gründliche, über Herausgeberpflichten weit hinausgehende Lektorierung des Manuskripts, der ich wichtige Anregungen und Anstöße verdanke.

Karlsruhe, September 2004   Rolf-Ulrich Kunze

I. Einleitung

1. Gegenstand und Leitfragen der Nationalismusforschung

,Nation', ,Nationalstaat' und ,Nationalismus' sind keineswegs Begriffe, die sich von selbst verstehen. Sie sind weder ,Schöpfungsordnungen' noch ,uralt', sondern vielmehr konstruiert und somit als historische Konstrukte zu verstehen: Konzepte bestimmter sozialer Trägerschichten einer spezifischen Gesellschaft zu einer bestimmten Zeit, teils Ergebnisse, teils Voraussetzungen sozioökonomischen und soziokulturellen Wandels, ohne lediglich Funktionen gesellschaftlicher oder kultureller Veränderungen zu sein. Jedoch sind damit einige komplexe Problemlagen der Nationalismusgeschichte erst angedeutet. Einhundertzwanzig Jahre nach Ernest Renans vielzitiertem Vortrag unter dem Titel „Que'est-ce que c'est une nation?" (1; S. 41–58). bietet die Nationalismusforschung der Human- und Sozialwissenschaften, der Psychologie und der Anthropologie weitaus mehr *work in progress* und auch Konfliktpotential als gesicherten Forschungsstand oder gar festgefügtes Wissen. Die folgenden, zum Teil bereits bei Renan zu finden Fragen und Fragenkomplexe beschäftigen Nationalismusforscher der verschiedenen Disziplinen bis zum heutigen Tag (2; S. 129–139).

Konstruktionsmechanismen der Nation

- *Fragen nach der sozialen Zusammensetzung der Großgruppe ,Nation', des Organisationsmodells ,Nationalstaat' und der Träger nationalistischer Ideologien:* Welche sozialen Gruppen sind Trägerschichten des Nationalismus, identifizieren sich mit der Nation, stehen hinter der Gründung eines Nationalstaats und dem *nationbuilding* – und welche nicht? Welche Gruppen werden mit welchen Argumenten aus der Nation ausgeschlossen? Den Prozess der ,Erfindung der Nation' bezeichnet man als *nationbuilding*. Weltgeschichtliche Bedeutung bekommen Nationen innerhalb von Nationalstaaten erst in der Neuzeit, frühestens seit der niederländischen Revolution des 16. Jahrhunderts. Sie sind folglich eine Signatur der atlantisch-europäischen Moderne.

Trägerschichten der Erfindung der Nation

- *Fragen nach den sich wandelnden Funktionen des Nationalismus (und seines epochen-, schichten- und kulturkreisübergreifenden Erfolges bis in unsere Gegenwart):* Wie kommt es dazu, dass die – als Abstammungs-, Geschichts-, Sprach- oder politische Gemeinschaft definierbare – Nation im Leben der Menschen eine zentrale, nicht selten: individuell und kollektiv sinnstiftende Rolle übernimmt und dabei ältere individuelle und kollektive Bindungen und Loyalitäten verdrängt? Ist es überhaupt richtig, hier von Verdrängung zu sprechen, oder gehen die älteren Bindungen wie ethnische Zugehörigkeit, Landsmannschaft, Konfession oder selektive Wahrnehmung der ,eigenen' und der ,fremden' Geschichte nur besondere Mischungsverhältnisse mit der Ideologie des Nationalismus ein, und wenn ja, wie? Was begründet die außerordentliche Anpassungsfähigkeit der nationalistischen Ideologie?

Funktionen des Nationalismus

Einleitung

Konstruktionsmechanismen des Nationalismus

- *Fragen nach den Konstruktionsmechanismen des Nationalismus:* Welche Mechanismen sind es, die es den Trägern nationaler Identität ermöglichen, sich auch in den verschiedenen Wellen der Globalisierung seit der Durchsetzung der politisch-industriellen Doppelrevolution von 1776/1789 zu behaupten, ja dem Übergang von der traditionalen zur modernen Industrie- und Massengesellschaft einen spezifisch nationalen Charakter zu geben? Welchen Zielprojektionen folgt der Nationalismus, der sowohl emanzipatorischen als auch repressiven Charakter annehmen kann?

Entstehungsbedingungen

- *Fragen nach den Entstehungsbedingungen von Nationalismus in der Universalgeschichte:* „Kultur und soziale Organisation sind universell und unvergänglich. Staaten und Nationalismus hingegen sind es nicht. Dies ist eine Tatsache von höchster Bedeutung. Eine Theorie, die sie nicht beachtet, kann dem Problem nicht gerecht werden. Nationen und nationalistische Gefühle sind nicht überall verbreitet. (…) Wie kommt es, dass die Konstellation von Kultur und Organisation manchmal, jedoch nicht immer Nationalismus hervorbringt?" (3; S. 19).

Funktionen des Nationalstaats

- *Fragen nach den Funktionen des Nationalstaats:* Welche Erwartungshaltungen richten sich an den Nationalstaat als politisch-gesellschaftliches Organisations- und Dienstleistungsmodell? Welche Funktionen kennzeichnen einen Nationalstaat und wie verändern sich diese?

Selbst- und Fremdwahrnehmung

- *Fragen nach dem Selbst- und Fremdbild nationalistischen Denkens und Verhaltens:* Wieviel vermeintlich ‚Eigenes' und vermeintlich ‚Fremdes' verträgt ein bestimmtes Konzept der Nation und des Nationalstaats? Ist der jeweilige Verträglichkeits- bzw. Unverträglichkeitsgrad Voraussetzung oder Folge von Nationalismus, nationaler Identität oder nationalstaatlichem Bewusstsein? Wie wird z.B. nach bedeutenden politischen Umbrüchen wie 1918/19 und 1989–91 die Neugründung von National- und Nationalitätenstaaten thematisiert? Auf welche identitätsstiftenden nationalen Narrative greifen nationale Sinnstifter dabei zurück? Welches Bild von Nation und Nationalstaat liegt den Mechanismen ‚offiziellen', also von staatlicher Seite aus geförderten und praktizierten Nationalismus ‚von oben' zugrunde? Wie erfolgt der Umschlag vom randständigen und oppositionellen Eliten- zum Massennationalismus ‚von unten'?

Nationalstaatstypologien

- *Fragen nach der Unterscheidungsmöglichkeit von Formen der Nationalstaatsgründungen und des nationbuilding:* Wie kam es, dass mancherorts, z.B. in England, Frankreich, Spanien und den Niederlanden, sich Nationalstaaten und Nationen sehr viel früher bildeten als in der Mitte und im Osten Europas? Steckten dahinter bestimmte strukturelle Ähnlichkeiten, aus denen auch Aussagen für nichteuropäische Fälle abgeleitet werden können? Kommt ein ‚normaler' Nationalstaat eigentlich in der historischen Erfahrung vor oder steckt in der Frage bereits ein im Kern unhistorisches idealtypisches Denken in der Unterscheidung von vermeintlicher Ausnahme und vermeintlicher Regel?

2. „Gibt es überhaupt eine deutsche Geschichte?"

- *Fragen nach dem Charakter von Nationalitätenstaaten:* Sind Nationalitätenstaaten wie Österreich-Ungarn, das alte Jugoslawien und die UdSSR immer zum Scheitern verurteilt? Ist die Schweiz eine Nation oder ein Nationalitätenstaat?

<small>Charakter eines Nationalstaats</small>

- *Fragen nach der Zukunft des Nationalstaats und des Nationalismus:* Kann es Vereinte Nationen ohne Nationalstaaten, Gesellschaften ohne Nationalismus, politisch-historische Identitäten ohne Nation geben?

<small>Zukunft des Nationalstaats</small>

Wann, wie und warum diese durchweg kontroversen Fragen im Kontext historisch-politischer Debatten und vor dem Hintergrund bestimmter historisch-politischen Erfahrungsräume gestellt und welche kontroversen Antworten auf sie gegeben und nicht gegeben wurden, ist nicht nur wissenschaftsgeschichtlich relevant. In den Fragen und Antworten der Nationalismusgeschichte bildet sich zugleich auch die Entwicklung des historischen Erkenntnisprozesses in den Human- und Sozialwissenschaften der letzten einhundertzwanzig Jahre ab (4; S. 15–41).

2. „Gibt es überhaupt eine deutsche Geschichte?" Eine kritische Frage und eine noch kritischere Antwort

Im Jahr der deutschen Wiedervereinigung hat der Berliner Zeithistoriker Hagen Schulze einen Essay unter dem Titel „Gibt es überhaupt eine deutsche Geschichte?" veröffentlicht (5). Die Fragestellung hat einen besonderen nationalismusgeschichtlichen Reiz und Erkenntnisgehalt, weil sie die in der Regel unreflektiert übernommene Annahme der Selbstverständlichkeit einer deutschen Nationalgeschichte mit historischen Argumenten in Frage stellt. Schulzes Antwort lautet: Eine sich von selbst verstehende, sich selbst legitimierende deutsche Geschichte gibt es nicht. Der Essay gehört in die jüngste, die konstruktivistische Phase der Nationalismusforschung, bei der die Frage nach der ‚Konstruktion' nationaler Identitäten im Mittelpunkt des Erkenntnisinteresses steht. Dazu gehört auch die gezielte ‚Dekonstruktion' nationaler Grundannahmen und überlieferter Mythenbildungen des nationalen Geschichtsbildes: „Ein paar für Preußen verlorene Schlachten, ein anderer Ausgang des preußischen Verfassungskonflikts von 1862, ein anderes Ergebnis des Krimkriegs, wodurch andere internationale Rahmenbedingungen für die Gestaltung Mitteleuropas gesetzt worden wären: Bismarcks Schöpfung wäre nicht entstanden" (5, S. 48). Aufschlussreich im Hinblick auf den konstruktivistischen Ansatz der Nationalismusgeschichte ist Schulzes Behandlung des Themas der nationalen Mythenbildung in der nachnapoleonischen Ära: „Da also die Gegenwart der neu erwachten nationalen Idee keine Anhaltspunkte gab, wurde die deutsche Nation aus der Geschichte in Form einer utopischen Projektion begründet" (5, S. 31). Gegen Ende des Essays resümiert Schulze, was die Antwort auf seine Frage erschwert: „Vielleicht liegt es an der traditionellen Beschränkung unseres Blicks auf Mitteleuropa allein, dass uns die Fra-

<small>Dekonstruktivistische Fragen an die Nation</small>

I. Einleitung

ge nach der deutschen Geschichte so schwierig erscheint. Im europäischen Zusammenhang jedenfalls gewinnt die deutsche Geschichte, was ihr als Nationalgeschichte fehlt: Eigenart und Kontinuität" (5; S. 68).

‚Fatherlands'

Die englische Historikerin Abigail Green geht in ihrer 2001 erschienenen Dissertation über „State-Building and Nationhood in Nineteenth-Century Germany" (6) über Hagen Schulzes Frage nach der deutschen Geschichte noch hinaus. Schulze kann zeigen, dass es eine deutsche Geschichte nur im europäischen Kontext gibt; Green macht plausibel, dass es vor 1871 nicht eine, sondern mehrere deutsche Nationen, mehrere ‚Fatherlands' gegeben hat. Green weist durch die Anwendung von Benedict Andersons Interpretationskonzept der ‚Erfindung' nationaler Traditionen durch die Nationalisierung der Wahrnehmung von Alltag und Geschichte nach, dass es vor und selbst noch nach der Reichsgründung von 1871 Prozesse des *nationbuilding* in den Königreichen Hannover, Sachsen und Württemberg gab, die denen der ‚Reichsnation' im Hinblick auf die Tragfähigkeit der Identifikation nach 1871 sogar dauerhaft überlegen waren. Sie kann für die Zeit zwischen Wiener Kongress und Reichsgründung belegen, dass es nicht nur moderne hannoversche, sächsische und württembergische *Staaten*, sondern *Nationen* gegeben hat, deren Identitätserfindungen so erfolgreich waren, dass nach der Katastrophe des deutschen Nationalstaats 1933 bis 1945 in föderalistischer Hinsicht an sie angeknüpft werden konnte. Abigail Greens Antwort auf Hagen Schulzes Frage nach der deutschen Geschichte ließe sich so zusammenfassen: Im 19. und auch im 20. Jahrhundert gab es nicht nur *eine deutsche* Geschichte, sondern *mehrere* deutsche Geschichten, u.a. in den Farben Hannovers, Sachsens und Württembergs.

Schulze und Green führen mitten in die Problemvielfalt der Nationalismusforschung und ihre erkenntnisleitende Frage: Was ist eine Nation?

II. Überblick: Nation, Nationalstaat, Nationalismus

1. Begründung der Themenauswahl

Aufgabe und Zielsetzung dieses Bandes ist es, ausgewählte Schlüsselfragen und zentrale Interpretationskontroversen des historisch-politischen Themenfeldes Nation und Nationalismus problemorientiert zu präsentieren. Im Vordergrund steht die erkenntnisleitende Frage von Renan: „Qu'est-ce que c'est une nation?" („Was ist eine Nation?") (1; S. 41–58). Diese auf *allgemeine Strukturen und Probleme des Nationalismus*, aber nicht speziell auf das *deutsche Beispiel* oder *europäisch-atlantische Fälle* zielende Leitfrage schließt wichtige nationalismusgeschichtliche Themenstellungen und Schwerpunktsetzungen aus. Es geht also nicht um eine zusammenfassende Geschichte von ‚Nation und Nationalismus in Deutschland' – so der Titel einer neueren deutschen Überblicksdarstellung zu Problemen der deutschen Nationalismusgeschichte des Kölner Nationalismushistorikers Otto Dann (7) oder um eine ‚Geschichte des Nationalismus in Europa', so der Titel einer ideengeschichtlichen Monographie von Eugen Lemberg aus dem Jahr 1950 (8). Ein Grundlagenwerk zur Ideengeschichte des Nationalismus, Hans Kohns 1945 zunächst auf englisch, 1950 in deutscher Ausgabe erschienene Arbeit ‚Die Idee des Nationalismus' (9), zeigt deutlich, dass in der Ideengeschichte nicht die erkenntnisleitende Fragestellung Renans, sondern vielmehr die nach den geistesgeschichtlichen Wurzeln des Nationalismus im Vordergrund steht.

„Was ist eine Nation?"

Die in dieser Überblicksdarstellung erfolgende bewusste Beschränkung auf ausgewählte Strukturen und Probleme der Forschungsgeschichte des Nationalismus muss mit dem deutlichen Hinweis verbunden werden, dass die Zugänge zu den Gegenständen der modernen Nationalismusforschung seit Renan multiperspektivisch und multidisziplinär sind. Weder die Geschichts- noch die Sozialwissenschaft, die Anthropologie oder Psychologie konnten jemals ein Definitionsmonopol auf die Nationalismusforschung behaupten.

Multiperspektivische Zugänge

Nationalismusgeschichtliche Perspektiven (10), die der hier angestrebten Einführung zugrundeliegen, bietet u.a. die grundlegende Arbeit von Karl Wolfgang Deutsch über ‚Nationalism and social communication' (11). Wolfgang Altgelds Habilitationsschrift aus dem Jahr 1992 über ‚religiös begründete Gegensätze in der Geschichte des deutschen Nationalismus' (12) ist zum Teil als Literaturbericht angelegt, der den Gang der Forschung zu Fragen nationalreligiöser Identität erschließt. Aufgrund ihrer problem- und strukturgeschichtlichen Ausrichtung finden die posthum erschienene Essaysammlung des englischen Philosophen und Sozialanthropologen Ernest Gellner (3) und die Aufsätze zum Thema ‚Nation, Nationalismus, Nationalstaat in Deutschland und Europa' besondere Berücksichtigung, die der Tübinger Neuzeithistoriker Dieter Langewiesche 2000 vorgelegt hat (13). Die methodischen Grundlagen der von der neuen Kulturgeschichte fruchtbar gemachten ‚verstehenden' Interpretation in mentalitäts- und identitätsgeschichtlichen Zusammenhängen (4; S. 99–131; 14; S. 17–47 gehen auf die Beiträge des

Karl Wolfgang Deutsch, Wolfgang Altgeld, Ernest Gellner, Dieter Langewiesche, Clifford Geertz amerikanischen Anthropologen Clifford Geertz (15) zum Verstehen kultureller Systeme zurück (16; S. 105–117).

Orientierungsliteratur

Einen Literaturüberblick bietet Dieter Langewiesche in der ‚Neuen Politischen Literatur' von 1995 (17; S. 190–236). Nützlich sind die bibliographischen Hinweise in den Beiträgen des von Ulrike von Hirschhausen und Jörn Leonhard herausgegebenen Sammelbandes ‚Nationalismen in Europa' von 2001 (18). Als Überblick zur Geschichte von Staat und Nation in der europäischen Geschichte (19) zuverlässig ist die gleichnamige Darstellung von Hagen Schulze aus dem Jahr 1994 (20), übergeordnete strukturgeschichtliche Perspektiven zu diesem Thema bietet die Arbeit von John Breuilly über ‚Nationalism and the State' (21). Einen Überblick über den Nationalismus als politische Idee (22; S. 354–359) eröffnet auch der Beitrag von Eugen Kamenka, Peter Herde und Shlomo Avineri in Pipers Handbuch der politischen Ideen (23; S. 589–631). Für ereignisgeschichtliche Zusammenhänge ist das seit nunmehr fast zwanzig Jahren in ständigen Aktualisierungen erscheinende, nach Daten, Personen, Schauplätzen, Begriffen, Staaten und Epochen gegliederte Handbuch ‚Geschichte griffbereit' (24) von Imanuel Geiss vor allem aufgrund seiner universalgeschichtlichen Perspektive zu empfehlen.

Weitere Ressourcen, Quellen

Eine informative Internetseite zum Thema hat der Doktorand Eric Zuelow an der University of Wisconsin at Madison eingerichtet: http://www.nationalismproject.org/about.htm (Stand: 7/2004). Neben Links und der Möglichkeit zur Volltextrecherche in einschlägigen Beiträgen findet man hier eine Auswahl von Fachartikeln bibliographiert. Eine in das Thema einführende Quellen- und Textauswahl bietet ein von Peter Alter zusammengestellter Sammelband mit Dokumenten zur Geschichte des Nationalismus (25) sowie ein von Dorothea Weidinger in einem 2002 erschienener Reader (26). Einführungen in die hier nicht behandelten Bereiche der Nationalismusgeschichte und insbesondere der Theoriedebatte bietet u.a. ein Überblick von Anthony Smith aus dem Jahr 1998 (27) sowie ein 1995 veröffentlichter Sammelband von Etienne François, Hannes Siegrist und Jakob Vogel zum Thema ‚Nation und Emotion' (28).

In dem Abschnitt ‚Forschungsprobleme der Nationalismusgeschichte' (III.) werden sechs Hauptforschungsfelder vorgestellt. Sie wurden ausgewählt, um sowohl der Bedeutung typologisierender wie problemgeschichtlicher Ansätze Rechnung zu tragen und einen Eindruck von Wendepunkten der Forschung zum Thema Nation und Nationalismus zu vermitteln. Einzelbeispiele problematisieren die Reichweite einzelner Erklärungen des Nationalismus im historischen Kontext.

Aufbau des Forschungsüberblicks

Das Kapitel über Nationalismus-Typologien (III. 1) behandelt die bekanntesten acht typologischen Modelle von Friedrich Meinecke bis Hagen Schulze. Die Reihenfolge ihrer Darstellung entspricht im wesentlichen der Forschungsentwicklung. Das Kapitel über Nationalismus-Theorien (III. 2) präsentiert neun wesentliche Interpretationsrichtungen von Nation, Nationalstaat und Nationalismus. Ihre Auswahl und Abfolge ist nicht strikt wissenschaftsgeschichtlich chronologisch, sondern systematisch gesetzt. Am Anfang steht die Frage nach den Ursachen nationalistischen Denkens beim Individuum (Sozialpsychologie), gefolgt von Aufrissen zu exemplarischen überindividuellen Mechanismen in den Bereichen der Kommunikation, des

,völkischen' Denkens, der Säkularisierungsgeschichte, der Ideologiegeschichte, bestimmter diskursgeschichtlicher Traditionen und der Anthropologie. In vier weiteren Kapiteln werden strukturgeschichtliche Spezialprobleme der Forschung vorgestellt. Das Kapitel über Modernisierung und Nationalismus (III. 3) vergleicht exemplarisch die niederländischen und deutschen Modernisierungswege, um Chancen und Grenzen des modernisierungsgeschichtlichen Nationalismusbegriffs aufzuzeigen. Ein eigenes Kapitel (III. 4) fasst die Ergebnisse der Diskussion über die Bedeutung des ‚integralen Nationalismus' zusammen. Weitere Abschnitte gelten der Problematik von Nationalismus und Regionalismus (III. 5), dem Zusammenhang von Recht und Nation am Beispiel des juristischen reichsdeutschen *nation building* nach 1871 (III. 6) sowie nationalismusgeschichtlichen Forschungstrends der 1990er Jahre (III. 7). Der Ausblick gilt der u.a. von Ernest Gellner immer wieder aufgegriffenen Frage, ob für die politische Gestaltung der Gegenwart ‚Lehren' aus der Geschichte des Nationalismus gezogen werden können.

Eine Auseinandersetzung mit dem nationalsozialistischen und faschistischen Nationalismus ist in diesem Rahmen nicht möglich. Als Überblicke gerade im Hinblick auf die nationalismusgeschichtlichen Kontinuitäten eignen sich die aufeinander bezogenen Arbeiten von Eberhard Jäckel über ‚Hitlers Weltanschauung' (29) sowie über ‚Hitlers Herrschaft' (30). Die Entwicklung vom radikalen italienischen Nationalismus zum Faschismus rekonstruiert Rudolf Lill in der von Wolfgang Altgeld herausgegebenen ‚Kleinen Geschichte Italiens' (31; S. 325–369, 371–429).

Hinweise zu nicht behandelten Spezialproblemen

Ebensowenig werden *politische* Kontroversen um nationalistische Konflikte behandelt. Ordnung in die Vielfalt politischer nationalistischer Konflikte bringt eine universalhistorisch angelegte Typologie von Imanuel Geiss, die in Kapitel III. 1. g vorgestellt wird.

Verzichtet wurde mit Rücksicht auf den repräsentativen Charakter auszuwählender Forschungsprobleme u.a. auf die Darstellung eines Ansatzes der Sozialhistorikerin Ute Frevert zur Geschichte des ‚Vertrauens', der Berührungspunkte mit Fragen der Nationalismusgeschichte hat. Vertrauen in die Kontinuität nationaler Selbstwahrnehmung – im deutschen Fall: der fundamentale Kontinuitätsbruch durch den Nationalsozialismus – ist ein zentrales Kapitel der emotionalen Geschichte des Nationalismus, die bislang noch ungeschrieben ist (32; S. 179–197).

2. Vorgehensweise

Forschungsansätze der inter- und transdisziplinären Nationalismusgeschichte sind nicht nur kontrovers diskutiert worden; sie sind oft selbst Belege des offenen Diskurscharakters der Humanwissenschaften, in denen es ‚letztendliche' Erkenntnisse nicht geben kann. Eine zusammenfassende Darstellung der Ergebnisse der Nationalismusforschung seit Ernest Renan muss auf zwei Hauptprobleme reagieren:

Eigenarten nationalismusgeschichtlicher Forschungskontroversen

II. Überblick

- *Erstens* sind die Ergebnisse der Nationalismusforschung häufig durch ausgeprägte methodische und inhaltliche Einseitigkeiten gekennzeichnet, die z. T. mit den verschiedenen Schwerpunktsetzungen unterschiedlicher Fachkulturen, aber auch mit den politischen Prämissen und Standorten der Autoren zusammenhängen. Die ausgewählten Texte werden daher so ausführlich wie möglich vorgestellt, um einen Eindruck von ihrem Charakter – auch ihrem argumentativen Stil – zu vermitteln.

- *Zweitens* sind die Ergebnisse der Nationalismusforschung oft nicht Gegenstand genuiner Kontroversen, in denen sich eine nationalismusgeschichtliche Gegenposition präzise auf eine bestimmte nationalismusgeschichtliche Interpretation bezieht. Sie sind vielmehr häufig Bestandteil großer geschichtswissenschaftlicher Auseinandersetzungen wie der Debatte über den ‚deutschen Sonderweg' und über eine von der Modernisierungstheorie beeinflusste Deutung insbesondere der deutschen Geschichte des 19. und 20. Jahrhunderts. Durch die jeweiligen Erkenntnisinteressen erhalten diese Debatten ihre besondere Färbung und Schärfe. Das gilt z.B. für die Diskussion über den vermeintlichen Funktionswandel des Nationalismus von einer progressiven zu einer konservativen Ideologie nach der Reichsgründung von 1871, in der es zugleich auch um den Charakter des deutschen Nationalstaats Bismarck'scher Prägung ging. Zudem resultiert die argumentative Unterscheidbarkeit nationalismusgeschichtlicher Positionen unabhängig von ihrer Bedeutung für wissenschaftliche Großkontroversen auf anderen Erkenntnisinteressen. Das gilt z.B. für Karl Wolfgang Deutschs kommunikationstheoretischen Interpretationsansatz des Nationalismus, der sich nicht von den großen typologischen Modellen der Nationalismusgeschichte abgrenzt, sondern einen anderen Aspekt von Nationalismus funktional zu erklären versucht. Es ist daher nicht möglich, die gesamte Forschungsgeschichte zum Nationalismus nach dem Muster ‚Position' und ‚Gegenposition' darzustellen. Daher wird den Begründungsstrategien verschiedener ‚Paradigmen' besondere Aufmerksamkeit zu Teil.

Besonderer Wert wurde darauf gelegt, die historische Anwendbarkeit von Nationalismustheorien so zu dokumentieren, dass ein Eindruck von der aktuellen Nationalismusforschung und ihren Ansätzen entsteht. Auch hier ist nicht bibliographische Vollständigkeit, sondern die Darstellung repräsentativer und einflussreicher Richtungen und Interpretationen Maßstab der Auswahl.

3. Die Anfänge der modernen Nationalismusforschung bei Ernest Renan 1882

Begründung der modernen Nationalismusforschung

Am Beginn der modernen Nationalismusforschung stehen – etwa ein Jahrhundert nach dem ersten Auftreten des modernen Nationalismus 1789 – die bis heute relevanten Stichworte und Argumentationsrichtungen eines Vortrages mit dem Titel „Qu'est-ce que c'est une nation?" („Was ist eine Nation?"),

3. Die Anfänge der modernen Nationalismusforschung

den der französische Religionswissenschaftler, Orientalist und Schriftsteller Ernest Renan 1882 an der Sorbonne (Paris) hielt. Renan definiert in erster Linie, was eine Nation aus historischer Sicht *nicht* ist und liefert damit das Muster für die kontroverse argumentative Grundstruktur der gesamten modernen Nationalismusforschung. Renans zentrale Aussagen zur Definition der Nation lassen sich in sechs nationalismusgeschichtlichen Hauptthesen zusammenfassen.

Renan ermahnt schon zu Beginn seines Vortrages zur Differenzierung im Umgang mit der Idee der Nation, „die, obwohl sie dem Anschein nach klar ist, zu den gefährlichsten Missverständnissen Anlass gibt" (1; S. 41). Zu diesen Missverständnissen gehöre, so Renan, erstens das entkontextualisierte, also ahistorische Verständnis verschiedener Formen menschlichen Zusammenlebens von der Stammeskultur über das multiethnische Großreich bis hin zum modernen Nationalstaat als notwendige Abfolge von Entwicklungsstufen. Das zweite, wiederum aus einem ahistorischen Denken resultierende Mißverständnis bestehe darin, die Nation aus einem übergeordneten Prinzip ableiten zu können: „Man verwechselt die Rasse mit der Nation und spricht den ethnischen oder besser, den sprachlichen Gruppen eine Souveränität nach dem Muster der wirklich existierenden Völker zu" (1; S. 41). Im ersten Teil seines Vortrages präsentiert Renan eine Übersicht über die europäische Geschichte, wobei sein besonderes Interesse der Untergliederung Europas in verschiedene, sich voneinander unterscheidende Herrschafts- und Identifikationsräume gilt. Dabei ist seine *erste nationalismusgeschichtliche Hauptthese*: „Die so verstandenen Nationen sind in der Geschichte etwas ziemlich Neues. Das Altertum kennt sie nicht: Ägypten, China, das alte Chaldäa waren nicht im geringsten Nationen" (1; S. 42). Eine wesentliche Voraussetzung für die Qualität als „Vaterland" habe das Römische Reich im Unterschied zu diesen gezeigt: „Das Imperium war eine große Assoziation – Synonym für Friede, Ordnung und Zivilisation" (1; S. 43). Die Frage, wie spätere germanische Invasoren sich Bestandteile dieser Identität zu eigen machten, führt Renan zu seiner *zweiten nationalismusgeschichtlichen Hauptthese*: „Das Vergessen – ich möchte fast sagen: der historische Irrtum – spielt bei der Erschaffung einer Nation eine wesentliche Rolle, und daher ist der Fortschritt der historischen Wissenschaften oft eine Gefahr für die Nation" (1; S. 45).

Eine kritische Geschichtswissenschaft müsse, so Renan, das Konstrukt der Nationallegende dekonstruieren: „Die historische Forschung bringt in der Tat die gewaltsamen Vorgänge ans Licht, die sich am Beginn aller politischen Formationen (…) ereignet haben. Die Vereinigung vollzieht sich immer auf brutale Weise" (1; S. 45). Die im Kern auf Gewalt beruhende Schaffung eines Herrschaftskerns gelinge auch nicht überall: Was dem französischen König „teils durch Tyrannei, teils durch seine Gerechtigkeit" (1; S. 45) gelang, scheiterte unter dem Haus Habsburg in Ungarn. Ausdrücklich weist Renan darauf hin, dass es nicht immer eine Dynastie sein müsse, die durch ihre Eroberungen und Integrationspolitik einen Herrschaftskern und die Identifizierung mit ihm stiftet, wie die Fälle der Niederlande und die Schweiz zeigten. Am Ende des ersten Teils seines Vortrages ist deutlich, dass die Antwort auf die erkenntnisleitende Frage nach der Nation weder ahistorisch noch zwingend historisch beantwortet werden kann: „Warum ist Holland eine Nation, während

> Erste Hauptthese: Nationen sind eine moderne Erscheinung

> Zweite Hauptthese: die Nation entsteht durch Erinnern und Vergessen

Hannover und das Großherzogtum Parma es nicht sind? Wie kommt es, dass Frankreich weiter eine Nation bleibt, auch wenn das Prinzip, durch das es geschaffen wurde, verschwunden ist? (...) Warum ist Österreich ein Staat, aber keine Nation?" (1; S. 46).

Dritte Hauptthese: Rasse, Sprache, Religion, Wirtschaft und Geographie allein definieren die Nation nicht

Im zweiten Teil seines Vortrags wandte sich Renan den theoretischen Angeboten zur Erklärung der Nation zu, die er in *fünf Hauptfaktorengruppen* – Rasse, Sprache, Religion, Interessen und Geographie – einteilt und – dies die *dritte nationalismusgeschichtliche Hauptthese* – nacheinander als untauglich zur Definition der Nation ablehnt. Das Konzept von der Rückführbarkeit aller Nationen auf einen dynastischen Kern bzw. auf das monarchische Prinzip (34; S. 104 ff.) hat Renan gar nicht in seine Hauptargumentation aufgenommen: „Das alte Prinzip, das nur das Recht der Fürsten berücksichtigt, wird nicht mehr aufrechterhalten werden können: Neben dem dynastischen Recht gibt es das Völkerrecht" (1; S. 48). Das Entscheidende an der *Erklärung der Nation aus dem ‚rassischen' Prinzip* sieht Renan in der Konstruktion eines Rechts auf die Vereinigung aller Angehörigen einer Rasse. „Dabei handelt es sich um einen schweren Irrtum, der, würde er sich durchsetzen, die europäische Zivilisation zugrunde richten würde" (1; S. 48). Diese emphatische Warnung begründet Renan mit dem Hinweis auf die historisch gewachsene, charakteristische Gemengelage der Völker in Europa: „Frankreich ist keltisch, iberisch und germanisch. Deutschland ist germanisch, keltisch und slawisch. Italien ist das Land mit der verwirrendsten Ethnographie. (...)

Vierte Hauptthese: Es gibt keine ethnisch definierbare Nation

Die Wahrheit ist, dass es keine reinen Rassen gibt und dass die Politik einem Trugbild aufsitzt, wenn sie sich auf ethnographische Analysen gründet" (1; S. 49 f.). Renans *vierte nationalismusgeschichtliche Hauptthese* lautet: „Die Menschengeschichte unterscheidet sich wesentlich von der Zoologie. (...) Neben den anthropologischen Merkmalen gibt es Kategorien der Vernunft, der Gerechtigkeit, des Wahren und Schönen, die für alle dieselben sind"(1; S. 51). Drastisch umreißt Renan die Konsequenzen einer ‚rassischen' Interpretation der nationalen Grenzen am deutschen Beispiel: „Ist es sicher, dass die Deutschen, die die Flagge der Ethnographie so hoch halten (35), nicht eines Tages erleben werden, dass die Slawen ihrerseits die Dorfnamen Sachsens und der Lausitz erforschen, die Spuren der Wilzen und der Obodriten verfolgen und Rechenschaft für die Gemetzel und Massenverkäufe fordern werden, die ihren Ahnen von den Ottonen angetan wurden? Es ist für alle gut, vergessen zu können" (1; S. 51).

Fünfte Hauptthese: Nationen entstehen durch Willensentschluss

Den *Erklärungsfaktor Sprache* bewertet Renan wie die Rasse: Sie stelle keinen zwingenden Grund für die Ausbildung eines gemeinsamen nationalen Staates dar. Seine *fünfte nationalismusgeschichtliche Hauptthese* lautet deshalb: „Beim Menschen gibt es etwas, das der Sprache übergeordnet ist: den Willen" (1; S. 52).

Die Schweizer seien eine Nation, weil sie dies trotz ihrer sprachlichen Verschiedenheit sein wollen. Das *Kriterium Religion* scheidet für Renan zur Erklärung der modernen Nation aus, weil es keine Staatsreligionen mehr gebe: „Die Religion ist Privatsache geworden, sie geht nur das Gewissen jedes einzelnen an" (1; S. 54; dazu 12). Auch gemeinsame *wirtschaftliche Interessen* sieht Renan nicht als nationsbildend an: „Die Gemeinschaft der Interessen führt zu Handelsverträgen. Die Nationalität jedoch hat eine Gefühlsseite, sie ist Seele und Körper zugleich. Ein Zollverein ist kein Vaterland" (1; S. 55; zum Zollverein 36; S. 95–101). Eine von ‚natürlichen Grenzen' sprechende Geographie ist für Renan nichts anderes als eine Rechtfertigung jeder Form von Gewalt.

Auch militärstrategische Begründungen akzeptiert Renan nur als begrenzte Konzessionen vor dem Hintergrund des allgemein anerkannten Ziels friedlichen Zusammenlebens: „Sonst würde alle Welt ihre militärischen Wünsche geltend machen, und es wäre ein Krieg ohne Ende" (1; S. 55).

Im dritten und letzten Teil seines Vortrages definiert Renan die Nation. Als *sechste nationalismusgeschichtliche Hauptthese* kann man zusammenfassen, dass die Nation historisch bestimmt ist, aber durch den freien politischen Willen vieler Einzelner konstituiert wird: „Eine Nation ist eine Seele, ein geistiges Prinzip. Zwei Dinge, die in Wahrheit nur eins sind, machen diese Seele, dieses geistige Prinzip aus. Das eine liegt in der Vergangenheit, das andere in der Gegenwart. Das eine ist der gemeinsame Besitz eines reichen Erbes an Erinnerungen, das andere das gegenwärtige Einvernehmen, der Wunsch zusammenzuleben, der Wille, das Erbe hochzuhalten, welches man ungeteilt empfangen hat" (1; S. 56). Renans Interpretation nationaler Identität ist streng individualistisch: „Wie der einzelne, so ist die Nation der Endpunkt einer langen Vergangenheit von Anstrengungen, Opfern und Hingabe" (1; S. 56). Das nationale Programm fasst Renan formelhaft zusammen: „Gemeinsamer Ruhm in der Vergangenheit, ein gemeinsames Wollen in der Gegenwart, gemeinsam Großes vollbracht zu haben und weiter vollbringen zu wollen – das sind die wesentlichen Voraussetzungen, um ein Volk zu sein" (1; S. 56). Demzufolge lässt sich die Nation verstehen als „eine große Solidargemeinschaft, getragen von dem Gefühl der Opfer, die man gebracht hat, und der Opfer, die man noch zu bringen gewillt ist" (1; S. 57). In diesem Zusammenhang fällt der am meisten zitierte Satz Renans, der diese Definition der Nation erläutert: „Die Existenz einer Nation ist – erlauben Sie mir diese Metapher – ein Plebiszit, das sich jeden Tag wiederholt, so wie die Existenz eines Individuums eine dauernde Bestätigung des Lebensprinzips ist" (1; S. 57). Da sich der politische Wille wandeln könne, seien auch die Nationen nicht Ewiges. „Die europäische Konföderation wird sie wahrscheinlich ablösen" (1; S. 57).

> Sechste Hauptthese: Eine Nation ist „ein Plebiszit, das sich jeden Tag wiederholt"

4. Phasen und Themen nationalismusgeschichtlicher Forschung: vor 1882, 1882 bis 1983, seit 1983

Eine allgemein anerkannte Phaseneinteilung der Nationalismusgeschichte oder Nationalismusforschung hat sich nicht durchgesetzt. Die hier vorgeschlagene, sehr einfache, an nachhaltig einflussreichen Schlüsselwerken der Nationalismusforschung orientierte Untergliederung in *drei große Phasen der Untersuchung von Nation und Nationalismus* soll dem didaktischen Zweck dienen, anhand markanter Wendepunkte in die Geschichte der Forschungsprobleme einzuführen und ein Problembewusstsein für die Hauptfragen der Nationalismusforschung zu schaffen.

> Keine anerkannte Phaseneinteilung

II. Überblick

Eine wissenschafts- oder rezeptionsgeschichtliche Darstellung würde aufgrund eines anderen, ‚genetischen' Erkenntnisinteresses zu differenzierteren Einteilungen und zu einem vollständigeren Bild der Forschungsentwicklung kommen.

Nationalismusforschung 1789 bis 1882

Als *erste Phase historisch-politischer Interpretation und Aneignung der Nation* kann man die Zeit von *1789 bis 1882* identifizieren. Sie hat, wie alle Nationalismusforschung seither, einen betont politischen Charakter und stets einen Bezug zur tagespolitischen Gegenwart. So hat Lothar Gall auf die besondere Rolle hingewiesen, die z.B. der Historiker und Politiker František Palácky (1798–1876) in Böhmen bei der ‚Erweckung der Nation' in der ersten Hälfte des 19. Jahrhunderts spielte (2; S. 129).

Die geschichtswissenschaftliche Erfindung der Nation im 19. Jahrhundert

Eine der Hauptfunktionen der Geschichtswissenschaft des 19. Jahrhunderts war diejenige einer nationalen Legitimationswissenschaft (37). Das blieb nicht ohne Rückwirkungen auf das Selbstverständnis der Geschichte als Wissenschaft (38). Die jeweiligen Konstruktionspläne nationaler Identität unterschieden sich dabei deutlich. In Westeuropa wurde nationale Identität durch gemeinsames politisches nationsbildendes Handeln – das „plébiscite de tous les jours" (etwa: „sich jeden Tag wiederholende Abstimmung") – verwirklicht, und die Erinnerung daran einte die aus eigenem Entschluss konstituierte Nation, z.B. aus niederländischer Sicht seit 1572/1648, aus französischer Sicht seit 1789: Der Nationsbegriff war politisch und fand im Nationalstaat seinen Ausdruck. In Mittel- und Osteuropa hingegen dominierten Sprache, Kultur, zum Teil auch Religion und ethnische Zugehörigkeit den Nationsbegriff von Nationalismen, deren politisches Fernziel zwar die Errichtung von Nationalstaaten war, doch deren politische Realität von ethischen, konfessionellen und sprachlichen Gemengelagen bestimmt blieb.

Nationstypen

Die Unterscheidung zweier Nationstypen, des politisch-voluntaristischen und des sprachlich-kulturellen, liegt der modernen historisch-politischen und sozialwissenschaftlichen Forschung zu Nation und Nationalstaat zugrunde. Sie bestimmte die *zweite Phase der Nationalismusforschung von 1882 bis 1983*. Renans Bedeutung für die Erforschung des Nationalismus liegt vor allem in seiner treffenden Charakteristik des politisch-voluntaristischen Typs, die auch dem sprachlich-kulturellen Nationstyp deutlichere Konturen verlieh. Der deutsche Historiker Friedrich Meinecke entwickelte diese Unterscheidung durch seine Gegenüberstellung von ‚Kulturnation' und ‚Staatsnation' noch vor dem Ersten Weltkrieg entscheidend weiter (39). Seine ideengeschichtliche Typologie wies der weiteren Beschäftigung mit dem Nationalismus bis Anfang der 1930er Jahre die Richtung. Die nationalistischen Exzesse des Ersten Weltkrieges und die Bemühungen des amerikanischen Präsidenten Woodrow Wilson (1856–1924), als konfliktneutralisierende Reaktion darauf die politische Geographie Europas im Zeichen eines politisch verstandenen Selbstbestimmungsrechts der Völker neu zu gestalten, bewirkten einen Aufschwung in der Nationalismusforschung. 1931 legte der amerikanische Historiker Carlton J. H. Hayes unter dem Titel ‚The Historical Evolution of Modern Nationalism' (40) eine Forschungsbilanz vor und präsentierte auf der Grundlage eines historischen Entwicklungsmodells eine umfangreichere Nationalismus-Typologie.

4. Phasen und Themen nationalismusgeschichtlicher Forschung

Nicht anders als der Erste wirkte sich auch der Zweite Weltkrieg direkt auf die Nationalismusforschung aus. Im Nationalsozialismus das Endprodukt der Pathologiegeschichte des deutschen antiwestlichen, antiliberalen und antiindividualistischen Nationalismus zu sehen, war naheliegend. Daher beschrieb Hans Kohn 1944 ganz konsequent und stark polarisierend die westliche Nationalismusgeschichte als liberaldemokratische Erfolgsgeschichte, die mittel- und osteuropäische dagegen als irrational-antiindividualistische Unterdrückungsgeschichte (9). Nach 1945 differenzierte, ergänzte und relativierte die historische Forschung die auf Gegensatzbildung beruhenden umfassenden Thesen von Meinecke bis Kohn, wobei der interpretatorische Rahmen dieser Arbeiten bis zur konstruktivistischen Wende 1983 erhalten blieb. Zu den wichtigen Ergebnissen der Differenzierung gehörte u.a. die Einsicht, dass das bei Renan so betonte plebiszitäre Element im Nationalbegriff nicht isoliert betrachtet werden dürfe. Gerade im Westen Europas war der willensmäßigen Konstituierung der Nation eine lange staatliche und kulturräumliche Formierungsphase vorausgegangen. Im Osten Europas hatten sich – z.B. in Polen und Ungarn – durchaus auch demokratisch-politische, an westlichen Vorbildern orientierte Nationalismen auf der Grundlage eines sprachlich-kulturellen Nationsverständnisses entwickelt. Gerade in den vermeintlich so homogenen westlichen Nationen gab und gibt es, z.B. im Baskenland und in Schottland, starke regionale, auf sprachlich-kulturelle Identität gestützte Autonomiebewegungen, die sich im täglichen Plebiszit gegen die politische Nation und für die eigene Nationalität entscheiden. Zudem ist bei Streitfällen nationaler Zugehörigkeit oft die jeweilige nationale Interessenwahrnehmung ausschlaggebend. Die Erinnerung an die Integration der sich politisch seit 1789 als Franzosen verstehenden Elsässer auf der Grundlage ihrer alten sprachlich-kulturellen Verbindungen zum südwestdeutschen Raum von 1871 bis 1918 verhinderte nicht den deutschen Protest gegen die Abtrennung einiger sprachlich-kulturell teilweise oder mehrheitlich polnischer preußischer Gebiete nach 1919.

Nationalismustypologie unter dem Eindruck des Nationalsozialismus

Trotz dieser Differenzierungen verzichtete die Nationalismusforschung nicht auf das Ordnungsprinzip der Typologie. Das wohl bekannteste Modell der Zeit nach 1945 lieferte der Kölner Neuzeithistoriker Theodor Schieder. Schieders Typologie unterscheidet die west-, mittel- und osteuropäischen Besonderheiten der Nationalstaatsbildung und des *nationbuilding* als zeitlich frühe, durch Zusammenschluss oder Abspaltung zu charakterisierende Fälle (41; S. 58–81). Eine ergänzende, weniger von Schieder selbst als vielmehr von seinen Schülern entwickelte sozialgeschichtliche, von den Erkenntnissen der sozialwissenschaftlichen Modernisierungstheorie beeinflusste Perspektive mit Fragen nach den sozialen Grundlagen und Funktionen von Nationalismus operationalisierte diese Typologie für die Forschung und setzte sie in zahlreiche vergleichende Arbeiten um, die nachfolgend die Besonderheiten vor allem des deutschen Nationalismus herausarbeiteten.

Theodor Schieder

Eine weitere wichtige Anregung für die Nationalismusforschung der Nachkriegszeit boten die Arbeiten des amerikanischen Politikwissenschaftlers Prager Herkunft, Karl W. Deutsch, über ‚nationalism and social communication' (11). Wie schon der Titel seines Hauptwerks zeigt, verfolgt Deutsch einen kommunikationstheoretischen Ansatz, bei dem die Frage nach Bedingungen

Karl Wolfgang Deutsch

Überblick

nationalistischer Kommunikation im Vordergrund steht. Die Stärke dieser Forschungsrichtung liegt in der Beschränkung auf die Interpretation einer Funktionsweise des Nationalismus, die allerdings nicht mit diesem selbst gleichgesetzt werden darf, wie Deutsch betont hat. Nationalismus ist auch Ausdruck sozialer Kommunikation. Aus den Ansätzen von Deutsch ergab sich u.a. die Frage nach den Trägern und Adressaten der sozialen Kommunikationsform ‚Nationalismus': Wie entsteht und wie funktioniert eine erfolgreiche nationale Bewegung? Welcher Themen und Kommunikationswege bedient sie sich, um vereinzelte Elitendiskurse und schließlich den politischen Massenmarkt zu nationalisieren?

Miroslav Hroch, Ernest Gellner

An verschiedenen Beispielen konnten der tschechische Historiker Miroslav Hroch und der englische Historiker Ernest Gellner zeigen, dass und wie zunächst kleine Bildungs- und Wissenschaftseliten einen nationalen Diskurs untereinander entwickelten, bevor durch Multiplikatorenagenturen wie Katheder und Kanzel die ‚Erweckung der Nation' als wesentliche Bedingung von populärem Massennationalismus und massennationalistischer Agitation erfolgte (42; siehe unten III. 1. c). Die Frage nach dem Funktionswandel von Nationalismus – also z.B. das Problem, wie sich eine erfolgreiche Nationalbewegung nach der erreichten Gründung eines Nationalstaats verändert und einen Übergang vom ‚progressiven' zum ‚konservativen' Nationalismus vollzieht – hat die Forschung intensiv beschäftigt. Vor allem sozialwissenschaftliche Perspektiven haben zu der Erkenntnis beigetragen, dass der Nationalismus bei einem Zusammentreffen verschiedener Modernisierungskrisen seinen Charakter als progressive Integrationsideologie verlieren und zu einer sozialen Abwehr- und Ausgrenzungsideologie werden kann. Mit der Untersuchung besonderer Bedingungen und Auswirkungen dieses Funktionswandels hängt auch die Debatte über den ‚deutschen Sonderweg' zusammen. Ihre ursprüngliche Bedeutung kann man darin sehen, dass in besonderer Schärfe die Defizite der ‚defensiven' und ‚partiellen' deutschen Modernisierung im 19. Jahrhundert herausgestellt und vom Gang der Modernisierung in Westeuropa abgegrenzt wurden. Diese Kontroverse hat vor allem die Geschichtswissenschaft der Bundesrepublik stimuliert, die allerdings nur vereinzelt auf die Ebene einer europäisch vergleichenden Modernisierungsgeschichte – verstanden als Beschäftigung mit den zahlreichen europäischen ‚Sonderwegen' – vorstieß. Gleichwohl bleibt der ‚Sonderwegs'-Begriff für den nationalgeschichtlichen Rahmen wichtig. Jede große deutsche Historikerkontroverse zur deutschen Geschichte des 19. und 20. Jahrhunderts vom Anfang der 1960er bis zum Anfang der 1980er Jahre – z.B. zum Strukturwandel des Deutschen Kaiserreichs, zur Rolle Preußens in der deutschen Geschichte, zum Vergleich von Nationalsozialismus und Faschismus – hat einen Bezug zur Sonderwegsdiskussion. Auch die Formulierung von der ‚zweiten Chance' eines deutschen Nationalstaats nach 1989/90 (Hagen Schulze) wird erst vor dem Hintergrund dieser immer auch nationalismusgeschichtlichen Großkontroverse verständlich (43; S. 262).

Benedict Anderson

Die *dritte Phase der Nationalismusgeschichte* begann 1983. In diesem Jahr erschien ein Buch des amerikanischen Historikers und Ostasienexperten Benedict Anderson, dessen Titel ‚Imagined communities' Programm war (33). Seine Wirkung auf die nationalismusgeschichtliche Forschung ist von ähnlich grundsätzlicher Art wie das bei den Arbeiten von Renan, Meinecke, Kohn und Schieder der Fall gewesen ist. Hans-Ulrich Wehler hat den Stellenwert dieses Ansatzes mit der Nationalismusforschung vor 1983 verglichen: „Die ältere Nationalismusforschung ist, aufs Ganze gesehen, noch immer überlegen, was die Analyse der fördernden und restriktiven Bedingungen, nicht zuletzt auch der sozialen Basis angeht, unter denen sich der Nationalismus durchgesetzt hat. Aber die neue Nationalismusforschung besitzt (…) ebenfalls deutliche Vorzüge. Sie löst vor allem den Anschein der Natürlichkeit des Nationalismus und der Nation, damit aber die essentialistische Sozialontologie der älteren Schule auf, sie stellt die Priorität des Nationalismus im Gedankenhaushalt und in den Identitätsbildungsprozessen infrage. Sie folgt einem genuin historischen Denkstil, daher insistiert sie folgerichtig auf der anhaltenden Historizität des Nationalismus und der Nation" (44; S. 9). Benedict Anderson war auf ähnliche Weise zurückhaltend gegenüber der Verallgemeinerung seines Forschungsansatzes wie Karl W. Deutsch. Dennoch stützt sich die in methodischer Hinsicht schwer zu definierende ‚neue Kulturgeschichte' seit den 1980er Jahren in zum Teil so diffuser Weise auf das von Anderson popularisierte Stichwort der ‚imagined community', dass wesentliche Forschungserkenntnisse der älteren Nationalismusgeschichte von der Rezeption ausgeschlossen werden. Seit den 1990er Jahren zeichnet sich in der deutschen Nationalismusforschung die pragmatische Verbindung einer integrativen Sozialgeschichte mit konstruktivistischen Fragestellungen ab (siehe unten III. 2. j). Von einer starken Konjunktur nationalismusgeschichtlicher Themen seit der kulturgeschichtlichen Paradigmenwende kann in der deutschen Geschichtswissenschaft jedoch nicht die Rede sein.

5. Definitionsansätze zu Nation, Nationalstaat und Nationalismus

Einige Besonderheiten der nationalismusgeschichtlichen Forschung sollen hier noch einmal besonders herausgestellt werden:

Typische Probleme der Nationalismusforschung

- die aufgrund verschiedener historisch-politischer Erfahrungen bemerkenswerte Vieldeutigkeit des Nationalismuskonzepts (z.B. voluntaristisch-politischer Nationsbegriff in Westeuropa, kulturell-ethnischer in Mittel- und Osteuropa);

- die spezifische, politische, aber auch fachkulturelle ‚Pfadabhängigkeit' von Nationsvorstellungen und nationaler Normalität im Hinblick auf die Selbst- und Fremdwahrnehmung (z.B. exemplarisch-missionarischer Charakter der amerikanischen Nationsgründung als ‚community upon the hill');

- die ‚metaideologische' Qualität von Nationalismus als legitimatorische Strategie extrem gegensätzlicher Positionen (z.B. nationaler Emanzipation und der Repression gegen diese Emanzipation).

Die hier vorgestellten Beispiele sollen ein Bewusstsein für diese charakteristi-

II. Überblick

schen Probleme der Nationalismusforschung schaffen. Im Einzelnen geht es um die folgenden Problemkomplexe:

- Der Begriff ‚Nationalismus' ist vieldeutig und widersprüchlich. Er kann zur Kennzeichnung einer Befreiungsbewegung oder einer Unterdrückungsideologie Verwendung finden. Nationalismus hat – wie im deutschen und italienischen Fall – nationalstaatsbildende Wirkungen, und er kann multinationale Großstaaten wie Österreich-Ungarn zerstören. Nationalismus im Zeitalter des Imperialismus motiviert koloniale Expansion. Im Zeitalter der Dekolonisierung legitimiert er die Befreiung von der Kolonialherrschaft im Zeichen des Selbstbestimmungsrechts. Integraler Nationalismus gehört zum politischen Erbe der westlichen Demokratien wie zu den Grundlagen des Nationalsozialismus. Diese Probleme verschwinden nicht, wenn man statt des Singulars nur noch im Plural von ‚Nationalismen' spricht. Auch der Versuch einer begriffsgeschichtlichen Herleitung des Worts ‚Nationalismus', das erstmals 1774 bei Johann Gottfried Herder Erwähnung findet, bestätigt nur die Vielfalt seiner Verwendungsmöglichkeiten. Sogar die Tatsache, dass dem Begriff im Deutschen deutlich negative Vorstellungen entsprechen, ist Ausdruck besonderer historischer Erfahrungen mit dem eigenen Nationalismus, die z.B. für den französischen, englischen und amerikanischen Sprachgebrauch und für das politisch-historische Bewusstsein in Frankreich, Großbritannien und den USA in dieser Form nicht gelten.

- Definitionen von ‚Nation' und ‚Nationalismus' sind aufgrund ihres Anti-Charakters häufig problematisch. Sie arbeiten nicht nur mit Abgrenzungen, definieren also, was eine bestimmte Nation bzw. ein bestimmter Nationalismus *nicht* ist, sondern betonen auch oft einen bestimmten historischen oder funktionalen Aspekt und neigen somit zu einer monokausalen Erklärung. Renan betont das plebiszitäre Element, Deutsch den sozialkommunikativen Mechanismus und Anderson den Konstruktionscharakter nationaler Identität. Für sich genommen, sind diese aus ganz spezifischen Kontexten stammenden, für die Forschung unentbehrlichen Ansätze nur begrenzt als Modelle auf andere historische Erfahrungsräume und nationale Fälle übertragbar.

Trotz dieser begrifflichen und interpretatorischen Schwierigkeiten haben Wissenschaftler unterschiedlicher Disziplinen sowie Politiker und Publizisten immer wieder versucht, ‚Nation', ‚Nationalstaat', ‚Nationalismus' und ‚nationale Identität' zu definieren bzw. wesentliche Merkmale des Nationalismus zu bestimmen. Einige für die Chancen und Schwierigkeiten der Beschreibung und Definition typische Bespiele seien hier angeführt.

Karl Lamprecht

1906 beschrieb der Historiker *Karl Lamprecht* die Konstruktion des deutschen Nationserlebnisses aus dem Kampf gegen Napoleon und betonte demgegenüber die Bedeutung des philosophischen im Gegensatz zum ‚primitiven' Subjektivismus: „In einem unbändigen Hasse gegen die frivole Fremdherrschaft erhob sich die Nation in den ersten beiden Jahrzehnten des neuen Jahrhunderts; nicht einig, und dennoch siegreich. (...) 1813 war das

5. Definitionsansätze zu Nation, Nationalstaat und Nationalismus

große Prüfungsjahr dieser neuen seelischen Welt auf Möglichkeit von Gemeingefühlen und Patriotismus in ihr: und wie wurde diese Prüfung bestanden! Eine Heldenzeit des primitiven Subjektivismus kann das Zeitalter der Freiheitskriege genannt werden" (45; S. 50).

Der Soziologe *Max Weber* definierte 1922 die Nation, indem er eine ‚Fällesammlung' präsentiert: „‚Nation' ist ein Begriff, der, wenn überhaupt eindeutig, dann jedenfalls nicht nach empirischen gemeinsamen Qualitäten der ihr Zugerechneten definiert werden kann. Er besagt, im Sinne derer, die ihn jeweilig brauchen, zunächst unzweifelhaft: dass gewissen Menschengruppen ein spezifisches Solidaritätsempfinden anderen gegenüber *zuzumuten* sei, gehört also der Wertsphäre an. Weder darüber aber, wie jene Gruppen abzugrenzen seien, noch darüber, welches Gemeinschaftshandeln aus jener Solidarität zu resultieren habe, herrscht Übereinstimmung. ‚Nation' im üblichen Sprachgebrauch ist zunächst nicht identisch mit ‚Staatsvolk', d.h. der jeweiligen Zugehörigkeit einer politischen Gemeinschaft. (...) Sie ist ferner nicht identisch mit Sprachgemeinschaft, denn diese genügt keineswegs immer (wie bei Serben und Kroaten, Amerikanern, Iren und Engländern), sie scheint andererseits nicht unbedingt erforderlich (man findet den Ausdruck ‚Schweizer Nation' auch in offiziellen Akten neben ‚Schweizer Volk'), und manche Sprachgemeinschaften empfinden sich nicht als gesonderte ‚Nation' (...), aber sehr verschieden intensiv (z.B. mit sehr geringer Intensität in Amerika und Kanada). Aber ebenso kann auch den Sprachgenossen gegenüber die ‚nationale' Zusammengehörigkeit abgelehnt und dafür an Unterschiede des anderen großen ‚Massenkulturguts': der Konfession (so bei Serben und Kroaten), ferner an Differenzen der sozialen Struktur und der Sitten (so bei den Deutschschweizern und Elsässern gegenüber den Reichsdeutschen, bei den Iren gegenüber den Engländern), als an ‚ethnische' Elemente, vor allem aber an Erinnerungen an politische Schicksalsgemeinschaft mit anderen Nationen (bei den Elsässern mit den Franzosen seit dem Revolutionskriege, welcher ihr gemeinsames Heldenzeitalter ist, wie bei den Balten mit den Russen, deren politische Geschicke sie mitgelenkt haben) angeknüpft werden" (46; S. 528f.).

Max Weber

Der niederländische Kultur- und Kunsthistoriker *Johan Huizinga* beschrieb 1932 in einem später ausgearbeiteten Kölner Vortrag die Entstehung der niederländischen Nationalkultur: „Wie ist es möglich gewesen, fragt man sich sogleich, dass ein so kleines und abgelegenes Gebiet, wie Holland im Europa des siebzehnten Jahrhunderts es war, als Staat, als Handelsmacht und als Quelle der Kultur so sehr im Vordergrund hat stehen können, wie die junge Republik es getan hat? (...) In der Tatsache an sich ist das Wunder noch nicht erschöpft. Denn es folgt ihr auf dem Fuß eine zweite Frage: wo gibt es ein zweites Beispiel einer nationalen Kultur, die gleich nach der Geburt von Staat und Volk selbst ihren Höhepunkt erreicht? – Vergessen wir es doch keinen Augenblick: hundert, ja fünfzig Jahre *vor* Rembrandts Geburt gab es noch kein holländisches Volk in dem Sinn, wie wir es hier verstehen. (...) Und dann steht plötzlich dieser junge, neue Staat da, notdürftig errichtet auf dem Grund der Union von Utrecht, ein Torso aus dem reichen Gebiet der niederen Lande, wie sie die Herzoge von Burgund zusammengeschmiedet und Karl V. sie besessen hatte" (47; S. 12f.).

Johan Huizinga

II. Überblick

Norbert Elias

Der Soziologe *Norbert Elias* bezog 1939 den Gegensatz von Zivilisation und Kultur auf Unterschiede im nationalen Bewusstsein: „(...) Zivilisation bedeutet verschiedenen Nationen des Abendlandes nicht das gleiche. Vor allem zwischen dem englischen und französischen Gebrauch des Wortes auf der einen, dem deutschen Gebrauch auf der anderen Seite besteht ein großer Unterschied: Dort fasst der Begriff den Stolz auf die Bedeutung der eigenen Nation, auf den Fortschritt des Abendlandes und der Menschheit in einem Ausdruck zusammen. Hier, im deutschen Sprachgebrauch, bedeutet ‚Zivilisation' wohl etwas ganz Nützliches, aber doch nur einen Wert zweiten Ranges, nämlich etwas, das nur die Außenseite des Menschen, nur die Oberfläche des menschlichen Daseins umfaßt. Und das Wort, durch das man den Stolz auf die eigene Leistung und das eigene Wesen in erster Linie zum Ausdruck bringt, heißt ‚Kultur'" (48; S. 90; vgl. dazu 49; S. 131–187).

Hans Kohn

Der Soziologe *Hans Kohn* erinnerte 1945 an die anthropologischen Dimensionen im Nationalismus: „Einige der Elemente, aus denen sich der Nationalismus aufbaut, gehören zu den ältesten und ursprünglichsten Gefühlen des Menschen; Gefühle, die man überall in der Geschichte als wichtige Faktoren bei der Bildung gesellschaftlicher Gruppen festgestellen kann. Der Mensch hat die natürliche Veranlagung, seinen Geburtsort oder den Ort, an dem er seine Kindheit zugebracht hat, dessen Umgebung, sein Klima, die Züge seiner Hügel und Täler, Flüsse und Bäume zu lieben. (...) Der Mensch hat eine erklärbare Vorliebe für seine Muttersprache, da sie die einzige ist, die er wirklich versteht und beherrscht. Einheimische Sitten und Speisen zieht er den fremden vor, weil diese ihm unverständlich und unverdaulich erscheinen. Und wenn er verreist, so wird er mit einem Gefühl der Entspannung zum eignen Tisch und Stuhl zurückkehren; die Tatsache, dass er wieder zu Hause ist, erlöst von den Anstrengungen, die der Aufenthalt in fremden Ländern und der Verkehr mit fremden Völkern mit sich bringen, wird in ihm ein erhebendes Freudengefühl auslösen" (9; S. 23 f.).

Thomas Mann

Im Mai 1945 sprach *Thomas Mann* in der Library of Congress über ‚Deutschland und die Deutschen': „Man *hat* zu tun mit dem deutschen Schicksal und deutscher Schuld, wenn man als Deutscher geboren ist. Die kritische Distanzierung davon sollte nicht als Untreue gedeutet werden. Wahrheiten, die man über sein Volk zu sagen versucht, können nur das Produkt der Selbstprüfung sein" (50; S. 1128).

Eugen Lemberg

Der Soziologe und Pädagoge *Eugen Lemberg* definierte 1964 die Nation und den Nationalismus folgendermaßen: „Was also die Nationen zu Nationen macht oder – allgmeiner gesagt – große gesellschaftliche Gruppen zu selbstbewussten, aktionsfähigen, nationalen oder nationähnlichen Gemeinschaften bindet und von ihrer Umwelt abgrenzt, das ist nicht die Gemeinsamkeit irgendeines Merkmals, die Gleichheit der Sprache, der Abstammung, des Charakters, der Kultur oder der Unterstellung unter eine gemeinsame Staatsgewalt, sondern umgekehrt: ein System von Vorstellungen, Wertungen und Normen, ein Welt- und Gesellschaftsbild, und das bedeutet: eine Ideologie, die eine durch irgendeines der erwähnten Merkmale gekennzeichnete Großgruppe ihrer Zusammengehörigkeit bewusst macht und dieser Zusammengehörigkeit einen besonderen Wert zuschreibt, mit anderen Worten: diese Großgruppe integriert und gegen ihre Umwelt

5. Definitionsansätze zu Nation, Nationalstaat und Nationalismus

abgrenzt. Die Merkmale, an denen sich diese Ideologie dabei orientiert, sind in ihrer Bedeutung gegeneinander abgestuft, im ganzen oder in dieser Bedeutung gegeneinander austauschbar. (…) Eben in dieser Austauschbarkeit und wechselnden Bedeutung der einzelnen Kriterien sind Konflikte begründet, die zwischen verschiedenen Gruppen und Institutionen, ja in der Seele des einzelnen Menschen darüber entstehen, welche dieser Gruppen oder Institutionen für den Einzelnen die verpflichtendste sei" (51; S. 52).

Der Politikwissenschaftler *Karl Wolfgang Deutsch* bestimmte 1966 den Nationalstaat als „(…) das mächtigste Instrument, das im Laufe der Menschheitsgeschichte entwickelt wurde, um für viele Menschen möglichst effektiv viele Dinge zu verrichten" (52; S. 59).

> Karl Wolfgang Deutsch

Der Historiker und politische Philosoph *Elie Kedourie* stellte 1975 radikal dekonstruktivistische Fragen an den Nationalismus, um seinen Charakter als Konstrukt offenzulegen: „Das einzige Kriterium, das allgemeine Gültigkeit beanspruchen darf, ist die Frage, ob die neuen Herrscher weniger korrupt und eigennützig bzw. gerechter und verständnisvoller sind oder ob sich im Grunde überhaupt nichts geändert hat, außer dass sich Korruption, Habsucht und Unterdrückung nun gegen andere Opfer richten als unter der beseitigten Regierung" (53; S. 145).

> Elie Kedourie

1976 beschloss der IX. Parteitag der SED in Ost-Berlin im *Programm der Sozialistischen Einheitspartei Deutschlands*: „Sie [die SED, der Verf.] ist die Erbin alles Progressiven in der Geschichte des deutschen Volkes" (54; S. 5). Der Beschluss stand im Zusammenhang mit gezielten Bemühungen der SED um das realsozialistische *nationbuilding*. Dabei sollten die ‚nationalprogressiven' Dimensionen der deutschen Geschichte exklusiv für die Entwicklung einer historischen Identität der DDR erschlossen werden.

> IX. Parteitag der SED

Der Historiker *Benedict Anderson* definierte 1983 die Nation als ‚vorgestellte Gemeinschaft': „Ein Problem besteht auch darin, dass man unbewusst dazu neigt, die Existenz *des* Nationalismus zu hypostasieren und ‚ihn' als eine Weltanschauung unter vielen einordnet. (…). In einem solchermaßen anthropologischen Sinne schlage ich folgende Definition von Nation vor: Sie ist eine vorgestellte politische Gemeinschaft – vorgestellt als begrenzt und souverän. *Vorgestellt* ist sie deswegen, weil die Mitglieder selbst der kleinsten Nation die meisten anderen niemals kennen, ihnen begegnen oder auch nur von ihnen hören werden, aber im Kopf eines jeden die Vorstellung ihrer Gemeinschaft existiert. Ernest Renan hat sich auf dieses Vorstellen bezogen: „Das Wesen einer Nation ist, dass alle Einzelnen vieles gemeinsam und dass sie alle vieles vergessen haben." (…) Gemeinschaften sollten nicht durch ihre Authentizität voneinander unterschieden werden, sondern durch die Art und Weise, in der sie vorgestellt werden. (…) Die Nation wird als *souverän* vorgestellt, weil ihr Begriff in einer Zeit geboren wurde, als Aufklärung und Revolution die Legitimität der als von Gottes Gnaden gedachten hierarchischdynastischen Reiche zerstörten. (…) Schließlich wird die Nation als Gemeinschaft vorgestellt, weil sie, unabhängig von realer Ungleichheit und Ausbeutung, als ‚kameradschaftlicher' Verbund von Gleichen verstanden wird. Es war diese Brüderlichkeit, die es in den letzten zwei Jahrhunderten möglich gemacht hat, dass Millionen von Menschen für so begrenzte Vorstel-

> Benedict Anderson

II. Überblick

lungen weniger getötet haben als vielmehr bereitwillig gestorben sind" (33; S. 14–16; engl. Erstausgabe 5–7).

Peter Alter

Der Sozialhistoriker *Peter Alter* definierte 1985 die Nation, indem er wesentliche Strukturmerkmale aufzählt, die von der Forschung herausgearbeitet wurden: „Wir verstehen (…) unter Nation eine soziale Gruppe (ein Volk bzw. die Schicht eines Volkes), die sich aufgrund vielfältiger historisch gewachsener Beziehungen sprachlicher, kultureller, religiöser oder politischer Art ihrer Zusammengehörigkeit und besonderen Interessen bewusst geworden ist. Sie stellt die Forderung nach politischer Selbstbestimmung oder hat dieser Forderung im Rahmen eines Nationalstaates bereits verwirklicht. Konstitutiv für *Nation* sind das Bewusstsein einer sozialen Gruppe (Volk), eine Nation zu sein oder doch sein zu wollen, und der Anspruch auf politische Selbstbestimmung. Gegenüber anderen Solidaritätsverbänden wie der sozialen Klasse, der Konfessionsgemeinschaft oder der Familie wird ihr eine höherrangige und allgemeinere Bedeutung zugestanden" (55; S. 23; vgl. für die Ebene der internationalen Beziehungen auch 56).

Brockhaus

Der *Brockhaus* definierte in seiner neunzehnten Auflage 1991 Nation deutlich historisch akzentuiert: „frz., von lat. Natio, nationis ‚das Geborenwerden', ‚Geschlecht', ‚Volk(sstamm)' (…), Begriff der politischen und sozialen Sprache, der international im historischen und politischen, aber auch im kulturphilosophischen und staatsrechtlichen Denken der beiden letzten Jahrhunderte den Rahmen bezeichnet, innerhalb dessen sich Menschen neben kultureller Eigenständigkeit vor allem politische Selbständigkeit (Souveränität) unter Verweis auf eine als gemeinsam angenommene Geschichte, Tradition, Kultur, Sprache zumessen. Die politische Zielsetzung drückt sich dabei vor allem in der Tendenz aus, Nation und (National-)Staat zur Deckung zu bringen. Der seit der Französischen Revolution in den Vordergrund getretene Nationsbegriff zielt vor allem auf die politische Handlungsfähigkeit des Nationalstaates, sowohl im Hinblick auf die politische Souveränität im internationalen Zusammenhang als auch auf die Garantie von Menschen- und Bürgerrechten im Rahmen eines Verfassungsstaates oder hinsichtlich innenpolitisch autonomer Handlungs- und Entscheidungsmöglichkeiten. Nation bildet insoweit den Rahmen für ein politisches Handlungsprogramm, das mit dem Blick auf eine gemeinsame Zukunft entworfen und im Rückgriff auf angenommene gemeinsame Merkmale (Sprache, Geschichte, Kultur) legitimiert wird. Die Zuordnung einzelner Bevölkerungsteile kann dabei zwischen verschiedenen Nationen strittig sein; sie verläuft teilweise in Konkurrenz, teilweise in Überschneidung zu anderen Zuordnungsmöglichkeiten, wobei die Nation seit dem 19. Jahrhundert für sich jedoch allgemein die höchste Loyalität beansprucht. Bis heute sind Versuche, Nation anhand objektiver, allgemeingültiger Merkmale zu definieren, umstritten. Bei Nation handelt es sich keineswegs um etwas Naturgegebenes. Vielmehr stellt Nation eine genuin historisch und kulturell bestimmte Betrachtungs-, Interpretations- und Zurechnungskategorie dar, deren Herausbildung – die in jedem Einzelfall durchaus anders hätte verlaufen können – in unterschiedlichen historisch-politischen Zusammenhängen begründet ist; diese wiederum lassen einen widersprüchlichen Facettenreichtum aufscheinen, der sich eindeutigen Definitionen entzieht" (57; S. 344).

5. Definitionsansätze zu Nation, Nationalstaat und Nationalismus

Ebenfalls 1991 wies der britische Historiker *Eric J. Hobsbawm* darauf hin, dass der moderne Nationalstaat eine Erfindung des 19. Jahrhunderts ist: „Menschen haben sich seit jeher als Mitglieder einer ‚Wir'-Gemeinschaft definiert im Unterschied (und zumeist im Gegensatz) zu den anderen ‚Sie'-Gemeinschaften, und daran wird sich wohl in absehbarer Zukunft nichts ändern. Manche dieser Gemeinschaften – wenn auch keineswegs alle – sprechen von sich selbst in Begriffen, wie sie in den letzten 150 Jahren zur Kennzeichnung von ‚Nationalitäten' und ‚Nationen' benutzt wurden, und spätere ‚Nationalstaaten' haben zuweilen eine Identifikation mit früheren Kategorien angestrebt oder sogar deren Namen verwendet. (…) Doch der moderne, territoriale Staat aus Staatsbürgern ist etwas Neues. Weder für Israel noch für Deutschland als einheitlichen Staat gibt es echte historische Präzedenzfälle – so wenig wie für Italien oder überhaupt für die meisten Staaten, die heute die Vereinten Nationen bilden. Sie gehören ins 19. und 20. Jahrhundert. Noch neueren Datums ist die Überzeugung, politische Einheit und nationale Einheit – a priori als ethnische, sprachliche, kulturelle oder ähnliche Gemeinsamkeit definiert – müssten zusammenfallen. Dasselbe gilt für die Vorstellung, die ganze Erde müsse in Staaten aufgeteilt werden, die einer solchen Beschreibung genügen. Im Unterschied zum Begriff des ‚Nationalstaats', der in der Amerikanischen und der Französischen Revolution entstand und vom bürgerlichen Liberalismus des 19. Jahrhunderts aufgegriffen wurde, war der ethnisch und sprachlich begründete Begriff der Nation und einer auf Nationen beruhenden Weltordnung ein Kind des späten 19. Jahrhunderts" (58; S. 7f.).

Der Historiker *Reinhart Koselleck* benannte 1992 in seinem die Begriffe ‚Nation', ‚Nationalismus', ‚Volk' und ‚Masse' zusammenfassenden Beitrag für den letzten Band des Lexikons ‚Geschichtliche Grundbegriffe' die begriffsgeschichtlichen Dimensionen von Nation und Nationalismus: „Die Begriffsgeschichte von ‚Volk', ‚Nation' – und auch von ‚Masse' – sind samt ihren sprachlichen Äquivalenten und Nachbarbegriffen zentral für die abendländische und – inzwischen – für die ganze Weltgeschichte. Denn diese Begriffe verweisen auf die Selbstorganisation und Selbstwahrnehmung politischer Handlungseinheiten sowie auf die jeweils davon ausgeschlossenen anderen Handlungseinheiten oder Fremdgruppen. Selbst- und Fremdwahrnehmung werden dabei oft durch dieselben Begriffe wechselseitig konstituiert. ‚Nation' und ‚Masse' haben sich sogar als Lehnworte international eingebürgert, während ‚Volk' zumeist nur in den jeweiligen Äquivalenten der Nationalsprachen auftaucht. In jedem Fall können – jenseits ihrer emphatischen Selbstverwendung – ‚Volk' und ‚Nation' sowohl die eigene Handlungseinheit wie die der anderen Völker bzw. Nationen bezeichnen. Die Begriffe haben also einen relativ hohen Abstraktionsgrad, der eine allgemeine Verwendung ermöglicht, obwohl er in der Applikation immer nur konkrete Völker oder Nationen – oder Massen – erfasst. Deshalb gibt es zwar eine Theorie der Demokratie, aber kaum eine Theorie der Nation oder des Volkes" (59; S. 142).

Der französische Historiker *Joseph Rovan* äußerte sich 1994 in seiner ‚Geschichte der Deutschen' zur romantischen Erfindung der deutschen Nation: „Die romantische Geschichtsschreibung wird von einem grundlegenden und bizarren Missverständnis beherrscht: Trotz einiger schriftlicher Belege und Rechtsurkunden (...) ist die deutsche Geschichte, zumindest bis Luther und zu großen Teilen sogar bis in die zweite Hälfte des 18. Jahrhunderts hinein, eine ‚vornationale' Geschichte, die man nur dann für die Nationalidee beanspruchen kann, wenn sie in ein vorgeformtes Deutungsschema, das die Vergangenheit weitgehend verfälscht, gepresst wird" (60; S. 18).

Samuel P. Huntington

Der amerikanische Politikwissenschaftler *Samuel P. Huntington* weist 1996 auf die dramatisch gewachsene Bedeutung kultureller Identität nach dem Ende des Kalten Krieges und damit auch auf eine neue Dimension nationaler Identität hin: „Die Frage ‚Auf welcher Seite stehst du?' ist ersetzt worden durch die viel elementarere Frage ‚Wer bist du?' Jeder Staat muss diese Frage beantworten. Diese Antwort, seine kulturelle Identität, definiert seinen Platz in der Weltpolitik, seine Freunde und seine Feinde" (61; S. 193 f.).

Ernest Gellner

Der Philosoph *Ernest Gellner* definierte 1997 Nationalismus als „eine Form des politischen Denkens, die auf der Annahme beruht, dass soziale Bindung von kultureller Übereinstimmung abhängt. Welche Herrschaftsprinzipien ein Gemeinwesen auch immer bestimmten mögen, ihre Legitimität liegt in der Tatsache begründet, dass die betroffenen Gruppenmitglieder dieselbe Kultur teilen (oder wie der Nationalist sich ausdrücken würde: Sie müssen derselben ‚Nation' entstammen). Im Extremfall wird die kulturelle Übereinstimmung als notwendige und einzig hinreichende Bedingung legitimer Mitgliedschaft betrachtet; das heißt, *nur* Mitglieder der jeweiligen Kultur dürfen sich dem fraglichen Verband anschließen, und sie sind sogar dazu *verpflichtet*. Die Bestrebungen extremer Nationalisten scheitern dann, wenn es ihrem Nationalstaat nicht gelingt, alle Mitglieder der Nation in sich zu versammeln, und wenn er eine erhebliche Anzahl von Nichtmitgliedern innerhalb seiner eigenen Grenzen duldet, erst recht, wenn diese bedeutende Stellungen innehaben" (3; S. 17 f.).

Dik Linthout

In einem 2000 in den Niederlanden, 2003 in deutscher Übersetzung erschienenen Kulturführer ‚Niederlande für Deutsche' hat der Linguist Dik Linthout die integrierenden antideutschen Mechanismen der niederländischen nationalen Nachkriegsidentität beschrieben: „Das Gedenken an den Zweiten Weltkrieg wird in den Niederlanden auf sehr intensive Weise begangen. Noch immer werden Denkmäler errichtet und Bäume für die Opfer der Besatzung gepflanzt. Die jährlichen Rituale haben dazu geführt, dass der Zweite Weltkrieg in den Niederlanden nicht nur als Bezugsrahmen für die Haltung Deutschland gegenüber zu fungieren begonnen hat, sondern sogar identitätsstiftend geworden ist. Das Leid des Zweiten Weltkriegs war in der nach Konfessionen und politischer Anschauung ‚versäulten' niederländischen Gesellschaft sowohl für Katholiken und Protestanten als auch für Liberale und Sozialisten die erste wirklich gemeinsam geteilte Erfahrung" (62; S. 29).

6. Probleme der Nationalismusforschung und ihre Bedeutung

Aus den angeführten Beispielen lassen sich einige grundsätzliche Probleme der Nationalismusforschung ableiten. Sie zeigen besonders deutlich die Notwendigkeit, in nationalismusgeschichtlichen Zusammenhängen die erkenntnisleitenden Prämissen aller Fragestellungen und Antworten besonders kritisch zu überprüfen:

- Nationalistische Überzeugungen gehören zu den wirkungsmächtigsten historisch-politischen Kräften. Ihr dynamisches Potential bei der politischen Mobilisierung in sehr verschiedenen Gesellschaften zu unterschätzen, geht daher nicht nur an der Nationalismusgeschichte des 19. und 20. Jahrhunderts vorbei, sondern übersieht vor allem die außerordentliche individuell und kollektiv identitätsstiftende Kraft des Nationalismus.

  Dynamik des Nationalismus

- Nationalismus ist im Hinblick auf seine Entstehung, keineswegs aber im Hinblick auf seine Verbreitung, ein rein europäisch-atlantisches Phänomen. Der Nationalismus erwies sich als exportierbar, obwohl der auf diese Weise entstehende Transfernationalismus auf vollkommen andere soziokulturelle und sozioökonomische Bedingungen als in Nordamerika und Europa nach 1776 und 1789 traf.

  Nationalismus als globale Erscheinung

- Nationalismus ist in besonderem Maß kontext- und erfahrungsbedingt. Die Feststellung Theodor Schieders aus den 1960er Jahren, dass bei dem Thema Nationalismus „die Koinzidenz von politischem Erlebnis und wissenschaftlicher Diskussion (…) für die Europäer nicht mehr in gleichem Maße wie für die Zeitgenossen von Villafranca und Sedan oder auch der Pariser Friedenskonferenz von 1919 und der nationalen Staatsgründungen seit dem I. Weltkrieg [besteht]" (41; S.119), trifft jedenfalls seit 1989/91 nicht mehr zu. Aber auch abgesehen von dieser spezifischen historischen Erfahrung eines großen zeitgeschichtlichen Umbruchs, scheint der persönliche Erfahrungshorizont in der Nationalismusgeschichte nicht unbedeutend zu sein. Auffälligerweise haben fünf bekanntere Nationalismusforscher (Karl Wolfgang Deutsch, Ernest Gellner, Miroslav Hroch, Hans Kohn und Eugen Lemberg) in ihrer Kindheit und Jugend in Böhmen bzw. in Prag Erfahrungen mit dem Aufeinandertreffen national formierter Volksgruppen machen können bzw. müssen.

  Kontextabhängigkeit des Nationalismus

- Nationalismus ist immer eine komplexe historische-politische Erscheinung, die sich nur multikausal erklären lässt. Stark kontextbezogene Deutungsansätze verschiedener Nationalismen sind nicht zu verallgemeinern (Rückschluss von Nationalis*men* auf *den* Nationalismus). Strukturorientierte Erklärungsansätze und ‚Faktanalysen' treffen nicht für einen ganz bestimmten Nationalismus zu (Rückschluss vom *idealtypischen* Nationalismus auf *einen bestimmten* historischen Nationalismus). Nationalistische Identitäten können schon allein aufgrund ihrer enormen Wandlungsfähigkeit nicht reduktionistisch erklärt werden.

  Notwendigkeit multikausaler Erklärungen des Nationalismus

II. Überblick

Verstrickung von Wissenschaftlern in extremen Nationalismus

- Historiker und Sozialwissenschaftler können extreme Nationalisten sein. Theodor Schieder sah im Rückblick auf die bisherige Nationalismusforschung Mitte der 1960er Jahre ein typisches Problem in der „Parteinahme für die nationale Sache, der der Historiker durch seine Herkunft und sein Schicksal sich verpflichtet fühlte" (41; S. 119). Erst dem 42. Deutschen Historikertag 1998 in Frankfurt am Main blieb es vorbehalten, erstmals in großem Zusammenhang die Beteiligung deutscher Historiker – unter anderem die auch Theodor Schieders – an der nationalsozialistischen Herrschaft und am Vernichtungskrieg zu erörtern (63).

‚Sinnproduzenten' und Nationalismus: Künstler, Intellektuelle

- Ein weiteres, nicht zu unterschätzendes Problem der Nationalismusforschung betrifft die Rolle von Intellektuellen und Künstlern als Präzeptoren des Nationalismus. In einem Essay hat Hans Magnus Enzensberger 1992 unter anderem vor dem Hintergrund erster extremnationalistischer Exzesse auf dem Balkan erläutert, was er unter ‚Hassproduzenten' versteht (64; S. 95–105). Er charakterisiert damit zugleich auf wenigen Seiten den Typus des modernen nationalistischen Multiplikators und Agitators. Die kulturell nachhaltige Wirkung der Haßproduktion sieht Enzensberger wesentlich darin begründet, dass es zumeist Fachleute der Sinnstiftung und Gefühlserzeugung sind, die sich im Stil ihrer Zeit mit Erfolg dieser Aufgabe annehmen: Künstler, Intellektuelle, Schriftsteller und Wissenschaftler (Quellensammlung: 65; mit Bezug zum 20. Jahrhundert: 66). Dass dies kein Problem des 19. Jahrhunderts geblieben sei, macht Enzensberger am Totalitarismus des 20. Jahrhunderts deutlich: „Es lässt sich kaum entscheiden, wo die Verfasser von Hassgesängen ein furchtbareres Arbeitsfeld gefunden haben, auf der rechten oder linken Seite des politischen Spektrums" (64, S. 102).

III. Forschungsprobleme der Nationalismusgeschichte
1. Nationalismustypologien und ihre historische Anwendung

Typologische Einteilungen spielen eine wichtige erkenntnisleitende Rolle in der Wissenschaftsgeschichte der biblischen Exegese, der Biologie, der Psychologie sowie der Sozialwissenschaften. Dieser Kontext ist von Bedeutung, um die Grenzen historischer Typologisierung zu bestimmen. Verstanden als wissenschaftliche Beschreibung und Einteilung eines Erkenntnisgegenstandes nach Gruppen von einheitlichen Merkmalskomplexen, ist die historische Typologie ein Hilfsmittel der Interpretation und, vor allem, des Vergleichs. Von einer legitimen Anwendung des Ordnungsprinzips der Typologie kann demgegenüber nicht die Rede sein, wenn der historische Einzelfall in seiner Multikausalität und Komplexität – oft genug auch in seiner Widersprüchlichkeit – hinter der typologischen Ordnung zu verschwinden droht und die Rekonstruktion des historischen Einzelfalls aus den Quellen im Bemühen um das Verständnis in seiner Zeit hinter der Ableitung aus einem historischen oder gesellschaftstheoretischen Modell ex post zurücktritt. Nationalismusgeschichtliche Typologien werden von der aktuellen vergleichenden Nationalismusforschung ausdrücklich abgelehnt, da die ihnen zugrundeliegenden sozial- und mentalitätsgeschichtlichen Annahmen z. T. empirisch widerlegbar bzw. widerlegt sind (siehe unten III. 7.). Gleichwohl ist die neueste Nationalismusforschung ohne den Bezug auf die älteren typologischen Interpretationen gar nicht verständlich. Die Stärke von Typologien liegt in der Ermöglichung systematischen Vergleichs (ein aktuelles Beispiel aus dem Bereich des politikwissenschaftlichen Demokratievergleichs: 67), der dem einzelnen ‚Fall' seine historische Tiefenschärfe gibt. Insofern beruhen aktuelle kulturalistische Nationalis*men*analysen stärker auf Nationalismustypologien der Vergangenheit als ihren Autoren im Einzelnen bewusst sein mag. Auch in dieser Form der Rezeption wiederholt sich ein bekanntes Muster der Nationalismusforschung.

Chancen und Grenzen historischer Typologie

a) Kulturnation und Staatsnation

Eine der frühen und in der Forschung für bis nach dem Zweiten Weltkrieg wirksame Nationalismustypologie stammt von dem deutschen Historiker Friedrich Meinecke (1862–1954). Seine eigene Biographie ist auf charakteristische Weise mit der deutschen Nationalismusgeschichte verwoben. Meinecke war Schüler Johann Gustav Droysens, Heinrich von Sybels und Heinrich von Treitschkes. Seit 1901 lehrte er in Straßburg, Freiburg im Breisgau und bis 1928 in Berlin. 1948 wurde er der erste Rektor der unter seiner Mitwirkung gegründeten Freien Universität Berlin. Seine ersten Arbeiten hatten sich mit der deutschen Reaktion auf Napoleon beschäftigt. Mit der Monographie ‚Weltbürgertum und Nationalstaat. Studien zur Genesis des deutschen Nationalstaats' von 1908 (39), in der auch eine Nationalismustypolo-

Friedrich Meinecke

gie enthalten war, verhalf Meinecke einer modernen politischen Ideengeschichte zum Durchbruch, die nach den Wirkungen von staatswissenschaftlichen, verfassungsrechtlichen und wirtschaftlichen Konzeptionen vor allem auf den Staat fragt. (Zur Meinecke-Rezeption bei Franz Schnabel vgl. 68; S. 283–315). Im Ersten Weltkrieg lehnte Meinecke eine extreme Annexionspolitik ab, vor dem aufkommenden Nationalsozialismus warnte er. Sein Essay ‚Die deutsche Katastrophe' von 1946, eine Bilanz der deutschen Nationalismusgeschichte seit 1789 und zugleich ein sehr persönlicher Rückblick auf die eigene Biographie als Historiker, nahm wesentliche Argumente der späteren Debatte über den ‚deutschen Sonderweg' vorweg (69).

Staats- und Kulturnation

In ‚Weltbürgertum und Nationalstaat' unterscheidet Meinecke 1908 die Staatsnation von der Kulturnation, um durch diese Differenzierung den Begriff zu Nation bestimmen zu können: „Die aktivste Form des modernen Nationalgedankens wurde der moderne Nationalstaatsgedanke. Die älteren Nationalstaaten Frankreich und England verjüngten sich und räumten, der eine rasch und leidenschaftlich, der andere langsam und bedächtig, die Zwischengewalten weg, die der innigeren Vereinigung von Nation und Staat bisher im Wege gestanden hatten. Ganz neue Nationalstaaten erwuchsen aus Nationen, die Jahrhundert hindurch nur als Kulturnationen geblüht hatten. Weil aber das Wesen des modernen Nationalstaates höchstmögliche Aktivität der ihn bildenden Nation ist, so ist es mit seiner äußeren Herstellung und Erhaltung noch lange nicht getan. Es ist damit nur der äußere Wall der Macht gleichsam geschaffen, von dem aus nun die Nation als Staatsnation selbstbewusst und gerüstet in die Welt sieht, und innerhalb dessen sie jetzt ihr inneres geistiges und gesellschaftliches Leben zugleich zu steigern und zu harmonisieren strebt. Damit kommt nun auch in die Nation als Kulturnation ein neuer Zug, eine größere Aktivität, eine bewusstere Arbeit an sich selbst. Sie stachelt auch solche Nationen an, die auch jetzt noch nur Kulturnationen bleiben, und rührt zumal diejenigen Teile von Nationen auf, die von ihrer politisch geeinigten Hauptmasse abgetrennt sind und mit ihr nur in Kulturgemeinschaft stehen können" (39; S. 2 f.).

Eine Nation, die, politisch motiviert von der Idee der individuellen und kollektiven Selbstbestimmung, im Staat das Medium ihrer Selbstverwirklichung findet, sei Staatsnation. Die Staatsnation entstehe durch den freien Willensentschluss des Individuums und der Individuen, mit dem gemeinsamen Interesse, Nation sein zu wollen. Ohne diesen Willen könne sie auch nicht weiterexistieren. Frankreich, England und die USA seien als Gemeinschaften politisch bewusster Bürger charakteristische Staatsnationen, bei denen Staat und Nation nicht zu trennen seien. Demgegenüber verfüge die Kulturnation über keinen Staat, in dem sich das politische Gemeinschaftsgefühl verwirklichen kann bzw. sie strebe die Gründung des nationalen Staates erst an. Das Gefühl nationaler Zusammengehörigkeit entwickele sich aus Gemeinsamkeiten der Herkunft, der Abstammung und der Sprache, der Konfession und der Geschichte. Die Kulturnation besteht – wie der italienische und deutsche Fall im 19. Jahrhundert zeigt – über politische Grenzen hinweg, ja sie kann sogar, wie das polnische Beispiel zwischen 1772 und 1918 eindrucksvoll belegt, auch lange Zeiten politischer Aufteilung und Unterdrückung überstehen. Das Ziel nationaler Bewegungen im 19. Jahrhundert war

1. Nationalismustypologien

es, Kulturnationen in Staatsnationen umzuwandeln. ‚Alte' und ‚junge' Nationalstaaten haben, wie Meinecke feststellte, ihre ganz eigenen Probleme nationaler Integration: „Unfertig und unvollkommen war (...) schon der ältere Nationalstaat seinem inneren Wesen nach. Auch der neuere ist es, aber aus wesentlich anderen Ursachen als der ältere. Diesem fehlte es an spontaner Bewegung aus den tieferen Kreisen der Nation her, jener hat davon eher zuviel und müht sich ab, die auseinander strebenden und auf ihn eindrängenden Parteiungen zusammenzuhalten. Aber weil dieses Zuviel an Bewegung aus der reicheren Differenzierung der Individuen quillt, so kann auch die Aufgabe des modernen Nationalstaates nicht sein, die Gegensätze zu vernichten, die nationale Kultur zu nivellieren, sondern nur eine Gemeinsamkeit in gewissen Grundanschauungen dessen, was verschieden und mannigfaltig bleiben darf, zu erreichen, – einen Gottesfrieden gleichsam für gewisse Tage des nationalen Lebensjahres. Wird diese Aufgabe auch nur einigermaßen gelöst, so darf der moderne Nationalstaat sich rühmen, ein schwereres und doch wohl auch höheres Werk vollbracht zu haben als der alte Nationalstaat" (39; S. 12). Beim zeitgenössischen Leser dürfte kein Zweifel darüber bestanden haben, welcher ‚moderne Nationalstaat' hier gemeint war: der deutsche in den Grenzen von 1871.

Meineckes Ansatz ist der Denkfigur eines fundamentalen politischen Gegensatzes zwischen Deutschland und ‚dem Westen' durch seine historische Argumentation verpflichtet. Peter Alter hat darauf hingewiesen, dass zu dem Begriffspaar Staatsnation und Kulturnation weder im Englischen noch im Französischen eine Entsprechung gibt (55; S. 19): Meinecke formuliert hier einen aus deutschen Erfahrungen und Anschauungen resultierenden Gegensatz, und seine Begriffsbildung ist auf ähnliche Weise ‚deutsch' wie die Renans ‚französisch'. Interessanterweise hat gerade dieser mentalitätsgeschichtliche Aspekt die neuere kulturgeschichtliche Forschung angeregt. Hier stehen Fragen des konkreten Vergleichs zwischen Ost und West im Vordergrund (siehe III. 7).

West-Ost-Gegenüberstellung

b) Nationalismus im Westen, in Mittel- und Osteuropa

Die bekannteste Einteilung von Nationalstaatsgründungsprozessen nach Geschichtsräumen in West-, Mittel- und Osteuropa stammt von Theodor Schieder (1908–1984). Schieder war einer der einflussreichsten deutschen Historiker der Nachkriegszeit. Von 1942 bis 1945 war er, u.a. als Vertreter ‚völkischer' Ostforschung, Professor in Königsberg, 1948 bis 1976 in Köln, wo er einen nationalismusgeschichtlichen Forschungsschwerpunkt begründete. Zahlreiche deutsche Geschichtswissenschaftler wie Otto Dann, Peter Alter und Hans-Ulrich Wehler waren seine Schüler. Schieder war 1954 bis 1961 einer der Hauptbearbeiter der vom Bundesministerium für Vertriebene, Flüchtlinge und Kriegsgeschädigte herausgegebenen ‚Dokumentation der Vertreibung der Deutschen aus Ost-Mitteleuropa' (70) und seit 1968 zudem Herausgeber und Mitautor des ‚Handbuchs der Europäischen Geschichte' (71).

Theodor Schieder

Die Zeit zwischen 1848 und 1920 sieht Schieder als die Epoche von Nationalstaat, Nationalitätsprinzip und Selbstbestimmungsrecht der Völker (41;

S. 121). Überall in Europa ähnelten sich die nationalen Forderungen, so dass eine Annäherung der politischen Agenda und des politischen Stils selbst in sehr verschiedenen Staaten zu beobachten gewesen sei. Gegen Ende des Ersten Weltkrieges habe das nationale Staatsprinzip in Europa seinen Höhepunkt erreicht. Den historisch voraussetzungsreichen, stets auf der sprachlich-kulturell-politischen Differenzierung, beruhende Prozess der ‚Nationalisierung' verlaufe in drei Phasen. Jede dieser Stadien könne nicht nur chronologisch, sondern auch im Hinblick auf die Besonderheiten der in ihr entstehenden Nationalstaaten von den anderen unterschieden werden.

> **Erste Phase von Nationalisierungsprozessen: Westeuropa**

In der *ersten Phase von Nationalisierungsprozessen in Europa* entstehe der moderne Nationalstaat in England und Frankreich durch einen nationalrevolutionären Vorgang, der einen bereits bestehenden Staat als nationale politische Willensgemeinschaft neu konstituiere. Das subjektive Bekenntnis zu dem auf diese Weise neugeschaffenen Nationalstaat bleibe das einzige Merkmal der politischen Nation. Somit sei Nation mit Staatsbürgerschaft identisch und nicht als Sprach- oder Kulturgemeinschaft zu verstehen, auch wenn dies in der Regel mit der politischen Nation zusammenfalle. Die Nation werde zum Identifikationsraum, zur ‚patrie': „Man kann diesen Typus des Nationalstaats nationalrevolutionär und nationaldemokratisch nennen, da in ihm das Prinzip der Volkssouveränität in verschiedenen Abwandlungen wirksam und unter Freiheit der Nation in erster Linie innere Freiheit, innere Selbstbestimmung der Nation verstanden ist. Die Nation wird damit zu einem Geschöpf revolutionärer Emanzipation" (41; S. 122). Das entscheidende Stichwort dieser Phase sei ‚Freiheit' der Nation. Dieser Typus von Nationalstaat sei häufig im europäischen Westen und Norden anzutreffen.

> **Zweite Phase von Nationalisierungsprozessen: Mitteleuropa**

Die *zweite Phase von Nationalisierungsprozessen in Europa* werde von der Entstehung von Nationalstaaten aus staatlich getrennten Teilen von Kultur- und Sprachnationen bestimmt. Ziel nationalrevolutionären Handelns sei in diesem Stadium nicht der Wandel eines Staats zur Nation, sondern die Neuschaffung eines nationalen Staates durch nationale ‚Einheitsbewegungen', wie in Italien und Deutschland. „Bei ihnen erscheint die Nation als eine *vor* dem Staat gegebene, entweder historisch oder kulturell oder als sozialer Verband begründete Größe" (41; S. 122). Da das nationale Prinzip stark auf die Zukunft gerichtet sei, andererseits aus einer selektiv wahrgenommenen Vergangenheit sprachliche, kulturelle und ethnische nationale Einheit konstruiere, habe dieser Nationalisierungsprozess irrationale Züge: „Alles Ethnische ist (…) Ausdruck des Humanen; die Humanität erscheint nur durch das Medium der Nationalität, und zwar der freien, sich selbst bestimmenden Nationalität. Darin waren sich Herder und Mazzini einig (…)" (41; S. 122). Die staatliche Trennung von sich als Kultur- und Sprachnation verstehender Bevölkerung werde als realpolitische Grausamkeit empfunden, welche der Nationalbewegung ihre besondere Legitimität als Emanzipationsbewegung von ‚fremder' Zwangsordnung verleiht. „‚Einheit' ist ein beinahe magisches Wort in dieser zweiten Phase und überwiegt sehr oft gegenüber ‚Freiheit'" (41; S. 123). In der deutschen Verfassungsdiskussion zwischen 1848 und 1871 ist die Alternative zwischen Einheit und Freiheit ständig präsent gewesen und oft zugunsten ‚großdeutscher' nationalstaatlicher Macht entschieden worden. Der Nationalstaat der zweiten Phase sei typisch für Mitteleuropa.

1. Nationalismustypologien

Die *dritte Phase von Nationalisierungsprozessen in Europa* habe mit der Herauslösung von National- oder in der Regel von Nationalitätenstaaten aus Großmonarchien wie der habsburgischen oder zaristischen zu tun. Die osteuropäischen, in sich sehr verschieden strukturierten Nationalbewegungen seien zunächst gegen die übernationalen ‚Völkergefängnisse' gerichtet gewesen, ihr politisches Bewusstsein sei „nicht *im* und *am* Staat entwickelt, sondern durch die Gegnerschaft gegen den bestehenden Staat geprägt" (41; S. 123). Alle ostmitteleuropäischen Staaten, so Serbien, Bulgarien, Rumänien, die Tschechoslowakei, seien durch Abspaltung von Großreichen entstanden.

Dritte Phase von Nationalisierungsprozessen: Osteuropa

Schieder wies ausdrücklich auf die Grenzen seiner Typologie hin. So zeige das Beispiel Polens, dass sezessionistische Nationalbewegungen auch Einheitsbewegungen seien können. Ebenso sei Großbritannien das Ergebnis eines längeren Einigungsprozesses. Italien müsse als der klassische Fall einer phasenübergreifenden Nationalstaatsgründung angesehen werden, dem freiheitlich-nationalrevolutionäre, im *Risorgimento* nationalrevolutionär-unitarische und – in der Betonung der *Italianità* – ausgeprägte sprachlich-kulturelle Züge eigen seien (31; S. 257–324). Für besonders aussagekräftig beim historischen Vergleich europäischer Nationalstaaten und ihres *nationbuilding* zwischen 1848 und 1920 hält Schieder zwei verfassungsgeschichtliche Indikatoren:

- Den *Gegensatz zwischen nationalem Unitarismus und nationalem Föderalismus* in den Zielsetzungen der Nationalbewegungen und in der Verfassungsstruktur der Nationalstaaten (z.B. seit Napoleon unitarisch-zentralistisches Frankreich im Unterschied zum Fürstenbund des Deutschen Reichs von 1871 mit der de-facto-Hegemonie Preußens).

Paradigmen für den Vergleich von Nationalstaaten

- Die *besondere Bedeutung des Funktions- und Bedeutungswandels der Monarchien*: „repräsentativ" in England, den Niederlanden und in den skandinavischen Ländern als „historische Brücke vom adlig-feudalen Alt-Europa zur modernen Industriegesellschaft" (41; S. 126), „hegemonial" bei den neuen mitteleuropäischen Nationalstaaten Italien (1862–1947) und Deutschland (1871–1918); schließlich die „vom europäischen Mächteareopag eingesetzten" Monarchien vor 1914 wie Belgien, Griechenland, Rumänien, Bulgarien, Albanien. Diese Monarchien waren keine National-Monarchien, sondern „Ausdruck der international-europäischen Garantie, derer diese Staaten bedurften" (41; S. 127).

Es ist festzuhalten, dass Schieders Typologie, wie er selbst ausdrücklich betont hat, auf der Grundlage der jeweils nationalhistorisch orientierten Sekundärliteratur entstanden ist. Gängige Forschungspraxis ist es daher, Schieders breit rezipierte und zweifellos bedeutende Typologie in Abgrenzung zu den thematisch beschränkteren, aber empirisch sozialwissenschaftlich belegten Ergebnissen – z.B. Miroslaw Hrochs – als Set von Hypothesen zu verstehen. Auch abgesehen von der noch ausstehenden Überprüfung an archivischen und generierten Quellen, wirft Schieders Typologie einige Fragen auf.

Die Hauptmerkmale seiner Phasenfolge sind Umgestaltung, Zusammensetzung, Abspaltung. Bei den westlichen ‚alten' Nationalstaaten ist das Hauptmerkmal der Transformation unstrittig, wenn auch seine besondere Be-

Kritik an Schieder

tonung einmal mehr den Eindruck erweckt, die westlichen Nationalstaaten repräsentierten eine maßstabsbildende Art nationalstaatlicher europäischer ‚Normalität'. Hingegen, sollte man beim italienischen und deutschen Fall nicht vielmehr in erster Linie fragen, welcher Teil die nationalstaatliche Zusammensetzung mit welchen Konsequenzen dominierte (Piemont in Italien, Preußen in Deutschland)? Damit wäre das Hauptmerkmal eher in vergleichbaren Besonderheiten der Nationalbewegungen als im Kriterium der Zusammensetzung des neuen Nationalstaats aus alten Herrschaftsräumen zu sehen. Genau so hat Schieder selbst in seiner Grundlagenstudie über das Deutsche Reich von 1871 als Nationalstaat auch gearbeitet (72). Ferner ist bezweifelt worden (18; S. 452), ob man den sehr verschiedenartigen osteuropäischen Fällen durch das großmaschige Hauptmerkmal Abspaltung überhaupt noch gerecht zu werden vermag. Gerade in Osteuropa steht praktisch jede nationale Bewegung für ihren Sonderweg.

Möglicherweise wird die nationalismusgeschichtliche Forschung noch einmal stärker als bisher auf Schieders verfassungsgeschichtliche Indikatoren Unitarismus/Föderalismus und die Funktion der Monarchie zurückkommen. Besonders für die Mentalitätsgeschichte der westeuropäischen Nationalgesellschaften wie der niederländischen könnte dieser Ansatz fruchtbar sein (73; S. 1–14).

c) Nationalismus und *nationbuilding* in ‚kleinen Nationen'

Miroslav Hroch

Die Forschungen von Miroslav Hroch, der als Professor für Allgemeine Geschichte an der Karlsuniversität in Prag lehrt, gelten dem 17. bis 19. Jahrhundert in Europa, dem vergleichenden Studium europäischer Revolutionen, insbesondere der nationalen Bewegungen, ihrer Programme, Zielsetzungen, Motivationen und sozialen Strukturen. Im Unterschied zu allen anderen nationalismusgeschichtlichen Ansätzen seit Renan hat Hroch ein konkretes sozialgeschichtliches Forschungsprogramm zu den Nationalbewegungen ‚kleiner' Nationen entwickelt und zum großen Teil auch verwirklicht. Seine Typologie von Nationalbewegungen ist empirisch abgestützt.

‚Nationale Erweckung' kleiner Nationen

Ein wichtiger Untersuchungsgegenstand Hrochs sind die Zusammenhänge zwischen der ‚nationalen Erweckung' kleiner Nationen und der sozialen Zusammensetzung ihrer Nationalbewegungen. 1968 präsentierte er die Ergebnisse einer breit angelegten Quantifizierung zum sozialen Profil von Angehörigen der tschechischen, slowakischen, litauischen, estnischen, finnischen, norwegischen und flämischen Nationalbewegungen (42). Als Rahmen des Vergleichs geht Hroch von einer bewusst einfachen Definition der Nation aus: „eine soziale Großgruppe, welche durch historisch gefestigte Beziehungen unter den Menschen gekennzeichnet ist, und zwar durch eine feste, aber nicht unveränderliche Kombinierung der Beziehungen, seien es Beziehungen wirtschaftlicher, kultureller, religiöser oder sprachlicher Art" (74; S. 155 f.). Hrochs erkenntnisleitende Frage lautet, „wie (…) man das wertbezogene Nationalbewusstsein mit der Integrierung einer sozialen Großgruppe – der Nation – verbinden (kann)". Ferner fragt er, „wie (…) der Zusammenhang zwischen dem objektiven sozialen Vorgang bei der Umgestaltung der

1. Nationalismustypologien

ganzen Gesellschaft und der Sphäre des Bewusstseins der Menschen (war), in der sich das Nationale immer stärker fixiert" (74; S. 156)? Hroch wendet diese Frage auf den Zeitraum des ‚nationalen Erwachens' an, die er in *drei typische Phasen* einteilt:

- Als Stadium A bezeichnet er „die Phase des gelehrten Interesses und der Vorliebe einiger Einzelpersonen für das Nationale – etwa im Sinne des aufklärerischen Durstes nach neuen Erkenntnissen" (74; S. 158).

- In Stadium B agitiere eine nationalbewusste Minderheit für die Verbreitung eines allgemeinen Nationalbewusstseins.

- Stadium C werde gekennzeichnet durch das Auftreten nationaler Massenbewegungen.

> Phasen ‚nationaler Erweckung'

Für das nationale Erwachen sei, so Hroch, die zweite Phase entscheidend. Sie liegt bei den von Hroch untersuchten kleinen Nationen in unterschiedlichen Zeitabschnitten: bei den Tschechen in Böhmen zwischen 1820 und 1848, bei den Norwegern 1820 bis nach 1850, bei den Finnen und Slowaken 1830 bis 1870, bei den Flamen von 1840 bis in das 20. Jahrhundert hinein, bei den Esten seit den 1860er, und bei den Litauern seit den 1870er Jahren. Die erkenntnisleitende Frage zur zweiten Phase lautet: Warum und unter welchen konkreten gesellschaftlichen Bedingungen vollzog sich bei den kleinen Nationen die ‚nationale Erweckung'? Hroch hat dazu im Folgenden eine ‚Komparationssonde' entwickelt. Das ist ein Zusammenhang, der bei allen Objekten des Vergleichs wesentlich erscheint, eine analoge Funktion gehabt hat und in der konkreten Untersuchung so eng wie möglich mit der erkenntnisleitenden Hauptfrage zur zweiten Phase zusammenhängt (74; S. 155, Definition 158). Die Funktion der Komparationssonde hat für Hroch neben einer sozialen Interpretation der Inhalte der Nationalprogramme vor allem die biographische Erforschung von Akteuren der Nationalbewegungen, deren Hauptaktivitäten in die zweite Phase fallen. In diesen Untersuchungsbereichen liegt auch die Stärke von Hrochs Ansatz.

Zu den aktiven Teilnehmern der Nationalbewegung hat Hroch jeweils drei wesentliche Angaben erhoben: soziale Zugehörigkeit, gesellschaftliche Herkunft und Bildungsweg, die Wirkungsorte und den Geburtsort. Bei der Anwendung dieser Auswahlparameter kam Hroch für die zweite Phase auf 230 Angehörige der litauischen, und über 2000 Angehörige der tschechischen Nationalbewegung. Aus den bedeutenden Befunden Hrochs seien hier einige herausgegriffen, die zur Typologie der Nationalbewegungen kleiner Nationen in ihrer Erweckungsphase beitragen:

- Die am stärksten in den Nationalbewegungen vertretene soziale Gruppe sind „alle diejenigen, die von geistiger Arbeit lebten" (74; S. 160), also nicht nur akademisch Gebildete und Tätige, sondern auch kleine Beamte.

- Das größte Interesse an der nationalen Bewegung zeigen die sozial am höchsten gestellten Gruppen in den untersuchten Gesellschaften, dieses

> Merkmale von Nationalbewegungen

Interesse „verlief dicht unter der oberen Grenze der wiederholt erreichbaren sozialen Aufstiegsmöglichkeiten (…)" (74; S. 160).

- Nationalbewegungen sind sozial heterogen. Damit ist die marxistisch-leninistische Interpretation der Nationalbewegungen als Interessen-Implementations-Instrument der Bourgeoisie empirisch widerlegt. Der Marxismus-Leninismus definierte die Nation als „Struktur- und Entwicklungsform der menschlichen Gesellschaft, die gesetzmäßig mit der Herausbildung der ökonomischen Gesellschaftsformation des Kapitalismus als Produkt ökonomischer, hierauf beruhend auch sozialpolitischer und ideologischer Entwicklungsprozesse und historischer Klassenkämpfe entsteht" (75; S. 833). Diese Definition versteht die Nation als „gesetzmäßige" ‚Überbau'-Erscheinung einer bestimmten Phase der Krisengeschichte des Kapitalismus, getragen von einer ganz bestimmten „ökonomischen Gesellschaftsform" der Bourgeoisie. Hrochs Studien zeigen demgegenüber ein ganz anderes Bild.

In allen untersuchten Nationalbewegungen mit Ausnahme der norwegischen spielt die soziale Schicht der Kleinbürger eine wichtigere Rolle als das Wirtschaftsbürgertum; die Beteiligung der Bauern ist stark von der Entwicklung des Stadt-Land-Gefälles abhängig. Je früher die Erweckungsphase einsetzte, desto ‚städtischer' war ihr Charakter, je später, desto ‚ländlicher'. „Dort, wo die Mittelschicht der alten Gesellschaft am Ende der feudalen Epoche noch eine gewissen Aufstiegsmöglichkeit erreichte – soweit sie natürlich noch oder schon ethnisch zu der kleinen Nation gehörte –, dort setzte sich die nationale Bewegung, das wertbezogene Nationalbewusstsein früher durch" (74; S. 162).

Die Mitglieder von Nationalbewegungen

- In den nationalen Gruppierungen der Erweckungsphase sind junge Leute (18 bis 28 Jahre) stark überrepräsentiert, die Nationalbewegungen sind junge Bewegungen.

- Die Intensität der Beteiligung an den nationalen Bewegungen ist regional stark unterschiedlich. Gebiete mit einem dichteren Schulnetz, ausgeprägter kleinhandwerklicher Marktorientierung bzw. – je nach Entwicklungsgrad – ersten industriellen Zentren und landwirtschaftlicher Produktion für entfernte Märkte gehören zu den national aktiven Regionen.

- Im Hinblick auf die soziale Mobilität konstruiert Hroch zwei Typen von Mitgliedern der Nationalbewegungen: „a) dort, wo ihre Mitglieder eine hohe Intra-Generationen-Mobilität aufweisen (d. h., sie gehören zu Berufen mit hoher vertikaler Mobilität, mit größerem sozialem Aufstieg bzw. mit einer höheren Aufstiegsmöglichkeit), war die Inter-Generationen-Mobilität niedriger (d. h. der patriotische Sohn steht öfters nicht höher als seine Eltern): norwegische, finnische, flämische Patrioten; b) andererseits war die hohe Inter-Generationen-Mobilität (d. h., wo die patriotischen Söhne in der Regel einen höheren Status als ihre Eltern erreicht haben) mit einer relativ niedrigeren Intra-Generationen-Mobilität verbunden: die estnischen, slowakischen, weißrussischen Patrioten" (74; S. 165). Zwischen diesen Typen liegen die Angehörigen der tschechischen und litauischen Nationalbewegungen.

Insgesamt ist es Hroch gelungen, die Bedeutung von Kommunikation und sozialem Wandel als „national integrierende Faktoren" (74; S. 165f.) an den von ihm gewählten Beispielen schlüssig nachzuweisen. Die ‚Standortgebundenheit' seiner Forschungen prägt seine Argumentation vor allem dort, wo er sich von marxistisch-leninistischen Vereinfachungen löst.

d) ‚Progressiver' und ‚nicht-progressiver' Nationalismus

Ein Vertreter der typologisierenden Unterscheidung zwischen ‚modernem' und ‚unmodernem' Nationalismus ist der Berliner Sozialhistoriker Heinrich August Winkler. Schon in den 1970er Jahren vertrat Winkler mit Bezug auf die Geschichte des Kaiserreichs eine Nationalismustypologie, die auf dem Links-Rechts-Gegensatz beruht. Winklers Interpretation unterscheidet zwischen einem progressiven emanzipatorischen Nationalismus der Reichsgründungszeit und einem konsequenzreichen, chauvinistisch verengten Nationalismus nach Bismarcks Trennung von den Nationalliberalen 1878/79: „Der Funktionswandel der nationalen Parole, der durch die Krise der 1870er Jahre ausgelöst wurde, machte aus einer ehedem ‚linken' eine ‚rechte' Ideologie. In Deutschland hatte das liberale Bürgertum vom Vormärz bis zur Reichsgründungszeit den Adel als Träger der partikularstaatlichen Zersplitterung und sich selbst auf kulturellem wie auf wirtschaftlichem Gebiet als Verkörperung der Nation gesehen. Die nationale Agitation war in dieser Zeit vor allem ein Instrument der bürgerlichen Emanzipation und gesellschaftlichen Modernisierung. Die nationale Bewegung zielte darauf ab, die politischen Konsequenzen aus der Industrialisierung zu ziehen und den Binnenmarkt nationalstaatlich zu organisieren" (76; S. 14). Der eigentliche Motor des Nationalismus sei die Industrielle Revolution gewesen. Dies habe sich erst mit der ‚Großen Depression' der 1870er Jahre geändert: „Im Zeichen des ‚Schutzes der nationalen Arbeit', der ideologischen Umschreibung der Schutzzollpolitik und des Kampfes gegen die ‚Reichsfeinde' rezipierten nun auch die konservativen Kräfte, von den preußischen Junkern bis zu den traditionalistischen Handwerksmeistern und Kleinhändlern, die nationale Idee" (76; S. 14). Ein Hauptargument für den ‚Links-Rechts-Paradigmenwechsel' des Nationalismus sieht Winkler ferner in einer Verschiebung der sozialen Trägerschichten: ‚rechter' Nationalismus stütze sich seit den 1890er Jahren vorwiegend auf den ‚neuen Mittelstand': „Kaufmännische und industrielle Angestellte sahen im Bekenntnis zur nationalen Parole ein willkommenes Mittel der ideologischen Abgrenzung von jenem ‚internationalen' Proletariat, dem sie objektiv, auf Grund ihrer materiellen Lebensverhältnisse, durchaus nahestanden. (…) Der Nationalismus wurde zunehmend zum agitatorischen Vehikel einer Sammlungsbewegung gegen Linksliberalismus und Sozialdemokratie (…)" (76; S. 15). Zu Winklers Argumentation gehört ferner die starke Betonung einer Qualitätsveränderung im europäischen Nationalismus in

Heinrich August Winkler

den späten 1870er und frühen 1880er Jahren: „In allen Fällen begleitete eine forcierte nationalistische Agitation, die von den Interessenten und meist auch von den Regierungen ausging, die Wendung zum Protektionismus. Im Windschatten des ökonomischen Nationalismus konnten sich auch politische Bewegungen entfalten, deren Zielsetzungen nicht durchwegs wirtschaftlicher Natur waren, die aber ebenfalls auf eine allgemeine Kurskorrektur nach rechts drängten und sich vorzugsweise nationalistischer Parolen bedienten" (76; S. 15). Konkret meint Winkler damit ‚integrale' Nationalisten und Antisemiten nach dem Vorbild von Charles Maurras. Maurras (1868–1952) war Mitbegründer der extremnationalistischen *Action française*.

Kontinuitäten im deutschen Nationalismus

Im radikalen Nationalismus erkennt Winkler „einen im magischen Kult der Erde und der Toten gipfelnden protofaschistischen Religionsersatz, in dessen Zeichen nunmehr auch die physische Gewaltanwendung gegenüber Andersdenkenden legitimiert wurde" (76; S. 15). Es verwundert deshalb nicht, dass Winkler im Nationalsozialismus einen extremen Ausdruck seiner funktionalen Wandlungsfähigkeit und Integrationskraft erkennen will. Der extreme Nationalismus, der im Nationalismus gipfele, „ist selbst durchaus als sozialgeschichtlicher Vorgang zu beschreiben" (76; S. 18). Die ‚Machtergreifung' sei im wesentlichen auf Mittelstandspanik zurückzuführen. Hitlers radikaler Antisemitismus und Expansionismus sind in dieser Sichtweise „nur noch aus Wahnvorstellungen zu erklären" (76; S. 18), die, wie Winkler allerdings ausdrücklich hervorhebt, „freilich *auch* milieubedingt waren" (76; S. 18). Er betont in seinen Darstellungen deutlich und in Abgrenzung zu den politischen Vorstellungen des proletarischen Milieus den spezifisch mittelständischen Charakter zentraler nationalsozialistischer Konzepte von ‚Rasse', ‚Nation' und ‚nationaler Gemeinschaft'.

Kritik an Winkler

Winkler hat an diesen Perspektiven durch alle Debatten und Kontroversen der Forschung, die – z.B. mit Pierre Bourdieus Konzepten – längst weitaus differenziertere Beschreibungsformen des sozialen Raums und der sozialen Geographie entwickelt hat (77), bis in die 1990er Jahre festgehalten. So betonte er noch 1994 ausdrücklich, dass der deutsche im Vergleich zum französischen Nationalismus nach 1789 „weniger modern" (78; S. 33) gewesen sei. Dieser Wertung liegt die Fundamentalunterscheidung zwischen ‚linkem' und ‚rechtem' Nationalismus zugrunde. Weniger modern sei der deutsche Nationalismus schon an sich: „Er vollzog nicht den radikalen Bruch mit den tradierten Bindungen an Fürst, Heimat, Religion, sondern überwölbte diese Loyalitäten durch das Bekenntnis zu Deutschland (…)" (78; S. 33). Vor allem aber nach der großpreußisch-kleindeutschen Reichsgründung von 1871 sei der deutsche Nationalismus rückständig geworden. Vor der Reichsgründung sei der Nationalismus „Dienst an der Sache der bürgerlichen beziehungsweise proletarischen Emanzipation" (78; S. 33) gewesen. Zwar räumt Winkler ein, dass es bereits der Nationalversammlung in der Frankfurter Paulskirche in erster Linie um realpolitische Fragen der Interpretation der mitteleuropäischen politischen Geographie gehen musste. Das Scheitern der ‚48er' sei jedoch – in modernisierungsgeschichtlichen Kategorien gesprochen – auf die ‚Überforderung' der Revolutionäre durch das Zusammentreffen mehrerer Modernisierungskrisen zurückzuführen. Erscheint somit das Scheitern 1848/49 noch durch objektive Gründe gerechtfertigt, betont Winkler einmal mehr

1. Nationalismustypologien

den politischen Charakter des nationalistischen Paradigmenwechsels von 1878/79, von dem aus sich die politische Strukturgeschichte des Kaiserreichs bis 1914 und letztlich die deutsche Geschichte bis 1933 erschließe.

Ende der 1980er Jahre resümierte Lothar Gall diese Debatte über den Charakter des Kaiserreichs: „Es handelte sich in vieler Hinsicht um eine Umkehrung der positiv akzentuierten deutschen Sonderwegsideologie des Kaiserreichs und der Weimarer Zeit" (2; S. 136). Eine Typologisierung in ‚linken' und ‚rechten' Nationalismus ist auf die historische Wirklichkeit von Nationalbewegungen, Nationalstaaten und Nationalismen und Nationalisten im 19. und 20. Jahrhundert nicht anwendbar, weil sie der komplexen historischen Realität zu wenig gerecht wird. Ebenso wenig sind alle ‚progressiven' Züge des emanzipatorischen Nationalismus ‚links' (z.B. die katholischen bürgerlich-liberalen Anhänger der großdeutschen Idee 1848/49 im Westen und Süden Deutschlands) wie alle ‚nicht-progressiven' Züge des konservativen Nationalismus ‚rechts' sind (z.B. betont ‚reichstreue' Sozialdemokraten des Kaiserreichs vor 1914).

Lothar Galls Kritik an einer „Sonderwegsideologie"

Peter Alter unterscheidet im Hinblick auf den politischen Funktionswandel von Nationalismus zwischen Risorgimento- und integralem Nationalismus. *Risorgimento*-Nationalismus ist für Alter eine „politische Kraft mit emanzipatorischer Funktion" (55; S. 33). Seine politische Funktion liegt darin, gesellschaftliche Gruppen unter dem Ziel einer Nationalstaatsgründung nach dem historischen Vorbild der italienischen Nationalbewegung im 19. Jahrhundert zusammenzufassen. Dieser *Risorgimento*-Nationalismus ziele, so Alter, auf die Befreiung von politischer und sozialer Unterdrückung; er enthalte Elemente einer liberalen Oppositionsideologie. Einen weiteren wichtigen Charakterzug des *Risorgimento*-Nationalismus sieht Alter in diesem liberalen Zusammenhang von nationaler und individueller Emanzipation, die grundsätzlich auch die Freiheit anderer Nationen zur nationalen Selbstbestimmung anerkenne. Einflussreiche Vordenker des *Risorgimento*-Nationalismus sieht Alter in dem deutschen Philosophen Johann Gottfried Herder (1744–1803) sowie in dem italienischen Politiker Giuseppe Mazzini. Der Schriftsteller, Philosoph und Theologe Herder vertrat die literatur- und geschichtsphilosophisch begründete Anschauung, jedes Volk habe seine spezifische Dichtung, die von seiner Sprache abhängig sei; diese wiederum sei natürlich und sozial bedingt. Herders antinationalistische Anschauungen sahen im Volk eine u.a. sprachlich-kulturell bedingte und geprägte Sozialindividualität mit einem spezifischen Charakter. Zentrale Begriffe seiner Geschichtsphilosophie sind ‚Entwicklung' und ‚Tradition': ähnlich wie die Nationalsprachen ‚wachsen' Völker in ihre Eigenarten hinein. Herder hatte u.a. großen Einfluss auf das organisch-ganzheitliche Denken Johann Wolfgang Goethes. Mazzini war der geistige Führer der radikalrepublikanisch-sozialrevolutionären Richtung des *Risorgimento*, die sich deutlich von der Kabinetts- und Realpolitik des ‚piemontesischen Bismarck', Camillo Benso Graf Cavour, abgrenzte. Anders als Cavour, der die Einigung Italiens durch eine Zusammenarbeit von Krone und Nationalbewegung erreichen wollte, setzte Mazzini auf eine Einigung ‚von unten'. 1834 hatte er im Schweizer Exil die nationalrevolutionäre Bewegung des ‚Jungen Europa' zur Unterstützung nationaler Befreiungsbewegungen in Europa gegründet. Sie wurde zum Vorbild für spätere Bewegungen wie

Peter Alter: Risorgimento-Nationalismus

III. Forschungsprobleme

Young Ireland (1840/42), das Junge Polen, die Jungosmanen (1876), die Jungtürken (1896), Jung-Bosnien (1908). Das wichtigste Vorbild des *Risorgimento*-Nationalismus, so Alter, sei allerdings immer der französische Nationalismus nach 1789 gewesen: „(…) die französischen Revolutionäre rechtfertigten ihren Nationalismus mit der Betonung der Mission, die allgemeinmenschlichen Ideale der Freiheit, Gleichheit und Brüderlichkeit überall in Europa verbreiten zu müssen" (55; S. 34). Im Einzelnen unterscheidet Alter für die Zeit zwischen dem Wiener Kongress von 1815 und den Pariser Vorortkonferenzen von 1919 folgende Varianten des *Risorgimento*-Nationalismus, der in der Literatur auch als liberaler, reformbereiter, genuiner oder originärer Nationalismus bezeichnet wird:

Die Abgrenzung anderer Nationalismusformen vom Risorgimento-Nationalismus

- Politischer Nationalismus: Ziel ist die Staatsgründung, sind „Formen und Institutionen des Machterwerbs und der Machtausübung" (55; S. 38).

- Ökonomischer Nationalismus: Ziel ist die Emanzipation einer nationalen Wirtschaftspolitik in einem zu schaffenden nationalen Markt.

- Kultureller Nationalismus: Ziel ist die Schaffung kultureller nationaler Einheit in Sprache, Kultur und gemeinsamer Erinnerung im Rahmen der *nationbuilding*.

Eine Sonderform des *Risorgimento*-Nationalismus sieht Alter im so genannten Reform-Nationalismus. Dieser reformiert einen bereits bestehenden Staat in nationalem Sinn, in der Regel nach einer Konfrontation mit westlichen Mächten. Zu den bekanntesten historischen Beispielen gehören Japan nach der amerikanischen Flottendemonstration in der Bucht von Tokio 1853, die osmanische Türkei seit der Mitte des 19. Jahrhunderts (jungtürkische Revolution gegen die Herrschaft des Sultans 1908/09; nationale Sammlung unter Mustafa Kemal/Kemal Atatürk seit 1919).

Den integralen Nationalismus (siehe dazu auch Kapitel III. 4) definiert Alter als Gegentypus zum liberalen *Risorgimento*-Nationalismus. Die Bezeichnung ‚integraler Nationalismus' prägte der rechtsextreme französische Politiker und Schriftsteller Charles Maurras (1868–1952): „Maurras propagierte den Nationalismus als einen im mystischen Kult der Erde und der Toten gipfelnden Religionsersatz, der an das Individuum totale Ansprüche stellt und es völlig vereinnahmt. Der integrale Nationalismus wirft allen ethischen Ballast ab und verpflichtet das Individuum auf einen einzigen Wert: die Nation. (…) ‚La France d'abord', ‚Right or wrong, my country', ‚Recht ist, was dem Volke nützt', ‚Du bist nichts, Dein Volk ist alles' – so oder ähnlich lauten die Gebote, auf die der integrale Nationalismus seine Gläubigen verpflichtet und mit denen er auch die physische Gewaltanwendung gegenüber Andersdenkenden legitimiert" (55; S. 43). Integraler Nationalismus ist extrem, er agiert populistisch, mobilisiert häufig antisemitische, immer aber fremdenfeindliche Ressentiments und gehört zum Festbestand rechtsradikaler Weltanschauungen und Bewegungen in Europa seit dem letzten Drittel des 19. Jahrhunderts: „Seine Anhänger verzichten auf seine Rechtfertigung aus dem Dienst an einem höheren Wert. Der Kult der Nation wird zum Selbstzweck. Die Lehre

1. Nationalismustypologien

Darwins von der natürlichen Auslese und vom Überleben der Tüchtigeren ersetzt als mageres philosophisches Fundament die Ideen Herders und Mazzinis" (55; S. 43 f.).

Peter Alters Typologie politischer Funktionen des Nationalismus zeigt sich mit ihrer Unterscheidung zwischen liberalem und anti-liberalem Nationalismus in methodischer Hinsicht nicht nur von den Forschungsergebnissen Ernest Gellners und Benedict Andersons vollkommen unberührt, sondern löst auch nicht das forschungspraktische Problem, dass *Risorgimento*- und integraler Nationalismus in der kollektiven historischen und individuellen biographischen Erfahrung von Nationalisten schwer zu trennen sind. Aus nationalrevolutionären und liberalen ‚have-nots' werden mit der Gründung eines Nationalstaats nationalistische ‚haves', aber nicht automatisch integrale Nationalisten. Alter hat dieses Problem durchaus erkannt und verwendet für den nicht-integralen Nationalismus nach einer Nationalstaatsgründung daher den problematischen, weil kaum eingrenzbaren Begriff des ‚normalen' Nationalismus. Mit ‚normalem' Nationalismus ist ein ‚legitimes' nationalistisches Verhalten „als Agens im anhaltenden Prozess des nation building" (55; S. 55) nach der Realisierung des Hauptziels der Nationalbewegung, der Gründung des Nationalstaats, gemeint. Tatsächlich ist das Verhältnis von *Risorgimento*-, Normal- und integralem Nationalismus unabhängig von der empirisch unbestreitbaren Tatsache, dass es im Nationalismus liberale *Risorgimento*- und anti-liberale integrale Momente gibt, nicht nur von Fall zu Fall sehr verschieden, sondern in dieser Weise nicht typologisierbar sind. Ist die deutsche ‚Rheinliedbewegung' der 1840er Jahre mit ihren ‚völkisch'-expansiven Untertönen der ‚Wacht am Rhein' und der Gleichsetzung von Deutschland und Mitteleuropa Ausdruck eines liberalen *Risorgimento*-Nationalismus? Ist der britische Empire-Nationalismus mit seinem immanenten Zivilisationsauftrag eher Normalnationalismus oder eher integraler Nationalismus? Wie entsteht integraler Nationalismus aus liberalem *Risorgimento*-Nationalismus? Nach den Ergebnissen der Mentalitätsgeschichte in Anlehnung an die französische Schule der ‚Annales' und die Begriffsbildung von Lucien Lefebvre („histoire des mentalités collectives") (79; S. 115–117) lassen sich Mentalitäten gerade dort belegen, wo die zu ihrer Entstehung erforderlichen sozialen Ursachen bereits entfallen sind. Ebensowenig lässt sich, wie Alter auch einräumt, die Mischung von politischen, wirtschaftlichen und kulturellen Anteilen im liberalen *Risorgimento*-Liberalismus typologisch bestimmen. Mit der Feststellung des überwiegend politischen Charakters des liberalen Nationalismus ist für die historische Erklärung ebensowenig gewonnen wie mit der Aussage, dass „der integrale Nationalismus (…) überhaupt nur (…) in einer Welt der etablierten Nationalstaaten [möglich ist]" (55; S. 45) und sich in dieser als Ideologie rücksichtsloser und expansiver nationaler Interessenwahrnehmung entwickelt. Der historische Entstehungsprozess des Nationalstaats ist von seiner extremen Überhöhung nicht zu trennen.

| Kritik an Alter |

e) Vormoderner und moderner Nationalismus

Hans Kohn, John A. Armstrong, Dieter Langewiesche

Obwohl die Mehrheit der Nationalismusforscher seit Renan immer wieder betont hat, dass es sich beim Nationalismus um eine für die Moderne konstitutive Erscheinung handelt, hat es nicht an Versuchen gefehlt, Nationen und Nationalismus auch in den Epochen vor 1789, in der Frühneuzeit und im Mittelalter, ausfindig zu machen. Zu den bekannteren Ansätzen dieser Art gehört die Untersuchung Hans Kohns über ‚Die Idee des Nationalismus'. Kohn glaubte sogar in der Alten Geschichte wesentliche gedankliche Ausgangspunkte für die „Inkubationsperiode" (9; S. 10) des modernen Nationalismus erkennen zu können (9; S. 49 ff.). Seine Perspektive ist die einer ‚Vorgeschichte' des Nationalismus und des *nationbuilding* in der Moderne. Diese liegt allerdings nicht allen Bemühungen zugrunde, welche sich dem Thema ‚Nations before Nationalism' – so der Titel einer wichtigen Studie über den Prozess der Nationsbildung im frühmodernen Europa von John A. Armstrong aus dem Jahr 1982 (80) – widmen. Gerade Armstrong ist bestrebt, das zeitgenössische Nationsverständnis aus dem Kontext der Epoche zu rekonstruieren. Otto Dann hat auf der Grundlage eines von ihm herausgegebenen Sammelbandes über ‚Nationalismus in vorindustrieller Zeit' (81) in seinem nationalismusgeschichtlichen Überblick 1993 die wesentliche Literatur zusammengestellt (7, S. 350). Die Forschungsdiskussion über den vormodernen Nationalismus hat Dieter Langewiesche in einem Beitrag aus dem Jahr 2000 zusammengefasst (13; S. 14–34). Auch Langewiesche distanziert sich von einer nationalismusgeschichtlichen Perspektive, die sich auf das 18. bis 20. Jahrhundert beschränkt und somit die Entwicklungsgeschichte der Nationalismus ausschließlich als Vorgeschichte versteht. Aus seiner Sicht sprechen die folgenden Argumente für eine Einbeziehung vormoderner Nationsvorstellungen:

Elemente vormoderner Nationsvorstellungen

- Die Berücksichtigung einer Perspektive langer Dauer in die Frühneuzeit und in das Mittelalter hilft zu verstehen, „warum sich im 19. Jahrhundert bestimmte Staaten und bestimmte gesellschaftliche Großgruppen zu Nationalstaaten und Nationen entwickeln konnten, andere Staaten und gesellschaftliche Großgruppen hingegen nicht" (13; S. 19f.).

- Seit dem Mittelalter stehe das Territorium, wenn auch mit sich stark verändernden Bedeutungen, im Mittelpunkt der Nationsbildung. Dies stelle eine deutliche Kontinuität zwischen Mittelalter, früher Neuzeit und Moderne dar.

- Der politisch-staatliche Verband und nicht das Volk sei Kern von Nationsbildung: „Ethnogenese folgt der Herrschaftsbildung, nicht umgekehrt, wie die nationalen Mythologen des 19. Jahrhunderts geglaubt haben" (13; S. 24).

- Auch im Spätmittelalter und in der frühen Neuzeit seien nationale Mythologien und Denkbilder bereits wirksam gewesen, auch wenn ihnen die Breiten- und Tiefenwirkung moderner Kommunikationsgesellschaften fehlte.

1. Nationalismustypologien

- Krieg sei schon im Mittelalter ein zentraler Bestandteil von Nationsbildung gewesen: „Nicht nur Xenophobie und nationale Stereotypen sind konstitutiv für nationales Eigenbewusstsein, sondern der Krieg diente stets als zentrales Vehikel zur Schaffung von Nationen und Nationalstaaten" (13; S. 26).

- Von diesen Argumenten für eine lange Kontinuität des nationalen und nationalistischen Denkens grenzt Langewiesche deutlich drei zentrale Voraussetzungen der modernen Nation ab:

- Das Konzept der Staatsbürgerschaft, das „alle Männer als rechtlich und politisch Gleiche verstand" (13; S. 31).

> Exklusiv moderne Voraussetzungen der Nation

- Die infrastrukturelle und mentale Fähigkeit zu großräumiger sozialer Kommunikation als Voraussetzung der Fundamentalpolitisierung und Artikulation partizipatorischer Forderungen.

- Die Verschiebung der Gewichte von einer religiösen Überhöhung der Nation hin zu einer Nationalreligion als Folge struktureller Säkularisierung seit der Aufklärung.

Eine knappe Verlaufsgeschichte der vormodernen deutschen Nationsbildung bietet Otto Dann in seinem nationalismusgeschichtlichen Überblick (81; S. 24–28).

> Otto Dann

f) Europäisch-atlantischer und Transfernationalismus

1972 beschrieb Karl Wolfgang Deutsch den westeuropäischen Modernisierungsprozess als „frühzeitig, langsam, integrativ." Demgegenüber sei der Modernisierungsgang Osteuropas als „spät, langsam, sezessionistisch" zu beschreiben, die Asiens und Afrikas als „noch später und noch schneller" (82; S. 69, 71 f.).

> Karl Wolfgang Deutsch

Der Nationalismus ist eine westliche Konstruktion, die weltweit Schule gemacht hat und macht. Unter Transfernationalismus versteht man im Unterschied zum europäisch-atlantischen Original die Übertragung nationalistischen Denkens auf die nichtwestliche Welt (57; S. 148–157). Der Heidelberger Südasienhistoriker Dietmar Rothermund hat 1978 zwölf Thesen zum Transfernationalismus in der ‚Dritten Welt' entwickelt. Rothermund betont dabei besonders, wie bestimmte nationalistische Formvorbilder wie das *Risorgimento* von Nationalisten der ‚Dritten Welt' kopiert werden (83; S. 187–208). Der Nationalismus kämpft hier mit einem Instrument gegen fremde Herrschaft, das in deren kulturellem Kontext entwickelt wurde, bleibt also selbst im Unabhängigkeitskampf von den Deutungsmustern anderer kultureller Traditionen abhängig.

> Dietmar Rothermund

- Die Trägerschicht des Nationalismus in der ‚Dritten Welt' ist in der Regel die unter der Kolonialherrschaft entstandene Dienstleistungsschicht.

- Der Staat und seine Grenzen, deren Gegenstand der Nationalismus ist, sind von den vormaligen Kolonialherren bestimmt.

> Merkmale des Nationalismus in der ‚Dritten Welt'

III. Forschungsprobleme

- Der Nationalismus erfindet eine Identität des „Solidaritätstraditionalismus" aus bestimmten Elementen der religiösen und ethnischen Tradition.

- Der Nationalismus beseitigt, populistisch integrierend, auch die letzten symbolischen Reste der *indirect rule* der Kolonialmacht.

- Der Nationalismus ist extrem intolerant gegenüber regionalen Separatismen und lokalen Identitäten. Seine Tendenz ist zentralistisch und anti-föderalistisch.

- Der Regionalismus gibt sich formal unparteiisch in religiöser Hinsicht, ist aber um die Unterstützung durch die führende Religion oder Konfession bemüht.

- Der soziale Wandel bleibt schnell hinter den integrierenden anti-kolonialistischen Erwartungen zurück. Aus vielfältigen, sehr unterschiedlich motivierten sozialen Spannungen ergibt sich häufig als scheinbar einfache Lösung eine autoritäre, oft auf das Militär gestützte, Wahrung der nationalen Unabhängigkeit.

- Für den Nationalismus hat das Militär zentrale Bedeutung als ‚Schule der Nation'. Wer das Offizierskorps der Armee auf seiner Seite weiß, hat die Macht.

- Die neuen nationalen Eliten sind von der Masse der Bevölkerung durch eine soziale Kluft getrennt, gleichwohl aber um plebiszitäre Legitimierung bemüht. „Der Nationalismus muss dann dafür herhalten, das Defizit des sozialen Wandels zu decken" (83; S. 188).

- Defizite in der nationalen Leistungsbilanz werden oft durch den Import eines den eigenen Traditionen vermeintlich immanenten Sozialismus überbrückt, wobei der antikapitalistische und antiwestliche Akzent integrierend im Vordergrund steht.

- „Nationalismus und sozialer Wandel stehen in einem dialektischen Verhältnis zueinander. Der Nationalismus ist durch den sozialen Wandel bedingt, wirkt aber auch auf diesen ein, indem er weite Kreise der Bevölkerung mobilisiert und zur Erweiterung ihres Erwartungshorizontes beiträgt. Der Nationalismus steht dabei sowohl etablierten Eliten zur Rechtfertigung der Erhaltung des Status quo als auch ihren Herausforderern zur Legitimierung eines Machtwechsels zur Verfügung. Er hat einen liberalen Aspekt, der sich vorzugsweise im Freiheitskampf gegen die Fremdherrschaft zeigt, aber auch einen autoritären, der hervortritt, wenn es deutlich wird, dass sich nicht alle Probleme durch die Aufhebung der Fremdherrschaft lösen lassen (…)" (83; S. 188f.).

Rothermunds Kriterien stehen noch unter dem Eindruck des Systemgegensatzes der internationalen Beziehungen der Zeit vor 1989/91 und sind also in einer Zeit entwickelt, in welcher der islamische Fundamentalismus erst begann, zu einer einflussreichen Bewegung aufzusteigen (84). In die Probleme des arabischen Nationalismus führt eine Arbeit von Adid Dawilsa aus dem Jahr 2003 ein (85), die Dimension von ‚Ethnicity, nationalism, and violence' hat Christian P. Scherrer 2002 beleuchtet (86).

g) Nationalismen im universalhistorischen Vergleich

In einem Beitrag aus dem Jahr 1999 setzt sich der Bremer Neuzeithistoriker Imanuel Geiss mit der „universalhistorischen Topographie von Macht und Herrschaft" (87; S. 57–91) auseinander. Geiss stellt ein Bündel von zum Teil klassischen Interpretationskriterien unter anderem aus der Imperialismus- und Dekolonialismusforschung vor, die den universalhistorischen Vergleich des Verhältnisses von Herrschaftsstrukturen und ihren jeweiligen Nationalismen erleichtern sollen. Geiss erläutert zugleich eine Fülle von Beispielen aus der europäisch-atlantischen, asiatischen und afrikanischen Geschichte. Im Folgenden werden die Interpretationskriterien erläutert.

Imanuel Geiss

- Macht und Expansion: „Der Macht liegt das ewige Prinzip der Expansion zu Grunde, notfalls mit Gewalt, nur begrenzt durch natürliche Hindernisse, Entfernungen und die größere Verteidigungskraft anderer Völker, die der Expansion im Wege stehen. Daher vollzieht sich Expansion auf dem Wege des geringsten Widerstandes, in Dialektik zum entgegengesetzten Prinzip Kontraktion und Kollaps. Aus dem Wesen von Expansion und Kollaps vollzieht sich artikulierte Machtgeschichte nach einem universalen historischen Mechanismus, der sich sogar in eine Formel packen lässt: Der Einfluss von Macht (und Zivilisation) nimmt ab mit dem Quadrat der Entfernung, beim Dazwischentreten ernsthafter geographischer Hindernisse (…)" (87; S. 58).

Universalhistorische Faktoren für den Strukturvergleich von Nationalismen

- Machtzentrum und Machtvakuum: Unter diesen Begriffen fasst Geiss den Gegensatz von Peripherie und Zentrum. „Jedes System, so auch jede Machtstruktur, hat Grenzen oder Peripherien: Macht verströmt nicht grenzenlos, sondern, gemäß einer inneren Dialektik zwischen Machtzentrum und Grenze, in seiner Expansion gesteuert nach der Entfernung im Quadrat – Faustformel: Je weiter weg vom Machtzentrum, desto mehr verdünnt sich in der Regel die Machtausübung (…)" (87; S. 59). Machtzentren entwickeln sich – so Geiss – aus Machtvakuen z.B. an der Peripherie anderer Machtzentren.

- Wandernde Grenzen: die bewegliche, militarisierte Grenze eines Machtzentrums in Expansion sieht Geiss im Prinzip der Markgrafschaft verwirklicht; eine weitere Variante der ‚beweglichen Grenze' sieht er in sich teilweise oder ganz assimilierenden Randgruppen, die über die Peripherie eines Herrschaftsbereichs hinaus dessen Zivilisation verbreiten. Ein drittes Modell wandernder Grenze sei schließlich die amerikanische *frontier* des 19. Jahrhunderts. Der Begriff bezeichnete ursprünglich die in Nordamerika nach Westen vorrückende Siedlungs- und Zivilisationsgrenze. Mit der Einbeziehung der Pazifikküste in den nordamerikanischen Siedlungsraum wurde der Begriff zur Metapher für das dynamische Moment im amerikanischen Nationalcharakter. An diesen Mythos appellierte Präsident John F. Kennedy 1961, in dem er die Amerikaner aufforderte, sich einer ‚New frontier' zuzuwenden.

- Der ‚dynastische Zyklus': Geiss versteht unter diesem Begriff die interkulturell zu beobachtende Abfolge von Bildung, Konsolidierung und Expansion von Herrschaftsräumen.

- Direkte und indirekte Herrschaft: „Aus der Logik der Expansion vom Machtzentrum zur Peripherie und des Abnehmens der Macht mit dem Quadrat der Entfernung ergibt sich zwangsläufig die horizontale Verteilung der Macht im Raum: Den Kernraum eines Machtzentrums bildet das Reichsvolk (…), erweitert um gleichsam adoptierte Verwandte (…). Ihnen schließen sich Völker im unmittelbaren Einzugsbereich der imperialen Armee an, die ohne politische Rechte annektiert werden (…). Reichsvolk, adoptierte Verwandte und annektierte Provinzen zusammen bilden den Bereich direkter Herrschaft. Ihm schließen sich, dem permanenten militärischen Zugriff der Reichszentrale entzogen, weiter entfernte gelegene/ oder unzugängliche Rückzugsgebiete an, die sich als Vasallen die innere Autonomie bewahren (…)" (87; S. 62).

Aus den verschiedenen möglichen Zuordnungsprinzipien nationaler Fragen, z.B. räumlich (West-, Mittel-, Osteuropa) oder zeitlich (‚ältere' und ‚jüngere' Nationalstaaten) hat Geiss sieben Leitfragen an eine nationale Bewegung entwickelt; man könnte auch von ‚Aufgaben' im Sinne des Modells von *challenge and response* sprechen:

Sieben ‚Aufgaben' einer Nationalbewegung

1. Soll eine bestimmte Bevölkerungsgruppe einen eigenen Staat gründen? Welche Alternativen gibt es?

2. Welche Mittel erfordert die Staatsgründung? Als typische Fälle zählt Geiss auf: nationale Befreiungskriege als Folge von Großkriegen (z.B. nach dem Ersten Weltkrieg), im Dekolonisationsprozess. Als untypischen Fall nennt Geiss den einer friedlichen Sezession, so Norwegens von Schweden 1905.

3. Zielt der neue Staat auf Vollsouveränität im staats- und völkerrechtlichen Sinn oder auf eine De-facto-Autonomie?

4. Welche Grenzen strebt der neue Staat an und welcher Begründungsstrategien bedient er sich?

5. Wie ist der neue Staat strukturiert: föderalistisch oder zentralistisch? Wie geht er mit seinen Minderheiten um?

6. Welche regionalen und überregionalen Konsequenzen hat die Staatsgründung?

1. Nationalismustypologien

7. Welche Begründungsstrategien artikulieren sich in dem die Staatsgründung begleitenden Nationalismus (87; S. 69 f.)?

Diese sieben Leitfragen seien in der modernen europäischen Geschichte seit 1789 vor allem auf die ‚nationalen Fragen' zu beziehen, die auch schon zeitgenössisch so bezeichnet wurden:

- die ‚Polnische Frage' von der dritten polnischen Teilung 1795 bis zur Wiederbegründung des polnischen Staats 1918,

> Die großen ‚nationalen Fragen' der Moderne

- die ‚Irische Frage', beginnend mit der erzwungenen Realunion mit England 1800/1801, ohne endgültige Lösung des Nordirland-Konflikts und des seit 1966 anhaltenden Bürgerkriegs bis heute,

- die ‚Südslawische Frage' als Teil der ‚Orientalischen Frage', ausgehend vom Serbischen Aufstand gegen das Osmanische Reich 1804 bis zur Wiederherstellung des Serbenstaates, der in den beiden Schlachten auf dem Amselfeld 1389 und 1448 verlorengegangen war,

- die ‚Deutsche Frage' seit dem Untergang des Heiligen Römischen Reiches Deutscher Nation 1806: „Ein Deutsches Reich, ob kleindeutsch (1849 geplant, aber 1871 erst verwirklicht) oder großdeutsch (1938), war, wegen der quantitativen und, zumal seit der Industrialisierung auch qualitativen Stärke, so mächtig, dass es, auch in seiner zentralen Lage in Europa, jedes Gleichgewicht zerstörte und in zwei Weltkriegen explodierte, mit der Schoa als Höhe- oder Tiefpunkt destruktiver Machtentfaltung" (87; S. 74),

- die ‚Italienische Frage' von der restaurativen Haltung der Großmächte auf dem Wiener Kongress 1815, welche die italienische Halbinsel hinter den Status quo zweier napoleonischer Vasallenstaaten in einen Zustand völliger Fragmentierung zurückstießen, bis zum Abschluss des *Risorgimento* 1859/61.

Spätere nationale Probleme wie das ungarische (1867), das bulgarische (1870), das zionistische (nach 1881) wurden in ihrer Zeit nicht mehr als ‚nationale Fragen' bezeichnet, obwohl sie es der Sache nach waren. Das gilt vor allem auch für die nationalen Fragen in den sich auflösenden Kolonialreichen des 20. Jahrhunderts, namentlich für Britisch-Indien 1937 (innere Autonomie auf Provinzebene), Indonesien 1949, Nordvietnam 1954, Zypern 1959, Kenia 1960, Algerien 1962, Guinea-Bissau, Angola, Mosambik, Laos, Kambodscha und Südvietnam 1974, Simbabwe 1979, Eritrea, 1993.

Geiss unterscheidet ferner zwischen modernen Nationalismen nach 1789 mit ausdrücklich imperialen und solchen ohne imperiale Argumentationstradition bei der retrospektiven ‚Erfindung der Nation' (87; S. 84):

III. Forschungsprobleme

Nationalismen mit imperialer und nicht-imperialer Tradition	Imperialer Nationalismus	Nicht-imperialer Nationalismus
	Deutschland	Irland
	Italien	Slowenien
	Polen	Estland
	Ungarn	Lettland
	Bulgarien	Litauen
	Serbien	Finnland
	Kroatien	
	Griechenland	
	Russland	
	Türkei	
	Indien	
	China	
	Vietnam	
	Äthiopien	
	Ägypten	
	Syrien	
	Irak	
	Israel	
	Ghana	
	Mali	

Problematisch ist dabei allerdings, dass Geiss im Hinblick auf die ‚nicht-imperialen' Nationalismen den kulturellen Import des Transfernationalismus unberücksichtigt lässt, der sich u.a. durch Traditionen der Elitensozialisation in den imperialen Zentren ergibt. Wie komplex das Verhältnis von Peripherie und Zentrum ist, hat Benedict Anderson am indonesischen Beispiel gezeigt (vgl. aktuell für die niederländisch-indonesischen Folgeprobleme dazu 49; S. 241–301).

Abschließend schlägt Geiss unter dem Begriffspaar ‚Autonomie und Föderalismus' eine formale Alternative für nationalistische Konflikte vor: „Eine konstruktive Alternative setzt Verzicht auf jedwede imperiale Reichsträume voraus, historisch unzulässig ‚national' von einer idealisierten Vergangenheit in die Moderne projiziert. Hinzutreten muss gleichermaßen der Verzicht auf das jakobinische Prinzip der nation une et indivisible, weil es ‚den Imperativ der homogenen Nation' unerbittlich nach sich zieht, damit ethnische Säuberungen bis hin zu Massakern und Völkermord. Erst dann wird ein Geflecht durchföderalisierter Strukturen auf möglichst vielen Ebenen über und unter der Nation möglich (…)" (87; S. 89f.).

h) Postnationale deutsche Identität, 1945 bis 1990, und der neue deutsche Nationalstaat von 1990

Peter Alter

In einem Beitrag hat Peter Alter 1992 die Besonderheiten von konventioneller und postnationaler Identität am deutschen Beispiel herausgearbeitet (88; S. 185–202). Das Thema postnationaler Identität ist ein ganz besonders deutsches Thema, da es mit den Konsequenzen der ‚deutschen Katastrophe' 1933

1. Nationalismustypologien

bis 1945 für die deutsche nationale Selbstwahrnehmung zu tun hat. Auf die umfangreiche Literatur zur deutschen Identitätsfrage kann hier nicht eingegangen werden; festzuhalten ist aber, dass das Thema schon seit der Zeit ‚zwischen Reich und Bundesrepublik' in der veröffentlichten Meinung präsent war, z.B. in den Diskursen der ‚Frankfurter Hefte', in den ‚Deutschen Beiträgen'. Gute Einblicke in den zeitgenössischen Diskussionsstand bieten eine Überblicksdarstellung von Hans Buchheim aus dem Jahr 1967 (89), die vielfältigen Materialien des Bundeszentrale für politische Bildung sowie der Landeszentralen zur deutschen Frage (90). Nützlich in diesem Zusammenhang ist auch ein Sammelband zur deutschen Frage im Kontext der politischen Kultur von Werner Weidenfeld (91).

Alter benennt die folgenden Eckpunkte postnationaler Identität der Westdeutschen bis 1990:

- Nationalstaat und Nation galten nach 1945 nicht länger als oberste Werte. Teile der politischen und intellektuellen westdeutschen Elite artikulierten ein starkes Bedürfnis nach Freiheit, Frieden und Toleranz. ‚Nationalismus' und ‚Nationalsozialismus' wurden im populären Verständnis der überwiegend politikfernen westdeutschen Bevölkerungsmehrheit weitgehend gleichgesetzt. Nationalismus war als Begriff extrem negativ besetzt und entwickelte sich zum Gegenbegriff von ‚Patriotismus', zur Antithese freiheitlicher Demokratie.

- Nationaler Egoismus und nationale Rivalität innerhalb Europas erschienen nach 1945 vollständig diskreditiert. Trotz des enormen Problems der Vertriebenenintegration und der durchsetzungskräftigen Interessenvertretungen der organisierten Vertriebenen hatte eine bekennend nationalistisch-revanchistische Politik in der Bundesrepublik Deutschland zu keinem Zeitpunkt die Funktion eines mehrheitsfähigen *cultural code*.

- Die deutsche Außenpolitik der Adenauer-Ära war betont ‚abendländisch', westintegrierend und schon sehr früh supranational ausgerichtet. Von zentraler Bedeutung dafür war die entschieden westeuropäische Neuausrichtung des deutschen Konservatismus in der Union unter Adenauer.

- Karl Jaspers beobachtete Mitte der 1960er Jahre bei den Westdeutschen anstelle des Nationalbewusstseins ein „Vakuum" (92; S.177f.). Dik Linthout drückte dies 2003 so aus: „‚Typisch deutsch' ist (…) fast immer negativ besetzt, sowohl für Deutsche selbst als auch für ihre internationalen Nachbarn. Deutsche haben durch den Holocaust und das Dritte Reich eine problematische Beziehung zu ihrer Nation und ziehen es angesichts des bei anderen unterstellten negativen Deutschlandbilds vor, nicht mit ihrer Nationalität hausieren zu gehen" (62; S.104).

- Mit der zunehmenden Integration der Bundesrepublik nach Westeuropa nahm die Abneigung verantwortlicher außenpolitischer Eliten zu, ‚nationale Interessen' zumal im europäischen Kontext zu definieren und als solche zu vertreten.

Merkmale postnationaler Identität in Westdeutschland, 1945 bis 1990

III. Forschungsprobleme

Hagen Schulze: der deutsche Nationalstaat von 1990 als „zweite Chance"

Das politische Selbstverständnis des neuen deutschen Nationalstaats von 1990 hat Hagen Schulze exemplarisch in seiner ‚Kleinen deutschen Geschichte' von 1990 formuliert und von der Reichsgründung 1871 abgegrenzt (43; S. 216–265, 263–265): Grundsätzlich und abgesehen von allen Unterschieden in gesellschaftsgeschichtlicher Perspektive sind die Probleme der ‚inneren Einheit' Deutschlands nach 1990 deshalb nicht am Maßstab der inneren Reichsgründung nach 1871 zu messen, weil der deutsche Nationalstaat von 1990 eine einmalige ‚zweite Chance' darstellt, die ihrerseits von der Geschichte des Bismarck-Reichs und seiner Weiterentwicklung ins 20. Jahrhundert hinein nicht zu trennen ist. Wenn Deutschland in den Grenzen von 1990 in einer Hinsicht ‚saturiert' ist, dann im Hinblick auf seine historische Erfahrung mit dem Problem des Nationalstaats zwischen Hyper- und Postnationalismus. Die politische Kultur der Bundesrepublik vor 1989 spiegelte dies in allen ihren Brüchen und Verwerfungen zwischen Mauerbau und Mauerfall durch Ausbildung eines tragfähigen, pluralistischen, demokratischen Konsenses wider – trotz, oder gerade: aufgrund aller Schwankungen im Umgang mit Begriff und Inhalt der Nation. Deshalb ist der deutsche Nationalstaat von 1990 keine ‚deutsche Revolution', zumal er auch in der Kontinuität der westlichen, demokratischen, freiheitlichen Erfolgsgeschichte der Bundesrepublik steht. Anders als im Bismarck-Reich ergänzen sich im neuen deutschen Nationalstaat politische Willensbildung, politische Kultur und die politischen Grenzen zu einem politischen Nationsbegriff, der die Balance zwischen Freiheit und Einheit, Vielfalt und Einheit, Geschichte und Gegenwart, nationaler Integration, europäischer Zukunft und globaler Mitverantwortung ermöglicht. Das ist eine Chance und Herausforderung von säkularer Bedeutung, für die der Blick auf die Geschichte der ‚gescheiterten Großmacht' (Andreas Hillgruber) (93) des Deutschen Reiches zwischen 1871 und 1945 den Blick schärft.

2. Nationalismustheorien und ihre historische Anwendung

Das metaideologische ‚Reformulierungspotential' des Nationalismus

Die folgende Auswahl von neun Beispielen nationalismusgeschichtlicher Theoriebildung soll einen zur weiteren Vertiefung befähigenden Einblick in die Breite einer Diskussion bieten, die in geradezu exemplarischer Weise dazu beigetragen hat, Fachgrenzen zwischen den Kultur- und Sozialwissenschaften zu überwinden (vgl. zum Diskussionsstil der Geschichtswissenschaft: 100). Besondere Aufmerksamkeit wurde dabei denjenigen Interpretationen geschenkt, die in der Geschichtswissenschaft intensiv rezipiert wurden. Die Theoriebildung zum Nationalismus bildet in auffälliger Weise die Anpassungsfähigkeit des Nationalismus als Metaideologie ab, die andere Ideologien wie Liberalismus oder Konservatismus überformt. Der Nationalismus lässt sich mit großem Erkenntnisgewinn in sehr unterschiedlichen Semantiken und fachkulturellen Wissenschaftssoziolekten beschreiben und analysieren. Daher ist in der Nationalismusforschung die Offenheit für die fachspezifischen Deskriptions- und Analysetraditionen von großer Bedeutung; fachliche Monokultur führt an einem Hauptmerkmal des Nationalismus, seinem metaideologischen ‚Reformulierungspotential', vorbei.

2. Nationalismustheorien und ihre historische Anwendung

Ebenso wie bei der Präsentation der Nationalismustypologien stehen auch bei der Vorstellung ausgewählter Nationalismustheorien allgemeine Probleme der Nationalismusgeschichte im Vordergrund. Eine Sammlung von Theorien zu nationalgeschichtlichen Nationalismen, also z.B. zum deutschen, russischen oder französischen Nationalismus, wurde weder angestrebt noch erscheint sie in diesem Zusammenhang sinnvoll. Die hier präsentierten Deutungsmuster sollen den Vergleich zwischen unterschiedlichen Formen des Nationalismus erleichtern.

Die professionelle Biographie einflussreicher Nationalismusforscher wird deshalb jeweils kurz vorgestellt, da in nicht wenigen Fällen ein biographischer Zusammenhang zwischen persönlichen Erfahrungen mit den Nationalismen des 20. Jahrhunderts und der späteren wissenschaftlichen Arbeit besteht.

a) Sozialpsychologischer Ansatz: Psychologie und politische Pädagogik

Der in Pilsen geborene Soziologe Eugen Lemberg (1903–1976) lehrte seit 1957 an der Hochschule für Internationale Pädagogik in Frankfurt am Main. 1950 erschien seine Monographie ‚Geschichte des Nationalismus in Europa', die 1964 für Rowohlts deutsche Enzyklopädie überarbeitet wurde. Sein sozialpsychologischer Ansatz der Nationalismusforschung ist vor allem in dem Kapitel ‚Eigenschaften und Wirkungsweise der Integrationsideologie' seiner nationalismusgeschichtlichen Gesamtdarstellung enthalten. Lemberg zählt zunächst die sieben soziologischen Voraussetzungen der ideologischen Großgruppenintegration auf:

Eugen Lemberg

- Durchsetzung (irgend-)eines charakteristischen Abgrenzungsmerkmals, das die Gruppe von der Umwelt abhebt,

- Zuweisung einer bestimmten Rolle für die Gruppe in ihrer Umwelt,

- Entwicklung eines Überlegenheitsbewusstseins der Gruppe über ihre Umwelt,

- Etablierung eines gruppenbezogenen Normensystems, einer Gruppenmoral,

- Erzeugung eines Gefühls der Bedrohung von außen auf der Grundlage von Feindbildern,

- Stilisierung der Einheit der Gruppe als überlebenswichtiges Ziel,

- emotionale Bindung des Einzelnen an die Gruppe und Belohnung dieser Bindung (51; S. 65).

Sieben soziologische Voraussetzungen der ideologischen Gruppenintegration

Lemberg vertritt die These, dass „alles, was wir am Entstehen und Vergehen nationaler und nationähnlicher Gruppen beobachten konnten, an Erschei-

III. Forschungsprobleme

Nationalismus als Ausdruck eines Minderwertigkeitskomplexes

nungen des Nationalismus, (...) sich aus einer oder aus mehreren dieser Bedingungen erklären [lässt]" (51; S. 65). Zu dieser These passt nicht recht die häufige Wiederholung der Relativierung, dass die Bedeutung der Bedingungen im Einzelnen stark oder vollständig vom jeweiligen historisch-politischen Umfeld abhängig sei. Diese Spannung zwischen Verallgemeinerung und Einzelfallperspektive bestimmt auch Lembergs sozialpsychologischen Ansatz, der in seiner Würdigung der Integrationsbedingung ‚Entwicklung eines Überlegenheitsbewusstseins' zum Tragen kommt. Das entscheidende Kriterium für die Ausbildung eines gruppenbezogenen Überlegenheitsbewusstseins sieht Lemberg in einem ausgeprägten Minderwertigkeitsgefühl. Er bezieht sich dabei auf die Psychologie der Minderwertigkeitsgefühle des Psychiaters und Psychologen Alfred Adler (1870–1937) und seine Rezeption (101). Adler war zunächst Schüler Sigmund Freuds gewesen, trennte sich aber 1910 von ihm und entwickelte eine eigene psychoanalytische Lehre. Den Hauptantrieb des Menschen sah Adler im Geltungsstreben, das häufig mit seiner sozialen Rolle kollidiert. Adlers Begriff des Minderwertigkeitsgefühls unterscheidet sich von dem alltagssprachlichen Gebrauch, der das dauernde, quälende Empfinden eigener Schwäche beschreibt, durch die Betonung der Zusammengehörigkeit von Minderwertigkeitsgefühl, seiner Kompensation und Überkompensation. Lembergs These lautet: „Je weniger die Großgruppe integriert, je unsicherer das Selbstbewusstsein der Nation oder nationähnlichen Gruppe ist, desto stärkere Kompensationsenergien sind nötig, um die Integration zu bewirken oder die Desintegration zu verhindern; desto größer ist die Neigung zur Überkompensation. Ein exzessiver Nationalismus ist regelmäßig der Ausdruck derart überschäumender Kompensationsenergien und hat darum ein Minderwertigkeitsgefühl zur notwendigen Voraussetzungen" (51; S. 74).

Kritik an Lemberg: Nähe zur ‚Völkerpsychologie'

Lembergs Belege für seine sozialpsychologische Kernthese sind außerordentlich problematisch, weil ‚völkerpsychologisierend' und akzidentiell: er scheut sich nicht, ‚die' Juden, ‚die' Spanier und ‚die' Russen als Kollektivbeispiele für Minderwertigkeitsgefühle zu bemühen und Touristenbeobachtungen zu nutzen. Minderwertigkeitsgefühle sind für Lemberg allgegenwärtig: im „Rassenkonflikt zwischen emanzipiertem Neger und Weißem" (51; S. 77), im Nationalsozialismus, bei den Westdeutschen der Nachkriegszeit wie bei bestimmten Volksstämmen Neuguineas.

Lembergs sozialpsychologischer Versuch enthält einige Anregungen zu kollektiven Identitäten, die z.B. von der Mentalitätsgeschichte – allerdings aus einem genuin historischen Erkenntnisinteresse – methodisch operationalisiert worden sind. Gleichwohl mündet seine Analyse in einer Ansammlung von Allgemeinplätzen über kollektiven und individuellen Stolz, Desintegrationserscheinungen in modernen Nationen sowie ethnologische Befunde. Eine sozialwissenschaftliche Überprüfung seiner These hat Lemberg in seinem Essay allzu offensichtlich gar nicht angestrebt.

Lembergs Bedeutung für die politische Pädagogik

Wesentlich wichtiger – vor allem im Hinblick auf eine aktive Nationalismus-Prävention – erschienen Lemberg die ‚Folgerungen für Politik und politische Pädagogik' (51; S. 126–137). die er ausführlich behandelt und in die Praxis der Lehrerbildung umgesetzt hat. Aufgrund seiner Erfahrungen in der politischen Pädagogik warnte er eindringlich vor einer Unterschätzung des

2. Nationalismustheorien und ihre historische Anwendung

Nationalismus: „Statt also (...) eine Überwindung des Nationalismus durch Aufklärung und Einsicht zu erwarten, wird man gut daran tun, auch für die kommende Epoche an Ordnungen zu arbeiten, die die gegenwärtigen Nationen wie die künftigen Großnationen transzendieren und sie dabei doch als Realitäten ernst nehmen. Dieses durchaus auch ethisch zu verstehende Ernstnehmen bedeutet unter anderem die Pflege der Hingabe und der Hingabefähigkeit des Einzelnen an jene Kultur, der er – nach Geburt oder freier Entscheidung – angehört; denn diese Hingabe gilt es vor ihrem typischen Exzess, nämlich dem integralen Nationalismus, zu bewahren. Die Mittel dazu sind – neben der Einsicht in die Relativität des Hingabeobjektes (...) – der Sinn für den Wert und die Freiheit des Individuums, aber auch die Vorsorge für Bindungen auf verschiedener Ebene" (51; S. 138).

1998 griff ein von Jörn Rüsen herausgegebener Sammelband das Thema ‚psychologische Zugänge zum Geschichtsbewusstsein' auf (102). Manche sozialpsychologischen Perspektiven finden heute noch im Diskurs einer sich bewusst expansiv verstehenden Geschichtsdidaktik unter dem Stichwort des ‚Geschichtsbewusstseins' bzw. der Diskussion über die historischen Sinngebungsstrategien der Geschichtskultur eine Rolle. Einen Überblick bietet ein von Rüsen edierter Sammelband aus dem Jahr 2001 (103). Wesentliche Linien von Geschichtskultur und Wissenschaft hat Wolfgang Hardtwig 1990 zusammengefasst (38).

Aktualität der sozialpsychologischen Interpretation: Jörn Rüsen

b) Kommunikationstheoretischer Ansatz: *Social communication*

Karl Wolfgang Deutsch (1912–1992) war gebürtiger Prager und Kind einer sudetendeutschen Familie. Für seine lebenslange Arbeit zum Nationalismus war dies ein entscheidender Erfahrungshintergrund.

Karl Wolfgang Deutsch

Seine kommunikationstheoretisch orientierte, aber historisch argumentierende Nationalismusforschung fasste er 1967 in seiner Monographie ‚Nationalism and Social Communication. An Inquiry into the Foundations of Nationality' zusammen. Deutsch definiert die Nation als Volk im Besitz eines Staates (104; S. 49–66). Um einen Staat in Besitz nehmen zu können, müssen die Eliten eines Volkes den Hauptanteil der Führungskräfte dieses Staates stellen und die Mehrheit des Volkes muss sich mit diesem Staat identifizieren. ‚Volk' definiert Deutsch als ein „Allzweck-Kommunikationsnetz von Menschen" (104; S. 50). ‚Volk' in dieser kommunikationstheoretischen Sicht ist in dieser Sicht also als eine Ansammlung von Individuen zu verstehen, die schnell und auch über Distanzen hinweg miteinander kommunizieren können. Das setzt nicht nur ähnliche Kommunikationsgewohnheiten und -wege wie Postverbindungen, sondern vor allem eine Sprache und einen durch eine verbindende Kultur vorgegebenen Bestand an gemeinsamen Bedeutungen und Erinnerungen voraus. Wenn ein bedeutender Teil der Angehörigen eines Volkes nach politischer Macht für seine ethnische oder sprachliche Gruppe strebt, kann man diesen Teil als Nationalität bezeichnen. Wenn die politische Macht auch erreicht und in die Form des Nationalstaats gebracht wird, ist es sinnvoll, von einer Nation zusprechen.

Nationalism and social communication

III. Forschungsprobleme

Kommunikationstheoretische Bedingungen für den Erfolg von Nationalismus

Wie lässt sich nun demgegenüber ‚Nationalismus' definieren? Er ist nach Deutsch eine Geistesverfassung, die nationalen Nachrichten (messages), Erinnerungen und Vorstellungen einen bevorzugten Platz in der gesellschaftlichen Kommunikation und ein stärkeres Gewicht im Entscheidungsprozess einräumt. Kommunikationstheoretisch lassen sich die Bedingungen für den Erfolg von Nationalismus recht präzise angeben: nationalistische Ideen werden von Nationalbewegungen erfunden und vertreten; sie werden durch deren Anhänger verbreitet. Ferner müssen sie durch moderne Massenkommunikationsmittel, sei es die Kanzel, das Buch, die Zeitung, die Schule oder Universität, unterstützt werden. Die Empfänglichkeit des jeweiligen Publikums für nationalistische Ideen hängt wiederum mit bestimmten benennbaren historischen Umständen zusammen. Der moderne Nationalismus scheint in enger Verbindung zum sozialen Wandel und zur Mobilisierung im Übergang von der altständisch-alteuropäischen zur modernen Gesellschaft zu stehen. Soziale Mobilisierung bedeutet zugleich potentiell Politisierung, und häufig erfolgte diese Politisierung entlang der Linien von Sprache, Geschichte und ethnischer Kultur, also des Nationalismus, was z.B. die Funktion der Brüder Grimm für den deutschen Eliten-Sprach- und Geschichtsnationalismus deutlich zeigt. Deutsch formuliert hier eindeutige Beziehungen: Je mehr soziale Mobilisierung durch den Einfluss von Arbeitsteilung, Geldwirtschaft, Lohnarbeit, Urbanisierung, Massenkommunikation, desto mehr Traditions- und Bindungsverlust, Politisierung, Nationalismus. Einfach formuliert: Der extreme soziale Wandel des 19. Jahrhunderts, des Jahrhunderts der Industrialisierung, förderte die Verbreitung des Nationalismus. Deutsch hat noch sehr detaillierte Überlegungen zur Funktion der nationalistischen gesellschaftlichen Kommunikation entwickelt. Eine bestimmte Radikalität sozialen Wandels erzeugt – so Deutsch – nicht nur Nationalismus, sondern auch bestehende Nationalstaaten werden nur durch spezifische nationalistische Kommunikationsmuster aufrechterhalten, welche durch soziale Krisen nicht in Frage gestellt, sondern verstärkt werden. Dem klassischen Nationalstaat als Ausdruck und Agentur von Modernisierung weist Deutsch *sieben Hauptfunktionen* zu:

Sieben Hauptfunktionen des Nationalstaats

- *Erstens*, der Nationalstaat schafft Ordnung. Er koordiniert die soziale Interaktion in einem festgelegten Rahmen, was die Wahrscheinlichkeit ihres Erfolges stark erhöht. Er steuert die Lernvorgänge alter und neuer Gewohnheiten und erzeugt damit die Nation. Diese Sichtweise enthält ein erhebliches dekonstruktivistisches Konfliktpotential gegenüber nationalistischen Sichtweisen, die stets davon ausgehen, eine bestimmte Nation sei ‚uralt'.

- *Zweitens*, der Nationalstaat erhält seine Glaubwürdigkeit, indem er auf populäre öffentliche Wünsche und Bedürfnisse eingeht, seien sie sozialer oder auch ideeller Art.

- *Drittens*, der Nationalstaat muss exklusiv für seine Bürger qua Geburt oder Abstammung bestehen, für diese aber vollständig und jederzeit zur Verfügung stehen. Er bietet psychologische Sicherheit auf der Grundlage eines sich tendenziell erweiternden Bereichs von Dienstleistungen an.

2. Nationalismustheorien und ihre historische Anwendung

- *Viertens*, der Nationalstaat soll vor den Auswirkungen internationaler politischer und wirtschaftlicher Krisen schützen. Er ist die erste Agentur, die bei dem Auftreten dieser Krisen von der Bevölkerung als zuständig angesehen wird. Das ist schon seit dem Zweiten Weltkrieg die große Schwachstelle des Nationalstaats, da in der Globalisierung Strukturen der ‚Nationalökonomie' nur noch bedingt Bestand haben.

- *Fünftens*, der Nationalstaat konserviert Gruppeninteressen und gesellschaftliche Errungenschaften. Er ist das Hauptinstrument, um Unterschiede hinsichtlich des Einkommens, des Lebensstandards, der kulturellen Ausrichtungen, aber auch im Hinblick auf Umweltschutzstandards zu schützen und zu verteidigen.

- *Sechstens*, der Nationalstaat fördert innerhalb seines Territoriums und seiner Wirtschaft die soziale Mobilität. Auf der Grundlage gemeinsamer kultureller Überlieferung und Sprache bietet er seiner Bevölkerung als Rahmen des Arbeitsmarkts leistungsorientierte Aufstiegschancen. An diese Perspektiven schließen sich die Interpretationen Ernst Gellners über die Bedeutung des Bildungs- und Wissenschaftssystem für das *nationbuilding* an.

- *Siebtens*, der Nationalstaat stellt aufgrund seiner Zuständigkeit und Verantwortlichkeit und aufgrund seiner qualitativen Verschiedenheit von anderen sozialen Institutionen eine potentielle Quelle psychischer Befriedigung dar. Er bietet seinen Mitgliedern Sicherheit, Zugehörigkeit, Identität. Hier liegt ein deutlicher Unterschied zur sozialpsychologischen Sichtweise Eugen Lembergs. Während Deutsch die Tatsache psychischer Befriedigung als wichtiges funktionales Element in der Interpretation des Nationalstaats bewertet, reduziert Lemberg nationalistisches Verhalten auf Muster psychischer Kompensation.

Die sieben Hauptfunktionen des Nationalstaats fasst Deutsch in einem Satz zusammen: der Nationalstaat „ist das mächtigste Instrument, das im Laufe der Menschheitsgeschichte entwickelt wurde, um für viele Menschen möglichst effektiv viele Dinge zu verrichten" (104; S. 59).

Ein Anwendungsfeld für Deutschs starke Betonung sozialer Kommunikation bietet der aktuelle nationalismusgeschichtliche Trend zur Diskursforschung (105; S. 321–346). In einem Beitrag über Nationalismus und Diskurs am Beispiel des Russischen Zarenreichs nach 1855 hat Andreas Renner gezeigt, welchen erheblichen Erkenntnisgewinn die Diskursanalyse für das Verständnis nationaler ‚Idiome' haben kann (106; S. 433–449). „Als Diskurs ist in diesem Zusammenhang ein vielschichtiges Geflecht zu verstehen, eine epistemologische Mischung aus Aussagen, Meinungen, Definitionen, Einstellungen, Mentalitäten, Gefühlen. Diskurs meint ein wucherndes Deutungssystem, das immer über einen bestimmten Text hinausreicht und dessen automatisierte Rede- bzw. Schreibregeln für den einzelnen zum großen Teil unbekannt und unkontrollierbar bleiben" (106; S. 436).

Renner fasst das Ergebnis seiner exemplarischen nationalistischen Diskursanalyse so zusammen: „Als erfolgreiches Verfahren, eine komplexe Wirk-

Aktualität des kommunikationstheoretischen Ansatzes für die Diskursgeschichte: Andreas Renner

lichkeit auf einfache und eingängige Weltdeutung zu reduzieren, fokussierte sich auch der Diskurs des russischen Nationalismus in den 1860er Jahren schnell auf die politischen Akteure und Programme. Er leitete eine öffentliche Neudefinition von Politik ein, die an die Konstruktionsprinzipien des zaristischen Vielvölkerreichs rührte. In der Öffentlichkeit, nicht in den Kanzleien der Regierung, entstanden damals die nationale Politik und die neue Forderung nach einem russischen Russland. Auch wenn die Regierung sich dieses Programm zumindest teilweise zu Eigen machte – ihr Deutungsmonopol von Politik war gebrochen" (106; S. 449).

c) Organologischer Ansatz: völkisch-nationales Denken

Klaus von See

1975 erschien erstmals eine Essaysammlung zur völkisch-nationalen Identitätsentwicklung des Frankfurter Germanisten Klaus von See unter dem Titel ‚Die Ideen von 1789 und die Ideen von 1914'. Insbesondere die ergänzte Neuauflage von 2001 hat den Charakter eines Inventars organologisch-völkischen Denkens mit einem Schwerpunkt auf der deutschen Entwicklung (107). In 21 Kapiteln geht von See der Frage nach, unter Berücksichtigung welcher Elemente die Erfindung und völkische Formierung einer deutschen Identität zwischen 1789 und 1914 erfolgen konnte. So interessiert ihn, wie die Frontstellung zwischen dem Assoziationskomplex der ‚Ideen von 1789' und dem der ‚Ideen von 1914' entstand und aus welchem geistigen Arsenal gemeinsam geteilter, unstrittiger Überzeugungen und kollektiver Bilder – jenem Inbegriff der für das *nationbuilding* nach Karl W. Deutsch konstitutiven sozialen Kommunikation – sich z.B. Werner Sombarts Unterscheidung von ‚Händlern und Helden' (108) von 1915 bediente. Von See schärft den Blick dafür, dass sich im Bereich des völkisch-nationalen Denkens im 19. Jahrhundert nichts von selbst versteht, sondern dass viel mehr nach den Konstruktionsprinzipien und Mustern dieses Denkens zu fragen ist: „Freilich sind die ‚Ideen von 1914' (…) nicht nur ein spontanes Produkt der Augusttage des Jahres 1914, sondern der auf die kürzeste Formel gebrachte Ausdruck einer Anschauung, die sich während der vier Menschenalter zwischen Französischer Revolution und Erstem Weltkrieg allmählich herausbildete (…)" (107; S. 11). Die antiwestliche Konstruktion einer ‚germanisch-freiheitlichen' Identität und die damit einhergehende Abgrenzung von ‚1789' sei, so von See, keineswegs zwangsläufig gewesen, wurde doch gerade die Französische Revolution von deutschen Zeitzeugen auch ausdrücklich als Manifestation ‚germanischen' Freiheitsstrebens gesehen (107; S. 16f.). Auch die Identifizierung des organologischen mit dem völkischen Gedankens in der Wendung gegen ‚1789' sei Ausdruck einer bewussten interpretatorischen Aneignung: auch die französische Aristokratie des Ancien Régime habe sich organologischer Argumente zur standesbewussten Rechtfertigung der Begrenzung absolutistischer Königsmacht bedient. Die deutschen Erfahrungen zu Beginn des 19. Jahrhunderts ließen die schon von den Humanisten in die Germania von Tacitus hineingelesene Völkercharakterologie erkennen, die einer mittlerweile hochentwickelten politischen Lese-Öffentlichkeit von Sinnproduzenten und Multiplikatoren besonders attraktiv erschien. Hier wurde der

2. Nationalismustheorien und ihre historische Anwendung

'Germane' als „Antityp des Römers (…)" beschreiben, als „bieder, treu, gemütvoll, eingebunden in größere Gemeinschaften, in Volk, Sippe und Gefolgschaft (…), *weil* der Römer juristisch-advokatisch und ökonomisch-händlerisch begabt, nüchtern und individualistisch ist" (107; S. 13). Das ursprünglich anti-römische Denkmuster konnten sie nun zunächst antiromanisch erweitern und dann antiwestlich verallgemeinern. Klaus von See gehört mit Wolfgang Altgeld (12 und unten III 2 d) zu den wenigen deutschen Nationalismusforschern, die in diesem Kontext die volle Tragweite der konfessionellen Frage für die deutsche Entwicklung erkannt haben: Der ideologische Kampf gegen den Westen nach außen fand seine Entsprechung im Kampf gegen den ‚Ultramontanismus' nach innen. Im nächsten Schritt erfolgte anschließend im letzten Drittel des 19. Jahrhunderts die rassistische Aufladung: „Das Germanische geht allmählich im Arischen (…) auf, das Römische im romanischen und romanisierten Westeuropa, das schließlich mehr oder weniger mit dem Judentum gleichgesetzt wird" (107; S. 14).

In seinen Essays behandelt von See u.a. die organologische Staatslehre Adam Müllers, die Verbindung von völkisch-organologischem und radikaldemokratischem Denken bei Karl Follen und Ludwig Börne, die Etablierung eines eigenständigen germanisch-deutschen Freiheitsbegriffes bei Heinrich von Treitschke, die ‚Ideen von 1870/71' unter dem Aspekt der Militarisierung des öffentlichen Lebens und Aufwertung des ‚Staates', die Anfänge der ‚Volk-ohne-Raum'-Ideologie in Felix Dahns Romanen, Otto von Gierkes Vorarbeiten zum Bürgerlichen Gesetzbuch und den Kampf gegen das humanistische Gymnasium.

Von Sees Perspektiven auf das völkisch-nationale Denken lassen sich, ebenso wie die Ergebnisse der Gießener Dissertation Rainer Kippers über den Germanenmythos 1871 bis 1918 (35) als ideengeschichtliche Vorfeldforschung zum ‚weltanschaulichen' Umfeld des Nationalsozialismus verstehen: „So lenkt etwa die Schaffung des Volkstumsgedankens durch Begriffe wie Zucht, Ordnung und Disziplin (…) den Blick hinüber zu Oswald Spenglers Germanen, den Träger der ‚faustischen Willenskultur', den ‚Tatsachenmenschen großen Stils', und schließlich zur strengen Politisierung des Volksbegriffs während des Dritten Reiches: ‚Volk und Staat finden sich in der Politik, die gemacht wird', heißt es 1937 bei dem nationalsozialistischen Philosophen Alfred Baeumler. Es verbirgt sich dahinter die allgemeine Tendenz, das vegetativ-beharrende Element des Volksbegriffes zurückzudrängen, den wikingerhaft schweifenden Irrationalismus als ‚faustischen Drang' zu interpretieren und über diesen Umweg dann zu einem straffen, wirklichkeitsbezogenen Leistungsdenken zu gelangen. Gerade dieses Beispiel zeigt aber, dass schon 1914 der völkisch-organologische Gedanke der dreißiger Jahre in einigen wesentlichen Zügen ausgebildet ist" (107; S. 173).

> Bedeutung für die ‚Normalisierungs'-Geschichte des völkischen Denkens im Vorfeld des Nationalsozialismus

d) Säkularisierungsgeschichtlicher Ansatz: Nationalismus als Religion

Hans-Ulrich Wehler gehört zu den Vertretern des säkularisierungsgeschichtlichen Ansatzes. Seine diesbezügliche Argumentation enthält zwei wesentliche gedankliche Schritte:

> Hans-Ulrich Wehler

- Der außerordentliche Erfolg des Nationalismus in der europäisch-atlantischen Moderne beruhe auf der Adaption des weitverbreitetsten und erfolgreichsten ‚Ideenfundus', der ‚jüdisch-christlichen Tradition'.

- Diese Adaption sei auf die schlichte Übernahme archetypischer Zentralideen und Stilelemente reduzierbar: ‚heiliges Land', Prädestination, *communio sanctorum*, ‚auserwähltes Volk', Eingriff Gottes in die Geschichte, ‚goldene Ära' in der Vergangenheit und ‚Erlösung' in der Zukunft.

Funktionale Gleichwertigkeit von ‚Religion' und ‚Nationalismus' als belief systems

Am Ende sind für Wehler die Begriffe ‚Religion' und ‚Nationalismus' funktional austauschbar: „Man kann sich auch streiten, ob die großen Erlösungsreligionen, die unstreitig noch weitere wichtige Merkmale besitzen, nicht zusätzliche Eigenarten, etwa ihre heiligen Texte und ein Corps von Heilsverwaltern, besitzen. Zum einen haben jedoch auch mehrere Nationalismen ihre ‚heiligen' Texte, wie etwa die amerikanische Verfassungsurkunde, zum anderen das funktionale Äquivalent von Heilsfunktionären, etwa in der Gestalt des nationalistischen Oberlehrers im ‚Alldeutschen Verband' oder ‚Ostmarkenverein'" (44; S. 33). Wehler betont selber, dass dieser funktionalistische Reduktionismus durch eine ‚Ablösung' des Religionsbegriffs „von der historischen Gestalt der vertrauten Erlösungslehren" (44; S. 32) und ihre Betrachtung „als ein kulturelles Deutungssystem" (44; S. 32) entstehe. Den daraus resultierenden Religionsbegriff fasst er in zehn funktionalen Merkmalen zusammen:

Wehlers funktionaler Religionsbegriff

- „Verheißung der Kontingenzbewältigung und der umfassenden Sinndeutung der menschlichen Existenz im Diesseits",

- ein Sinnstiftungsversprechen mit Unfehlbarkeitsanspruch „bis hin zur Forderung des Märtyrertodes für die höchsten Werte",

- die kompromisslose Verteidigung eines Deutungsmonopols „im Verhältnis zur Konkurrenz",

- hohe Adaptionsfähigkeit, „um trotz des dogmatischen Kern neuen Umständen gerecht werden zu können",

- „der Entwurf eines umfassenden Weltbildes mit Normen und Verhaltensimperativen für möglichst alle Situationen",

- solidarische Vergemeinschaftung mit *in-group*- und *out-group*-Effekt,

- rituelle Praxis im Hinblick auf die Herrschaftsfestigung, Binnensolidarisierung und „die Modellierung der Denkmuster",

- tröstende Kompensation für das schlechte Diesseits durch ein utopisches Jenseitsversprechen,

- intergenerationeller Charakter der Glaubenslehre,

2. Nationalismustheorien und ihre historische Anwendung

- Transzendenzbezug, der den Opfertod rechtfertigt (44; S. 32 f.).

Abgesehen von den Redundanzen dieser Merkmalsliste (Punkte 2 und 10, 1 und 7), bildet der hier erkennbar werdende Begriff von Religion ‚als kulturelles System' die historischen Realität von Religionen in der Universalgeschichte nicht. Die drei elementaren Grundfunktionen aller Religionen sind Verkündigung, Seelsorge und Diakonie. Letztere kommt bei Wehler nicht vor, Seelsorge und Verkündigung reduziert er auf Herrschaftssicherungsstrategien. Die strukturell zur religiösen Lebenswelt gehörenden Glaubensinhalte und die ihnen verbundenen Gläubigen sieht Wehler offenbar nicht als Strukturmerkmale der Religion.

Kritik an Wehler: ahistorische Begriffsbildung

Die Grundlage von Wehlers Religionsbegriff besteht in einem bestimmten Bündel von Annahmen über die Bedeutung der Säkularisierung. Der in Würzburg lehrende Neuzeithistoriker Wolfgang Altgeld hat das auch von Wehler vertretene Säkularisierungsverständnis exemplarisch untersucht. Altgeld bringt gegen die säkularisierungsgeschichtliche funktionale These vom Nationalismus als Religion drei Haupteinwände vor:

Wolfgang Altgelds Kritik an Wehlers Religionsbegriff

- Die These setzt einen ahistorischen anthropologisch-phänomenologischen bzw. soziologisch-funktionalistischen Begriff von Religion zwingend voraus: Religion ist demzufolge entweder allgemeinmenschlich „religious sense" (109; S. 2) oder individuell wie kollektiv determiniertes „Weltorientierungsmittel im sozialen Prozess" (110; S. 36–59). Die These ist in beiden Varianten ein klassischer Zirkelschluss: ein Beweis mit Voraussetzungen, in denen das zu Beweisende schon enthalten ist. Wenn man den Religionsbegriff auf diese Weise ahistorisch aus Makrokategorien deduziert, ist sie plausibel.

Zirkelschlüssige Argumentation

- Die These ist konfessionell undifferenziert, berücksichtigt also nicht die erhebliche Bedeutung konfessioneller Verschiedenheit z.B. in der Geschichte des deutschen, aber auch des englischen und amerikanischen Nationalismus (3; S. 125–130). In Wehlers Beispiel für einen nationalistischen „Heilsverwalter" fehlt der Hinweis, dass der nationalistische Oberlehrer im Alldeutschen Verband oder Ostmarkenverein sehr viel wahrscheinlich evangelischer als katholischer Konfession gewesen sein dürfte und die heilsgeschichtlichen Legitimationsstrategien im amerikanischen *anglosaxonism* unzweideutig protestantischer Natur sind. Religion ist selbst in ihrer konfessionsfeindlichen Form – z.B. in sektenähnlichen Glaubensgemeinschaften – im Hinblick auf den religiösen Habitus und die religiöse Deutungskultur des Alltags konfessionsbezogen.

Konfessionelle Undifferenziertheit

- Die These geht einseitig von einer Übernahme religiöser „Zentralideen" und Integrationsformen durch den Nationalismus aus. Diese Annahme blendet die umgekehrte Perspektive, die sehr aufschlussreichen nationalreligiösen Denktraditionen bis hin zur antichristlichen völkischen ‚Deutschgläubigkeit' komplett aus. Auf diese Weise wird ein wichtiges Moment der Konstruktion nationalistischer Identität, das vor allem im Hinblick auf den Zusammenhang zwischen völkischem Denken und Nationalsozialismus wichtig ist, der historischen Betrachtung entzogen.

Ausblendung nationalreligiöser Denkmuster

57

III. Forschungsprobleme

Altgelds Kritik des säkularisierungsgeschichtlichen Prämissen

Der säkularisierungsgeschichtliche Ansatz beruht auf Grundannahmen, die Altgeld zusammengefasst hat: Säkularisierung sei ein wesentlicher Aspekt von Modernisierung. Der Nationalismus löse die bloß alten Religionen ab und ersetze sie im religiösen Bedürfnishaushalt des modernen Menschen, außerdem in ihren sozial und politisch integrierenden und legitimierenden Funktionen (111; S. 395). Er sei somit „Motor des Modernisierungsprozesses und (…) ein Palliativ gegen dessen mental verunsichernde und sozial desintegrierende Konsequenzen" (12; S. 11). Möglich werde die behauptete Kausalkette von Modernisierung – Säkularisierung – Nationalismus durch die Ausscheidung sämtlicher Glaubensinhalte aus dem Religionsbegriff u. a. durch Ludwig Feuerbachs anthropologischen Ansatz, Karl Marx' materialistische Religionskritik und die Religionssoziologie im Anschluss an Émile Durkheim. Da nun dieser betont funktionale, abstrakte und profane Religionsbegriff selbst ein Ausdruck von Säkularisierungsgeschichte und damit alles andere als wertneutral sei, tauge er für historische Beschreibungen schon an sich nicht, erst recht aber deshalb nicht, weil er den Kern des Religiösen ausblende. Die Anwendung des abstrakten Religionsbegriffs auf konkrete historische Abläufe führe zu paradoxen Ergebnissen: „So müsste der Schluss gezogen werden, dass das abendländische Christentum – wie andere Religionen in anderen Weltteilen – in dem Maße nicht mehr als Religion zu begreifen wäre, in dem mehr und mehr Menschen die Nation – oder andere rein diesseitige Phänomene bis hin zur Fußballmannschaft – als ihr ‚Heiligstes' bezeichnen und sich einigermaßen dementsprechend verhalten; in dem der Nationalismus – oder eine andere Ideologie – ‚religiöse' soziopolitische Funktionen erfüllt und (…) zum ‚Weltorientierungsmittel' von Massen wird. Säkularisierung könnte folglich für den abendländischen Kulturraum nur noch (…) Ent-christlichung bedeuten. Der Nationalsozialismus, hochideologische rassistische Perversion des integralen Nationalismus, müsste als bloßes Anti-Christentum und in höherem Maß als Religion verstanden werden denn das Christentum und Judentum unter seiner Herrschaft" (12; S. 15). Im Hinblick auf den Säkularisierungsbegriff bilanziert Altgeld: „Als geschichtswissenschaftlicher, auf die abendländische Welt bezogener Begriff taugt ‚Säkularisierung' nicht zur Kennzeichnung gegeneinander abgrenzbarer Epochen – dort Gesellschaften, in denen das Christentum und, natürlich in anderen Konstellationen, das Judentum menschliche und soziale Identitäten zu begründen, soziale und politische Ordnungen zu legitimieren vermögen, die christlichen Kirchen unmittelbare soziale Kontrolle und teils direkte politische Herrschaft ausüben; hier moderne Gesellschaften, in denen sich das Individuum, die Wissenschaften, der Staat von diesen Religionen und Kirchen emanzipiert haben, in denen diese Religionen und Kirchen von modernen Ideologien und Bewegungen ersetzt werden mussten oder ersetzt worden sind, bis sich auch deren ‚Ende' im vollkommen durchgesetzten Pluralismus des Westens ankündigt" (12; S. 18 f.).

Hans Maier: Totalitarismus und ‚politische Religionen'

Von diesen säkularisierungsgeschichtlichen Automatismen sei, so Altgeld, eine Interpretationsrichtung der älteren Totalitarismusforschung abzuheben, der es um die Kennzeichnung bestimmter phänomenologischer Aspekte des modernen Totalitarismus im 20. Jahrhundert im Hinblick auf seine besondere Massenintegrationsfähigkeit gegangen sei. Hinzuweisen sei hier

2. Nationalismustheorien und ihre historische Anwendung

vor allem auf das Grundlagenwerk des Politikwissenschaftlers Eric Voegelin (1893–1974), ‚Die politischen Religionen' aus dem Jahr 1938 (112). Einen Überblick über den totalitarismusgeschichtlichen Forschungsstand zu diesem Thema bietet Hans Maier in einem Beitrag von 1996 (113; S. 118–134). Die Arbeit von Altgeld enthält eine siebzigseitige Auswahlbibliographie zum Nationalismus und Religion (12; S. IX–LXXX). Unverzichtbar für die Diskursgeschichte nationalreligiöser Symbolisierung und ritualhistorisch nationaler Gründungsmythen ist der von Heinz-Gerhard Haupt und Dieter Langewiesche 2001 herausgegebene Sammelband zum Thema ‚Nation und Religion' aus dem Jahr 2001 (114). Vor allem die konfessionellen Verschiedenheiten werden hier entsprechend gewürdigt.

Für eine ‚theologische Aufklärung' der Nationalismusforschung plädiert der Münchner Theologe und Historiker Friedrich Wilhelm Graf (115). Er erkennt in den Interpretationskulturen der Geschichtswissenschaft erhebliche theologiegeschichtliche Defizite, die mit spezifischen Blickverengungen einiger Vertreter der ‚historischen Sozialwissenschaft' in den 1970er und 1980er Jahre zusammenhängen: „Von den führenden deutschen Sozial- und Gesellschaftshistorikern wurden die vielfältigen, oft genug widersprüchlichen Wandlungsprozesse der Religion in der Moderne häufig nur mit einem einzigen, dogmatisch privilegierten analytischen Konzept zu erfassen versucht: dem Konzept der *Säkularisierung*. (…) Die vielen religiösen Bewegungen insbesondere an den unscharfen Rändern der evangelischen Kirchen kamen dabei ebenso wenig in den Blick wie die internen Differenzierungsprozesse religiöser Milieus und der seit dem zweiten Drittel des 19. Jahrhunderts expandierende Markt neuer synkretistischer Religionsformen (…) (115; S. 104 f.). Aber auch ein Vertreter der neuen Kulturgeschichte, so Graf, „der eine Geschichte religiöser Mentalitäten ohne die Aneignung theologischer Deutungskompetenz schreiben oder konfessionsspezifische Habitusformen ohne präzise Wahrnehmung kirchendogmatisch oder amtstheologisch definierter Unterscheidungslehren rekonstruieren will, gleicht insoweit nur einem Wirtschaftshistoriker, der Wirtschaftsgeschichte bar aller ökonomischen Grundkenntnisse schreiben zu können beansprucht" (115; S. 108).

Friedrich Wilhelm Graf: Kritik an der Ausblendung von Religion in der ‚Bielefelder' Sozialgeschichte

Graf führt im Folgenden vor, wie „Religion als Deutungscode" der Nationalismusgeschichte fruchtbar gemacht werden kann, um „‚Religion' als eine – relativ – autonome kulturelle Produktivkraft in den Blick" nehmen zu können, „die sowohl die Selbstentwürfe, Identitätskonstruktion und Lebensführung von Individuen existenziell relevant bestimmt als auch eine starke, tief emotional gespeiste Quelle von Gruppenbildung und Vergemeinschaftung darstellt" (115; S. 110). Zur Aufnahme des nationalismusgeschichtlichen Diskurses zwischen Theologen und Nationalismusforschern stellt Graf *fünf Leitfragen*, anhand deren die Theologie ihre Deutungsrelevanz für nationalismusgeschichtliche Probleme beweisen kann:

1. Über welche Deutungsangebote verfügen Religionswissenschaftler und Theologen, um die Sakralisierung der Nation zu erklären?
2. Können die modernen Nationalismen seit der Französischen Revolution religionstheoretisch als neue Religionen oder ‚politische Religionen' gedeutet werden?

Fünf Leitfragen zur nationalismusgeschichtlichen Deutungsrelevanz der Theologie

Forschungsprobleme

3. Wie lassen sich die spannungsreichen Beziehungen zwischen überkommener jüdischer Religion und christlichen Kirchen einerseits und den modernen Nationalismen andererseits beschreiben?

4. Welche überkommenen theologischen Gehalte wurden auf die neue ‚nationale Religion' bezogen?

5. Welche Wechselwirkungen zwischen der Theologisierung der Nation und der Nationalisierung von Theologien lassen sich beobachten (115; S. 114f.)?

> Kritik am Kulturalismus

Graf teilt die Skepsis gegenüber einem zu naiven Gebrauch des kulturalistischen Konstruktionsparadigmas. „So wenig es die Nation an sich gibt", so Graf, „so wenig lässt sich ein *reines Erfinden* endlicher Subjekte imaginieren" (115; S. 116). Die Erfindung der Nation greife stets auf vorgefundene Überlieferungen und Vorstellungsbestände zurück, unter denen die theologischen nicht nur eine zentrale Stellung einnehmen, sondern schlicht konkurrenzlos seien: Die ‚Erfinder' der Nation können auf die religiöse Symbolsprache zurückgreifen, um eine emotional bindende starke Vergemeinschaftung erzeugen zu können. Sie rekurrieren – so Graf – auf überkommene religionssemantische Bestände, religiöse Riten und kirchliche Liturgien, um die hohen emotionalen Energien, die fromme Menschen in ihren Glauben investieren, auf die Nation zu übertragen (115; S. 119). Besonders unter den für nationale Identitätsstiftung und -vergewisserung günstigen Bedingungen von Krise und Krieg verfügen Theologen geradezu über ein Kontingenzbewältigungsmonopol (115; S. 125).

Graf unterscheidet *zwei Konstruktionsmuster* religiös vermittelter ‚Erfindung' der Nation:

> Konstruktionsmuster religiös vermittelter Erfindung der Nation

- Im *ersten Fall* werde das Verhältnis von Christentum und Nation kritisch bestimmt, da die christlichen Konfessionskirchen aufgrund ihres – insbesondere im Katholizismus evidenten – übernationalen Charakters als Kräfte der Desintegration der nationalen Gemeinschaft gedeutet werden (115; S. 120). Die Antwort auf dieses Problem liege in einer Konzentration auf die Erschließung von Traditionsbeständen jenseits der Christentumsgeschichte, die „zum archaischen Ursprung des jeweiligen ‚Volkes' zurückführen sollen. Hier wird auf Substanzen des Selbstseins der Nation rekurriert, die als so ursprünglich zu denken sind, dass jeder einzelne immer schon in die starke, gleichsam ewig, vom Anfang der Zeiten her existierende nationale Gemeinschaft eingebunden ist" (115, S. 120). Diese völkisch-religiöse Konstruktion beinhaltete – so Graf – im trikonfessionellen Deutschland „von vornherein die Ausgrenzung der Juden, die im völkischen Vorstellungshorizont gar nicht anders denn als Angehörige eines fremden Volkes und einer anderen Rasse bestimmt werden konnten" (115; S. 121). Graf plädiert für eine emotionslos-distanzierte Analyse dieses wirkungsmächtigen Sinnstiftungsangebots, vor allem im Hinblick auf seine Konsequenzen für das 20. Jahrhundert: „Nation wurde hier so konstruiert, dass ihr Konstruktionscharakter verschwand: Nicht mehr weiche

Elemente wie die gemeinsame Geschichte, das kollektive Gedächtnis, geteilte Erinnerungen, uralte Mythen und andere identitätsverbürgende Narrative sollten die Einheit der Nation stiften, sondern eine sehr elementarer wirkende Verbindung war zu erschließen, die als solche gar nicht mehr zur Disposition gestellt werden konnte: das Blut oder die Rasse" (115; S. 121).

- Im *zweiten Fall* religiös vermittelter Erfindung der Nation werden – so Graf – jüdische oder christliche Überlieferungsbestände in Anspruch genommen, um die Nation als besondere Gemeinschaft von Frommen vorstellbar zu machen. Jüdische und christliche Symbole dienten hier zur Sakralisierung der Nation, alte kirchliche Liturgien unterstützten die Bildung eines nationalen Gedächtnisses, und mit überkommenen christlichen Vorstellungen sei eine nationale Theodizee formuliert worden (115; S. 123).

Wesentliche Aufgaben der Nationalismusforschung sieht Graf weiterhin in der Erschließung von Konfessionalität als Deutungskultur. Trotz eines langsam wachsenden historischen Interesses an diesem Themenfeld sei „nur wenig (…) über die konfessionskulturellen ‚Feindbegriffe' und das breite terminologische Spektrum bekannt, mit dessen Hilfe Theologen und andere intellektuelle Religionsdeuter die Einheit der Nation unter den Bedingungen des Konfessionsgegensatzes zwischen Protestanten und Katholiken zu imaginieren versuchten" (115; S. 130).

Eine so ausgerichtete, theologisch aufgeklärte Nationalismusforschung könne wesentliche sozial- und kulturhistorische Ansätze weiterführen (115; S. 132).

e) Ideologiegeschichtlicher Ansatz: Nationalismus als Ideologie

Aus soziologischer Sicht fällt an den Anhängern einer Ideologie besonders eine Verhaltensweise auf: Ideologisch Festgelegte betonen die Unterschiede ihrer Ideologie gegenüber allen anderen Modellen der Welterklärung. Sie erkennen die Ähnlichkeiten und Bezüge zu diesen nicht an, sondern bekämpfen sie vielmehr mit radikaler Konsequenz (zur Bedeutung von Ideologien im ‚Jahrhundert der Diktaturen': 117; als Grundlage einer deutschen Geschichte: 122; zur Diskurstheorie: 124).

Ideologien sind in der klassischen Interpretation Edward Shils dissensuale Weltanschauungs- und weltanschauungsmotivierte soziale Verhaltensmuster (116; S. 441–444; 118). Bei dieser Definition der Ideologie stehen also nicht die Aspekte des logischen Zusammenhangs, der Verstärkung durch Gefühlsintensität, des umfassenden Charakters und der Totalität im Vordergrund (vgl. 125). Entscheidend ist der Aspekt der dezidierten Abweichung von dem Konsensus allgemein geteilter Glaubens- und Normenmodelle. Für das Verständnis ideologischen Verhaltens ist wichtig, dass Elemente der konsensualen Ansicht im dissensualen, ideologischen Weltbild immer enthalten sind (zur Popularisierung des Nationalsozialismus im politischen Alltag am regionalen Beispiel: 119; S. 28–45). Allerdings erscheinen sie, unabhängig von

Edward Shils Ideologie-Definition: dissensuale Weltanschauungs- und weltanschauungsmotivierte Verhaltensmuster

ihrer progressiven, anti-progressiven oder revolutionären inhaltlichen Ausrichtung, als selektiv und extrem zugespitzt (grundlegend für das antidemokratische Denken in der Weimarer Republik: 120; ein Überblick: 123). Anders formuliert: Ideologisches Einstellungsverhalten – z.B. der radikale ‚rassische' Antisemitismus der Nationalsozialisten – greift bestimmte Elemente des zeitgenössischen historisch-politischen Normalbewusstseins – so einen weitverbreiteten kulturellen Antisemitismus – auf, um daraus in Verbindung mit der eigenen ‚Weltanschauung' einen *cultural code* zu formen, der die weitere Durchdringung und schließlich eine Umgestaltung der politischen Kultur erlaubt (zu den Mechanismen der ‚konservativen Revolution' der Zwischenkriegszeit: 121).

Dissensuale ideologische Ansichten sind rigoros und kompromissfeindlich. Obwohl sie vorgeben, allein ein vollständiges Welterklärungsmodell zu besitzen ist das dissensuale Verhalten voller Widersprüche und Unbeständigkeiten. Daraus ergibt sich häufig Streit unter den Anhängern einer Ideologie um den ‚richtigen Weg'. Hitlers Position als ‚Führer' der nationalsozialistischen ‚Bewegung' und im ‚Führerstaat' beruhte daher wesentlich auf seiner seit 1923 behaupteten Interpretationshoheit darüber, was Nationalsozialismus sei. Auffälligerweise bedingt eben dieses Merkmal der mangelnden Abgeschlossenheit des dissensualen Verhaltens nicht nur seine grundsätzliche Instabilität, sondern auch seine Anpassungsfähigkeit. Das ‚autoritäre Chaos' des ‚Führerstaats' ist dafür das beste Beispiel.

Dissensuale ideologische Bewegungen sind Erscheinungen gesellschaftlicher Krisenzeiten und waren besonders häufig im Umfeld der großen Krisen des 20. Jahrhundert zu beobachten (117; S. 1–36). Die reine Ablehnung der bestehenden Gesellschaftsordnung reicht allerdings für ihre Integration, Formierung und politische Aktion nicht aus; es muss eine Alternative geben, zu deren Realisierung sich die Bewegung um einen charismatischen Führer schart. Ideologische, dissensuale Bewegungen brauchen die Auseinandersetzung mit dem Bestehenden; ihr wesentliches Merkmal ist ihre dynamische Energie.

Im Einzelnen kommt es bei einem soziologischen Nationalismus-Begriff besonders auf die folgenden Merkmale an:

Merkmale des soziologischen Nationalismus-Begriffs

- Bestimmtheit, Integrationskraft und absoluter Durchdringungsanspruch der nationalen Ideologie (nationale ‚Erweckung' mit ‚Erlösungs'-Versprechen).

- Systematische Unvollständigkeit und Unbeständigkeit der nationalen Ideologie, die gleichermaßen Instabilität wie Anpassungsfähigkeit bewirkt (z.B.: eine nationale *Irredenta*-Frage mit bewusst offen gehaltenen Ansprüchen einer „Heim-ins-Reich"-Politik. Der Begriff ‚Irredenta', ursprünglich *Italia irredenta*, „unerlöstes Italien", war ein 1877 geprägter Begriff für die nach der Einigung Italiens seit 1861 entstandene nationalitalienische Bewegung in den italienischsprachigen Gebieten Österreich-Ungarns, die den Anschluss an Italien forderte. *Irredenta* wurde zur allgemeinen Metapher für nationale Anschlussbewegungen in vom Mutterland getrennten nationalen Minderheiten bzw. Volksgruppen).

2. Nationalismustheorien und ihre historische Anwendung

- Eine soziale Trägergruppe, die ideologische Primärgruppe, die einen gemeinsamen ‚ideologischen Besitz' hütet und eine Tendenz zur Herstellung uniformen Denkens und Handelns entwickelt, woraus sich ein charakteristischer Binnendruck innerhalb der ideologischen Primärgruppe zwischen Führern und Geführten entwickelt (dies lässt sich an den u.a. von Hroch untersuchten Mechanismen des Transfers vom Eliten- zum Massennationalismus beobachten).

- Die Möglichkeit der ‚Normalisierung' des ideologischen zum konsensualen Verhalten durch Verblassen der ursprünglichen ideologischen Motive und/oder Schwierigkeiten bei der intergenerationellen Vermittlung. Mit der Gründung eines Nationalstaats verändert sich der Charakter einer Nationalbewegung: aus einer Dissidenten- und Protestkultur wird der Rahmen nationaler politischer Kultur. Dies erfordert andere Vermittlungsqualitäten des *nationbuilding*.

Der soziologische Ideologiebegriff kann dem Historiker helfen, Nationalismus als ein Produkt innergesellschaftlicher Konfliktkonstellationen zu analysieren. Vor allem die Sensibilisierung für die Mechanismen des Übergangs von einer Gegen- zur politischen Normalkultur erleichtert die Beschreibung von nationalen Bewegungen im sozialen Wandel des 19. Jahrhunderts.

Eine charakteristische Schwäche des soziologischen Ideologiebegriffes liegt in seiner Blindheit für die Konstruktionsmechanismen von nationalen Mentalitäten und Identitäten. Nationalismus ist nicht auf das Gruppenverhalten von Angehörigen einer nationalen Bewegung zu reduzieren, deren Ziele und Erscheinungsformen sich im sozialen Wandel verändern. Gerade der von Hroch praktizierte Vergleich nationaler Bewegungen weist auf die Bedeutung der jeweiligen nationalen Semantiken hin.

Grenzen des soziologischen Nationalismus-Begriffs

f) Anthropologischer Ansatz: Ernest Gellner, Kultur und Macht

Ernest Gellner wurde 1925 in Paris als Kind deutsch-jüdischer Eltern geboren und wuchs in Prag auf. Die Familie musste 1939 nach England emigrieren, wo Gellner nach 1945 an der *London School of Economics (LSE)* arbeitete. 1993 kehrte Gellner als Direktor an das neu eingerichtete Zentrum für Nationalismusforschung in Prag zurück, wo er 1995 verstarb. Mit dem Nationalismus befasste sich Gellner seit den 1960er Jahren, angeregt u.a. durch seinen *LSE*-Kollegen Elie Kedourie. 1965 widmete er der Erklärung des Nationalismus ein Kapitel in seinem Buch ‚Thought and Change' (126). Sein bekanntestes nationalismusgeschichtliches Werk aus sozialanthropologischer Perspektive wurde ‚Nations and Nationalism' aus dem Jahr 1983, (127) das 1991 auf Deutsch unter dem leicht irreführenden Titel ‚Nationalismus und Moderne' erschien (128). 1995 vollendete Gellner eine in Essayform gehaltene Rückschau auf seine lebenslange Beschäftigung mit dem Nationalismus (129) unter dem Titel ‚Nationalismus. Kultur und Macht' (3).

Kulturelle Vielfalt ist für Ernest Gellner eines der zentralen, voraussetzungsreichen Merkmale menschlicher Existenz. Unter ‚Kultur' versteht Gell-

Ein Wissenschaftlerleben für die Nationalismusforschung

III. Forschungsprobleme

Kulturelle Vielfalt und die Homogenisierungstendenzen des Nationalismus

ner „ein ewig fortbestehendes, manchmal jedoch transformiertes oder manipuliertes ‚Depot erworbener Eigenarten'" (3; S. 15 f.). Das zweite entscheidende Merkmal sieht Gellner in der Organisation: „Jede Gruppe besteht aus Menschen, die sich voneinander unterscheiden, zumindest hinsichtlich ihres Geschlechts oder Alters, normalerweise jedoch auch noch in anderer Hinsicht. Eine Gruppe von Menschen ist nie nur eine Ansammlung von Individuen, deren Beziehungen zueinander ohne Belang wären. Es handelt sich immer um einen Verband, dessen einzelne Mitglieder eine bestimmte gesellschaftliche Stellung besetzen, die bestimmte Erwartungen, Rechte und Pflichten, Privilegien und Verbindlichkeiten mit sich bringt" (3; S. 16). Kultur und Organisation seien universell in jeder Form sozialen Lebens präsent, daher sind sie auch zentrale Bestandteile der Nationalismusdefinition Gellners: „Nationalismus ist eine Form der politischen Denkens, die auf der Annahme beruht, dass soziale Bindung von kultureller Übereinstimmung abhängt" (3; S. 17).

Extremer Nationalismus, so Gellner, betrachte kulturelle Übereinstimmung als unverzichtbare Bedingung legitimer Mitgliedschaft in einer Organisationsform der Gruppe (dem Nationalstaat). Der Begriff der Nation geht demnach in einer gemeinsamen Kultur auf. Der Nationalismus ziele darauf, möglichst alle Mitglieder gemeinsamer Kultur (der Nation) zusammenzufassen und der Entfaltungsmöglichkeit von Angehörigen anderer Kulturen (den Fremden) in der eigenen Gruppe Grenzen zu setzen.

Wie entsteht Nationalismus?

Eine wesentliche Leitfrage der Nationalismusforschung ist für Gellner, warum bestimmte Konstellationen von Kultur und Organisation einen bestimmten Nationalismus erzeugen. Kultur und Organisation gehören zu den Grundmerkmalen menschlichen Zusammenlebens; Nationalismus gehört nicht dazu. Darin sieht Gellner eine Schwäche der allgemeinen, auf kulturelle Übereinstimmung zielenden Definition von Nationalismus: „Formal betrachtet, trifft diese Definition zu, und doch vernachlässigt sie das vielleicht ausschlaggebende Element nationalistischer Haltung. Es definiert nicht nur die Grenzen des Verbandes, sondern es beansprucht ferner eine institutionelle Führerschaft für den Verband (den Staat). Das Hauptanliegen des Nationalisten besteht darin, dass die einzelnen Posten innerhalb dieser Machtinstitution mit Mitgliedern der nationalen Kultur, durch die die Einheit des Verbandes definiert ist, besetzt sein sollen. Einfach ausgedrückt heißt das: ‚Kein Ausländer soll über uns herrschen!'" (3; S. 20). Eine Voraussetzung für diese nationalistische Hauptforderung ist eine bestimmte Sicht auf den Staat. Das Problem des Nationalismus hängt damit eng mit der scheinbar gar nicht mehr hinterfragbaren Annahme zusammen, im Staat müssten die Grenzen sozialer und kultureller Gemeinschaft identisch sein. Die nationalistische Version dieser Annahme bestehe in ihrer Universalisierung: „Aus dieser Sicht ist es nur ‚natürlich', dass Menschen unter ihresgleichen leben wollen oder es ablehnen, mit Menschen anderer Kulturen zusammenzuleben, und vor allem, dass es sie ärgert, wenn sie von jenen regiert werden. Dies ist vielleicht die verbreitetste aller Nationalismus-‚Theorien'" (3, S. 22). Für diese nationalistische Sichtweise stelle es ein argumentatives Problem dar, dass menschliches Zusammenleben keineswegs immer und überall der Organisationsform der Nation entsprochen hat und entspricht. Die argumentative Antwort

2. Nationalismustheorien und ihre historische Anwendung

auf dieses Problem liege in den aufeinander bezogenen Metaphern vom ‚Schlaf' und vom ‚Erwachen' der Nation: „Dass der Nationalismus etwas Universelles sein soll, obwohl er doch in großen Teilen der Welt lange, zum Teil bis heute überhaupt nicht aufgetreten ist – diesen Widerspruch löst der Nationalist, indem er argumentiert: ‚Unsere Nation hat schon immer bestanden; sie ist eine ewige und unvergängliche Größe. Sie überdauert die kurzlebigen Geschöpfe und Generationen, in deren Gestalt sie vorübergehend zum Vorschein kommt. Nationen sind der Grundstein menschlicher Existenz" (3; S. 24).

Die Gegenposition zur Behauptung der Universalität nationalistischen Denkens sei die u.a von Elie Kedourie vertretene Interpretation des Nationalismus als willkürliche Erfindung, als Konstruktion, die keineswegs den Charakter von Notwendigkeit und Unvermeidbarkeit im menschlichen Zusammenleben hat (53). Gellners Interpretation unterscheidet sich von beiden Extrempositionen, der nationalistischen sowie der konstruktivistischen:

„Nationalismus ist weder universell und notwendig noch willkürlich und zufällig, noch gar die Frucht wertlosen Gekritzels und leichtgläubiger Leser. Er ist die notwendige Folge beziehungsweise Implikation bestimmter sozialer Verhältnisse, *unserer* Verhältnisse. Sie sind weitverbreitet, tiefverwurzelt und dominierend. Folglich ist Nationalismus kein Zufall: Seine Wurzeln liegen tief, er war tatsächlich unser Schicksal, und nicht etwa ein willkürliches Übel, das Schreiberlinge aus der Spätphase der Aufklärung über uns gebracht haben. Dennoch sind die tiefen Wurzeln, die ihn bedingen, nicht universell vorhanden und ist Nationalismus nicht das Schicksal aller Menschen. Er ist das ziemlich wahrscheinliche Schicksal einiger Menschen und gleichzeitig ziemlich unwahrscheinlich für viele andere" (3; S. 28).

> Konstruktionscharakter des Nationalismus

Eines von Gellners Hauptanliegen ist es, die Merkmale nationalismusanfälliger – im Gegensatz zu nationalismusresistenten Gesellschaften – zu benennen. Bemerkenswerterweise setzt er sich ausführlich mit dem möglichen Einwand auseinander, sein Interpretationsansatz der Rückführung des Nationalismus auf bestimmte soziale Verhältnisse sei reduktiv und berücksichtige nicht das Selbstbild der Nationalisten als aufopferungs- und hingebungsvolle Diener am (nationalen) Gemeinwohl. Anders als die meisten Nationalismusforscher berücksichtigt Gellner dieses Selbstbild in seiner Argumentation, denn „(…) so, wie ich den Nationalismus sehe, sind seine Wurzeln weder oberflächlich noch verächtlich. Sie sind zwar nicht in allen Menschen und in allen sozialen Strukturen universell wirksam, gleichwohl sind sie in den Bedingungen menschlicher Existenz, die unsere Epoche kennzeichnen, tatsächlich tief verankert. Sie reichen bis in die Mitte unseres Wesens und unserer Existenz. Sie sind mächtig, und sie sind es zu Recht" (3; S. 30).

> Nationalismusanfälligkeit und Nationalismusresistenz

Deutlich betont Gellner, dass es sich dabei um eine vollständig moderne Erscheinung handelt. Um dies zu erläutern, teilt er die Menschheitsgeschichte in drei Phasen ein, die Urzeit, Ackerbaugesellschaft und industrielle Gesellschaft, deren Nationalismusanfälligkeit er prüft.

> Drei-Phasen-Modell der Nationalismusanfälligkeit: je industrieller und moderner, desto nationalistischer

- Voragrarische Urzeitgesellschaften seien für die Entstehung des komplexen und voraussetzungsreichen Nationalismus zu klein und zu undifferenziert. Vor allem der Mangel an schriftfixierter Hochkultur bedinge ein

Fehlen des für nationalismusanfällige Gesellschaften typischen Verhältnisses zwischen Politik und Kultur.

- Agrarische Gesellschaften seien komplex und hierarchisch, arbeitsteilig, sozial differenziert, ökonomisch spezialisiert, in Ansätzen politisch zentralisiert, ferner gibt es eine Schriftkultur und eine zunehmende Textorientierung in Lehre, Gesetzeswesen und kultureller Praxis – alles wesentliche Voraussetzungen für den Nationalismus. Dass es in diesen Gesellschaften dennoch nur zu rudimentärem Nationalismus komme, hängt mit der Rolle der Kultur zusammen: „Ihre Hauptfunktion besteht darin, das hierarchische Rangsystem der jeweiligen sozialen Ordnung zu stärken, für es einzustehen, es sichtbar und verbindlich zu machen. (…) Aber wenn dies die primäre Rolle von Kultur in einer solchen Gesellschaft ist, kann Kultur nicht gleichzeitig dafür verantwortlich sein, die Grenzen den Gemeinwesens nach außen zu markieren" (3; S. 43). Der Nationalismus widerspricht somit dem grundlegenden Organisationsprinzip der agrarischen Gesellschaft: Kultur bekundet sozialen Status, nicht egalitäre Identität. Gewalt und Aggression werden, so Gellner, typischerweise innerhalb einer Kultur, nicht zwischen unterschiedlichen Kulturen ausgetragen. Falls dieses doch der Fall sei, spielen Sprache und Kultur eine vollkommen untergeordnete Rolle in diesen Konflikten.

- Industrielle Gesellschaften sind die erste soziale Formation, die auf dem Prinzip ökonomischen Wachstums beruht. Die Legitimität einer Herrschaft bemisst sich an ihrer Fähigkeit, Wachstum zu erzeugen. Dies bewirkt eine zunehmende soziale Mobilität und einen Trend zur Egalisierung. Industrielle Gesellschaften sind zwangsläufig innovativ und meritokratisch, was wiederum den Charakter des sozialen Status verändert: „Niemand kann sich außerhalb seines Arbeitsplatzes auf seinen professionellen Status berufen. Status gilt sozusagen nur während der Bürozeiten" (3; S. 53). Moderne Gesellschaften seien mobil und anonym, die Beziehung ihrer Mitglieder zueinander ist nicht vermittelt durch starre soziale Formationen. Zugehörigkeit ist nicht an die Geburt gebunden und wird nicht rituell bekräftigt.

Nationale ‚Sinnstifter' in der Moderne: Presse, Schule, Universität

Ein weiteres zentrales Merkmal moderner Gesellschaften ist der „semantische Charakter" (3; S. 54) der Arbeit. Darin liegt für Gellners Verständnis von Nationalismus eine unabdingbare Voraussetzung: der semantische Charakter der Arbeit beruht wesentlich auf anonymer, kontextunabhängiger Kommunikation. Ohne die Fertigkeit zur anonymen Kommunikation kann die moderne Nation als vorgestellte anonyme Kommunikationsgemeinschaft nicht vorgestellt werden. Diese Fertigkeit versteht sich nicht von selbst; sie ist vielmehr außerordentlich voraussetzungsreich, denn sie erfordert eine verhältnismäßig lange Schulbildung und entsprechende Schulen, ausgebildete Lehrer und brauchbares Unterrichtsmaterial auf der Grundlage einer Vorstellung von dem, was für vermittlungswürdig gehalten wird. Diese Fertigkeit stellt zugleich einen Schlüssel zur gesellschaftlichen und politischen Partizipation dar: „der Nationalismus [beruht] auf der Anschauung, dass der legitime poli-

2. Nationalismustheorien und ihre historische Anwendung

tische Verband durch kulturelle Homogenität gekennzeichnet ist und dass die Beherrschung einer allgemein akzeptierten (...) Hochkultur die notwendige Voraussetzung politischer, ökonomischer und sozialer Staatsbürgerschaft darstellt. Wer diese Bedingungen erfüllt, darf sich des droit de cité erfreuen. Wer sie nicht erfüllt, (...) kann sich anpassen, auswandern oder versuchen, seine Situation durch irredentistisch-nationalistische Aktivitäten zu verändern" (3; S. 56).

Gellner hat die beiden Modelle der agrarischen und modernen Gesellschaften als nationalismusgeschichtliche Idealtypen einander gegenübergestellt:

- einerseits die agrarische Variante, in der kulturelle Unterschiede und Abstufungen ein komplexes Rangsystem untermauern, jedoch nicht die Grenzen eines Gemeinwesens definieren;

- andererseits eine Gesellschaftsordnung, in der eine sozial mobile anonyme Masse an derselben ‚Hochkultur' teilnimmt, ohne durch interne Abstufungen voneinander getrennt zu sein, aber sich gleichzeitig stark mit den politisch definierten Grenzen ihres Gemeinwesens identifiziert (3; S. 58).

Merkmale der agrarischen und modernen Gesellschaften als nationalismusgeschichtliche Idealtypen

Sehr unterschiedliche Kommentatoren des Übergangsprozesses von der agrarischen zur modernen Gesellschaft – Liberale wie Marxisten – gingen – so Gellner – davon aus, dass u.a. durch Prozesse wie die Standardisierung der Welt und ihrer Wahrnehmung, den allgemeinen Trend zur Rationalisierung und Arbeitsteilung sowie das übernationale Klassenbewusstsein des Weltproletariats nationalistische Konflikte nahezu ausgeschlossen würden. Das war eine Denkfigur, die sich ganz besonders deutlich im Bereich der internationalen Rechtsvergleichung des 19. Jahrhunderts gezeigt hat, das zugleich doch das Jahrhundert der nationalen Rechtskodifikationen wurde (siehe Kap. III. 6.). Für das Verständnis nationalistischer Mechanismen hält Gellner es für besonders wichtig, die Gründe für die vollständige Widerlegung dieser wie auch immer motivierten Prognose durch die Wirklichkeit zu finden. Er liefert dafür keinen Passepartout, sondern nationalismusgeschichtliche Indizien:

- Die von den liberalen Internationalisten erwartete Homogenisierung der modern-industriellen Weltkultur widerspricht offenbar elementaren anthropologischen Grundbedürfnissen nach Identität und Zugehörigkeit. Gerade kleine kulturelle Gruppen entwickeln oft eine erstaunliches Integrations- und damit Überlebensvermögen.

Probleme eines Nationalismusmodells

- Der Industrialisierungs- und Nationalisierungsprozess verlief und verläuft räumlich und zeitlich sehr uneinheitlich, trifft also jeweils auf unterschiedliche soziokulturelle und sozioökonomische Voraussetzungen. Gesetzmäßige Ursache-Wirkungs-Zusammenhänge lassen sich daher kaum postulieren.

- Zwischen früher und später industrialisierten Gesellschaften können erbitterte Interessenkonflikte ausgetragen werden, die sich auch auf den

Prozess nationaler Identitätsentwicklung auswirken. Im ‚Nachzügler'-Nationalismus sieht Gellner sogar eine wesentliche Erscheinungsform von Nationalismus.

- Die innergesellschaftlichen Motivlagen zur Beteiligung an nationalistischer Aktivität sind heterogen: Nicht nur Modernisierungsverlierer artikulieren ihre Forderungen entlang nationalistischer Argumentationslinien, auch die alten Eliten entdecken den Nationalismus als Herrschafts- und Integrationsinstrument.

Besondere Aufmerksamkeit widmet Gellner dem Problem des Übergangs von der nicht nationalismusanfälligen traditionalen über die nationalismusanfällige moderne zu einer in Ansätzen postnationalen modernen Gesellschaftsform. Gellner unterscheidet fünf, in der raum-zeitlichen Abfolge allerdings nicht stringent sortierte Stadien:

Fünf Stadien des Übergangs von nicht-nationalismusanfälligen traditionalen zu nationalismusanfälligen modernen Gesellschaften

- Erstes Stadium: „die Wiener Situation" (3; S. 69–73, 69). Damit bezeichnet Gellner die Neugestaltung der europäischen Landkarte durch den Wiener Kongress 1815, in zeitlicher Hinsicht die Jahre vom Inkrafttreten der Wiener Ordnung bis zum Beginn des Griechischen Unabhängigkeitskrieges 1821. Ethnische, kulturelle oder sprachliche Aspekte spielten dabei keinerlei Rolle, das streng rationale multilaterale Wiener System kannte in seinen Organisationsprinzipien keinen Nationalismus – und eben dies sollte den Nationalismus in Europa auf einmalige Weise stimulieren.

- Zweites Stadium: „das Zeitalter des Irredentismus" (3; S. 74–79, 74). Mit dem Griechischen Unabhängigkeitskrieg und dem auf ihn reagierenden Philhellenismus in Europa, der ausdrücklichen Sympathiebekundung für die griechische nationale Unabhängigkeitsbewegung, beginnt für Gellner ein neues Stadium der Durchsetzung des Nationalismus, das bis zur erneuten Neuordnung der Landkarte Europas im Zeichen nationaler Selbstbestimmung durch die Pariser Vorortverträge 1919 reicht. Gellner räumt ein, dass gerade der griechische Aufstand in einem noch vorindustriellen Teil Europas nicht zu der Annahme von der fehlenden Nationalismusanfälligkeit vormoderner Gesellschaften passe. Als ursächlich sieht er in diesem Fall den kulturell überformten religiösen Gegensatz zwischen Moslems und Christen im Osmanischen Reich an, wobei das Christentum zugleich die Funktion der kulturellen Brücke nach Westeuropa hatte. Charakteristisch für das Zeitalter des Irredentismus sei, so Gellner, die Festsetzung des Nationalismus in den Köpfen, sein „Sieg in Bezug auf Ideologie und Literatur" (3; S. 78). Dieser Triumph war so vollständig, dass „1918 (…) der zentrale Stellenwert des Nationalismus als Prinzip politischer Legitimität in gleichem Maße beachtet [wurde], wie man ihn noch 1815 missachtet hatte" (3; S. 78 f.).

- Drittes Stadium: „das Zeitalter von Versailles und Wilson" (3; S. 79–81, 79). Gellner bestimmt die Dauer dieses Stadiums nicht präzise, sondern weist nur darauf hin, dass die Ordnung der Verträge von Versailles, St.-Germain, Neuilly, Trianon und Sèvres so zerbrechlich war, dass sie schon den ersten Herausforderungen durch die totalitären Diktaturen Hitlers und Stalins unterlag. Insofern mag man als symbolisches Datum für das Ende dieses Stadiums die Preisgabe der Tschechoslowakei im Münchner Abkommen vom 29./30. September 1938 verstehen. Am Ende des Ersten Weltkrieges unternahm man den Versuch, Europa im Zeichen nationaler Selbstbestimmung neu zu ordnen, doch die Ergebnisse waren wenig befriedigend. Gellner führt die Faktoren auf, welche einer vollständigen Umsetzung des Selbstbestimmungsrechts im Wege standen: die Berücksichtigung des Umstandes, wer im Krieg auf welcher Seite gestanden hatte, geopolitisch und geostrategisch willkürliche Grenzziehungen mit Rücksicht auf die militärische und wirtschaftliche Lebensfähigkeit neu entstehender Staaten sowie die Verewigung von Minderheitenproblemen in den neuen Staaten, die schon bei ihrer Gründung nicht National-, sondern Nationalitätenstaaten waren.

- Viertes Stadium: „Ethnische Säuberungen" (3; S. 81–84, 81). Gellner unterscheidet zwei mögliche Wege zur Herstellung kultureller Homogenität innerhalb eines Staates. Der langsame und gewalttätige sei z.B. in den ‚alten' westeuropäischen Nationalstaaten verwirklicht worden. Bei ihnen konnte die schiere Dauer der kulturellen Entwicklung zur Nation schließlich die konkreten Gewaltakte, die zur Staatsgründung führten, vergessen machen. Im Fall Frankreichs und der Franzosen dauerte dieser Prozess eintausend Jahre (1). Dem stehe der kurze und gewalttätige Weg ethnischer Säuberung gegenüber, z.B. eingeschlagen auf dem Balkan nach 1990.

- Fünftes Stadium: „Die Schwächung nationaler Gefühle" (3; S. 84–88, 84). Gellner weist darauf hin, dass unabhängig von der moralischen Dimension der Völkerverständigung als Ideal der Nationalismus nach 1945 unübersehbar relativiert worden ist: „Der strahlende Wirtschaftserfolg der beiden wichtigsten Verlierernationen und die problematische ökonomische Situation mancher Sieger haben verdeutlicht, dass es nicht die Ausdehnung eines Gebiets ist, die in der modernen Welt groß, bedeutend, reich und stark macht, sondern die ökonomischen Wachstumsraten" (3; S. 84). *Good governance* – also die Praxis partizipationsfreundlicher Integrationspolitik unter Rückgriff auf konsensfähige Elemente einer ‚Zivilreligion' – und Wohlstand bewirken eine gewisse Extremismusresistenz, wobei auch der Umkehrschluss zutrifft.

Die Phasen Eins bis Drei und Fünf folgen chronologisch-thematisch aufeinander. Das vierte Stadium beschreibt eine allgemeine Erscheinung: Gewalt im *nationbuilding*-Prozess. Sie kann aber auch am Anfang des Phasenmodells stehen, da, wie Gellner betont, schon Ernest Renan darauf hingewiesen habe, dass kein *nationbuilding*-Prozess ohne massive Gewaltanwendung zustande gekommen sei. Gleichwohl hält Gellner aber ein Phasenmodell, in dem die Nationalisierung aus Gewaltanwendung abgeleitet und Gewalt zu einem grundlegenden kulturbildenden Phänomen wird, für zu einseitig. Für die Theoriebildung von Gewalt als kulturellem Faktor stehen vor allem neuere Arbeiten des Soziologen Wolfgang Sofsky (130; S. 209–226).

III. Forschungsprobleme

Um deutlich darauf hinzuweisen, dass das Verhältnis von Kultur, Staat und Macht gleichzeitig auch unter dem Aspekt politischer – also konstruierter – Geographie verstanden werden kann, bedient sich Gellner eines europäischen West-Mitte-Ost-Modells, das dem von Theodor Schieder entwickelten Konzept ähnlich ist. Gellner beschreibt das Verhältnis von Staat und Kultur im *nationbuilding* als politische Ehe. Er differenziert dabei zwischen den europäischen Regionen.

Drei-Zonen-Modell regionaler Unterschiede im nationbuilding in Europa

- Westeuropa (Gellner spricht etwas abstrakt von „Zone eins") (3; S. 90–92, 90): „Von großer Bedeutung in diesem Gebiet ist, dass die Eheleute hier schon seit langer Zeit durch eine gewohnheitsmäßige Partnerschaft verbunden sind. Jedenfalls bestand diese Verbindung schon lange, bevor das Zeitalter des Nationalismus ausbrach und die innere Logik der modernen Gesellschaft die Partner als füreinander bestimmt anerkannte. *Gegründet* wurde diese Vereinigung (…) aber durch andere Faktoren. Am Anfang wurde sie kaum beachtet und es musste ihr auch kein Vertreter einer nationalistischen Doktrin seinen Segen geben" (3; S. 90).

- Mitteleuropa („Zone zwei"; 3; S. 92–95, 92): „Während die Eheleute in der westlichsten Zone schon seit Jahrhunderten zusammengelebt hatten, bevor der Nationalismus ihrer Verbindung seinen Segen gab, war die Situation hier auf andere Weise ungewöhnlich: Die Braut hatte sich schon seit längerer Zeit darauf vorbereitet, in aller Pracht vor den Altar zu treten, aber … es gab keinen Bräutigam" (3; S. 92)! Im Fall Deutschlands und Italiens stand einer jeweils staatsfähigen Hochkultur lange Zeit kein integrierender Staatskern gegenüber. Die nationalistische Hauptaufgabe dieser Zone, so Gellner, wurde daher die nationale Einigung.

- Osteuropa („Zone drei"; 3; S. 95–99, 95): Die Situation Osteuropas sieht Gellner durch das Fehlen von Braut und Bräutigam gekennzeichnet: „Damit der nationalistische Imperativ ‚Ein Staat, eine Kultur' erfüllt werden konnte, (…) musste man beides, Staat und Kultur, erst erschaffen. So war Ingenieurarbeit sowohl in politischer als auch in kultureller Hinsicht erforderlich" (3; S. 96). Gellner betont zwar, dass es in Osteuropa auch Hochkulturen gegeben habe; entscheidend sei jedoch ihre Einbindung in eine Gemengelage von Kulturen und Sprachen. Die Konsequenzen sind dramatisch. Unter Bedingungen, wie sie auf dem Balkan, im Kaukasus, am Wolgaknie, in großen Teilen Zentralasiens und in vielen anderen Regionen der Erde vorherrschen, können – so Gellner – kulturell homogene Nationalstaaten, wie sie die nationalistische Theorie für geschichtlich unabdingbar hält, „nur durch ethnische Säuberungen entstehen" (3; S. 99). Gellner unterscheidet innerhalb Osteuropas von der „Zone drei" noch die „Zone vier" (3; S. 99–102, 99) der zwischen 1917 und 1991 unter sowjetischer Herrschaft stehenden Gebiete, in denen der Nationalismus mit Gewalt unterdrückt wurde und seit 1991 möglicherweise in die Abfolge des nationalistischen Stadienmodells eingetreten ist.

2. Nationalismustheorien und ihre historische Anwendung

Gellner warnt ausdrücklich davor, sein Stadien- und Zonenmodell als vollständige Nationalismustheorie zu verstehen, da mit diesen beiden Perspektiven u.a. die nationalistischen Exzesse der ersten Hälfte des 20. Jahrhunderts allein nicht erklärbar seien. Drei Faktoren müssten bei der Erklärung von Nationalismus und extremen (integralen) nationalistischen Mentalitäten generell berücksichtigt werden:

- Die sozioökonomische Bedingungen: die Delegitimierung der traditionalen Gesellschaftsform in der politisch-wirtschaftlichen Doppelrevolution schafft den Nährboden für den Massennationalismus. Extreme nationalistische Mentalitäten entstehen aber erst, wenn kulturelle (‚ethnische') Faktoren die Grenze zwischen Eingliederung und Privileg einerseits und Ausgrenzung und Armut andererseits unterstreichen. „Klassen ohne Ethnizität sind blind; Ethnizität ohne Klasse ist bedeutungslos" (3; S. 105).

Achsen der Nationalismusinterpretation

- Die kulturellen Traditionen: Die Wahrscheinlichkeit einer Gewaltanwendung steige – so Gellner –, wenn die fraglichen Völkergruppen aus Gegenden stammen, in denen relativ schwache Staaten das Aufkommen einer chauvinistischen Ethik der Selbsthilfe zugelassen oder gar befördert haben, wo es örtlichen Gemeinschaften einmal gestattet wurde, sich einen Teil der Vorrechte und Befugnisse der zentralen, für Ordnung verantwortlichen Schaltstellen zu sichern (3; S. 106). Diesen Zustand sieht Gellner auf dem Balkan verwirklicht.

- Ideologische Faktoren: Unter dieser Überschrift präsentiert Gellner einen Abriss der politischen Philosophie, geordnet nach Ordnungsmodellen des Gemeinwesens.

- Die erste Stufe sei idealtypisch verwirklicht in der Philosophie Platos: In seinem Werk ‚Der Staat' definiere er – so Gellner – Gerechtigkeit (beziehungsweise Rechtschaffenheit) folgendermaßen: Jeder Bestandteil der Gesellschaft hat die ihm bestimmte Pflicht zu erfüllen (3; S. 108). In dieser politischen Philosophie sieht Gellner die vor-nationale, statusbezogene Phase abgebildet: soziale Unterschiede bedingen kulturelle Unterschiede. Diese kulturellen Schranken bestimmten jedoch nicht die Grenzen des politischen Verbandes nach außen. Identität hängt vom sozialen Status ab.

Politische Ordnungsmodelle im Rahmen der ideologischen Achse der Nationalismusinterpretation

- Die individualistische, universalistische und egalitäre Philosophie der Aufklärung verwirkliche die zweite Stufe: Die Pflichten beziehungsweise die Erfüllung des Menschen wurden – so Gellner – nicht mehr vom gesellschaftlichen Status abgeleitet, sondern vielmehr von der allen gemeinsamen Menschlichkeit (3; S. 110). In ihren Varianten, sensualistisch bei David Hume oder rationalistisch bei Immanuel Kant, sei die Philosophie der Aufklärung „gegenüber dem Faktor der Kultur letztlich blind" (3; S. 110). Die individuelle und universelle Vernunft bekämpfte die Gesellschaft des soziokulturellen Status – dass sie auf diese Weise eine wesentliche Voraussetzung des Nationalismus schuf, sei, so Gellner, noch kein Beleg dafür, dass sie selbst nationalistisch war.

Forschungsprobleme

- Die romantische Bewegung verkörpere die dritte Stufe. Sie betont im Gegensatz zur Aufklärung die kulturellen Wurzeln und Besonderheiten: Während die Vernunft – so Gellner – in ihren Vorschriften universell ist (was sie für gültig erklärt, ist für *jeden immer* und *überall* gültig), werden Emotionen bestimmten Gemeinschaften (Kulturen) zugeschrieben; es handelt sich hierbei also um Vereinigungen, die auf der Grundlage gemeinsamen Empfindens zustande kommen und aufrechterhalten werden (3; S. 114). Die Romantik vermittelte dem aufkommenden Nationalismus Sprache und Stil. Johann Gottfried Herder lieferte das nationalistische Leitmotiv von der Zusammensetzung der Menschheit aus einmaligen Nationen und Kulturen, deren Wert in ihrer Singularität liege. Die romantische Kultur wird zum Labor des nationalistischen Konstruktivismus, der Erzeugung von Nationen: Diese Kulturen – so Gellner – definieren und *schaffen* Nationen. Es treffe nämlich nicht zu, wie Nationalisten glauben und behaupten, dass Nationen schon immer unabhängig voneinander existiert hätten und nun lediglich nach Anerkennung ‚ihrer' Kultur als einer selbständigen Lebensform strebten. Kulturen – so Gellner weiter – ‚haben' und machen Nationen. Nationen sind nicht von vornherein gegeben, noch sind sie von vornherein in der Lage, etwas zu tun oder zu besitzen. Homogenität ersetzt auf einmal Vielfalt, Hochkulturen treten plötzlich an die Stelle von niederen Kulturen und werden schließlich politisch signifikant. „So genannte ‚Nationen' sind lediglich das politische Schattenbild dieser Tatsache" (3; S. 116f.). Besondere Sprengkraft gewann der romantische nationalistische Konstruktivismus durch seine biologistisch-sozialdarwinistische Ausrichtung mit rassistischer Struktur: Gemeinschaft sei nun nicht mehr nur als eine kulturelle Einheit betrachtet worden, sondern auch als biologisch bestimmte. Ihre Funktion habe nicht mehr allein darin bestanden, die eigene kulturelle Eigenart zu verteidigen und zu schützen; sie hatte nun auch die Aufgabe, diese auf eine aggressive Weise *politisch* abzusichern. „Und diese Aggression war eher Selbstzweck als Mittel, sie war Ausdruck und Grundvoraussetzung ‚wahrer Vitalität'. Im Gegensatz dazu erschien der blutleere Universalismus der Aufklärung als Ausdruck eines minderwertigen Manövers der ‚Schwachen', als säkulare Reformation der lamentierenden Religion der Kraftlosen; sie galt als krankhaft" (3; S. 118f.).

- Abschließend diskutiert Gellner einige – wieder aktuelle – Probleme des Nationalismus im 20. Jahrhundert:

Probleme des Nationalismus im 20. Jahrhundert

- Warum führt die in die ‚Globalisierung' mündende Standardisierung einer standardisierten Hochkultur in der westlich-atlantischen Welt zum Nationalismus und in der islamischen Welt dagegen zum Fundamentalismus? „Der Islam ist insofern unter allen Weltreligionen einzigartig, als er, jedenfalls bis jetzt, mit der weit verbreiteten Säkularisierungsthese unvereinbar ist; ihr zufolge nimmt der soziale und seelisch-geistige Zusammenhalt einer Religion in dem Maß ab, wie die Industrialisierung zunimmt" (3; S. 139).

- Warum entzieht sich der Nationalismus so auffällig der historisch-sozialwissenschaftlichen Interpretation? Sowohl die soziologisch-strukturorien-

2. Nationalismustheorien und ihre historische Anwendung

tierte wie auch die kulturwissenschaftliche Interpretation des Nationalismus verdecken wesentliche Eigenschaften des Nationalismus zum Teil so nachhaltig, dass dies ihren Erkenntniswert in Frage stellt. „Wenn Nationalismus aber ein allgemeines Phänomen ist, das eine Vielzahl von unterschiedlichen Nationen gleichermaßen umfasst, dann kann man ihn doch offensichtlich nicht auf Gründe zurückführen, die intern, innerhalb einer einzelnen nationalen Bewegung wirksam sind" (3; S. 156).

- Ein historisches Anwendungsbeispiel für Gellners anthropologischen Ansatz von Kultur und Macht bietet Ulrike von Hirschhausen in ihrem Beitrag über gleichzeitig-ungleichzeitige Prozesse der nationalen Identitätsfindungen in Riga zwischen 1860 und 1914. Von Hirschhausens These knüpft an Gellners starke Betonung des Zusammenhangs von industrieller Gesellschaft und Nationalismus an. Sie geht am Beispiel Rigas davon aus, „dass die Entstehung einer industriellen Gesellschaft in spezifisch geprägten historischen Räumen nicht nur zur Ausformung nationaler Identitäten führte, sondern parallel auch die Stabilisierung oder Fortdauer vermeintlich vormoderner Integrationsformen zur Folge haben konnte" (131; S. 372–397). Im Nebeneinander vormoderner und moderner Identifikationsformen sieht von Hirschhausen ein Charakteristikum des von ihr untersuchten historischen Raumes.

> Aktualität des anthropologischen Ansatzes: Ulrike von Hirschhausen

Grundsätzlich sieht von Hirschhausen Gellners Grundannahme von der Bedeutung der industriellen Gesellschaft für die Nationalisierung am Beispiel Rigas bestätigt, auch wenn die Grenzen dieser Kausalbeziehung deutlich werden. Gerade den lettischen Nationalismus sieht von Hirschhausen durch die klassischen Modernisierungsabläufe von Migration, Urbanisierung, Kommunikationsrevolution und sozialer Mobilität bestimmt: „Dieser trat zunächst als soziokulturelle Emanzipationsideologie auf, wurde nach der Zäsur von 1905 zunehmend politisiert, besaß jedoch vor 1917 keinerlei sezessionistischen Charakter (…). Die Konsequenzen der industriellen Moderne, nämlich die Herausbildung einer lettischen Klassengesellschaft, führten jedoch zur Erosion dieses Nationalismus in ideologisch verfeindete Lager (…). Dieses spezifische Phänomen des lettischen nation building lässt sich am ehesten mit der zeitlichen Verzögerung in einem hochindustrialisierten Raum erklären. Das lettische nation building war nicht mehr, wie das mitteleuropäische, vom Liberalismus geprägt, sondern bereits viel stärker vom Sozialismus" (131; S. 396). Die balten-deutsche Identität sieht von Hirschhausen durch „den Rückgriff auf Stand und Region" (131; S. 396) bestimmt. Der deutsch-baltische Minderheitennationalismus knüpfte an die Traditionen ständischer Selbstverwaltung und auslandsdeutscher kultureller Identität an: „Auch ließ sich mit der übernationalen Berufung auf die Region eine Brücke zu den Russen schlagen, derem föderalem Reichsverständnis kein regionaler Liberalismus, wohl aber ein demokratisch-partizipatorischer Natonalismus gefährlich werden konnte" (131; S. 397).

Der wesentliche Erkenntnisgewinn der Studie von Hirschhausens liegt darin, einen regionalen Beleg für die mögliche Gleichzeitigkeit von Gellners Phasen der Nationalismusentwicklung geliefert zu haben, was auch die

> Kritisch-dekonstruktives Potential des anthropologischen Ansatzes im Nationalismen-Vergleich

westeuropäischen ‚Regionen' im Industrialisierungs- und Nationalisierungsprozess in einem neuen Licht erscheinen lässt.

g) Konstruktivistischer Ansatz: *imagined communities*

Benedict Anderson

Benedict Anderson, geboren 1939, lehrt *International Studies* an der *Cornell University*. Einer seiner Forschungsschwerpunkte ist die Geschichte Südostasiens. Seine 1983 erschienene Arbeit mit dem Titel ‚Imagined communities' – deutsche Fassung unter dem Titel: ‚Die Erfindung der Nation. Zur Karriere eines folgenreichen Konzepts' – hat die Nationalismusforschung nachhaltig verändert. Im Nachwort zur deutschen Neuausgabe von 1998 (33) hat Anderson versucht, die Eigenarten seines nationalismusgeschichtlichen Ansatzes herauszustellen: Die Nationalismusforschung sieht Anderson dominiert von einem Bemühen um typologisierende Unterscheidungen und von extrem eurozentristischen Perspektiven. Sein Konzept zielt demgegenüber darauf, ihn [den Nationalismus] eher in anthropologischem Sinne zu begreifen (…), als eine Form des In-der-Welt-Seins, der wir alle unterworfen sind, anstatt in eine fremde, lediglich angenommene politische Ideologie zu sehen" (33; S.179). Anderson „sucht nach den Wurzeln des Nationalismus in jener großen Transformation, durch die die fundamentalen Alltagsvorstellungen von Raum und Zeit radikal verändert wurden, und in der Tatsache, dass es durch die Zerstörung uralter Gemeinschaften notwendig wurde, dass wir uns ein Bild von uns selbst machen und dieses unablässig immer wieder neu entwerfen müssen" (33; S.179).

Für Andersons Perspektive der ‚imagined community' – der ‚Erfindung der Nation' – sind eine Reihe grundlegender Veränderungen in der neuzeitlichen Geschichte wesentlich:

Voraussetzungen des Nationalismus in der Moderne

- Die Erweiterung der menschlichen Raumerfahrung seit dem Zeitalter der Entdeckungen und der sich daran anschließenden Migrationswellen von angehenden Kolonisten und von Sklaven über den Globus.

- Die Konstruktion des ‚Eigenen' in der ‚Fremde': „Bald schon gab es Briten, die Britannien niemals gesehen hatten, Franzosen, Spanier und Portugiesen, die niemals Frankreich, Spanien oder Portugal aus eigener Anschauung kennen lernen sollten. (…) Hier ist der Ursprung der ersten historischen Welle dessen zu sehen, was wir heute als Nationalismen identifizieren können – Nationalismen, die sich auf Europa bezogen, aber nicht in Europa geboren wurden" (33; S.180).

- Die Möglichkeit der symbolischen Überhöhung der Grenzen eines Territoriums auf der Landkarte jenseits aller persönlichen Erfahrungsmöglichkeit: „Jedes Schulkind in Norwegen und Indonesien vermochte ‚Norwegen' und ‚Indonesien' unmittelbar durch deren Silhouette wiederzuerkennen. Und nun kann sich dieses Kind seine Heimat – einem Puzzleteil gleichend – in die Hosentasche stecken und mitnehmen" (33; S.181).

2. Nationalismustheorien und ihre historische Anwendung

- Die Gelegenheit zur symbolischen Überhöhung und zugleich Standardisierung der Zeiterfahrung als ‚nationale Geschichte'. Zunächst sei aus arbeitsorganisatorischen und logistischen Gründen die Arbeitszeit durch die Zerlegung in aufeinanderfolgende Sequenzen vereinheitlicht worden. Das habe auch die Wahrnehmung geschichtlicher Zeit als ‚sequenzialisierte' Folge nebeneinanderstehender Nationalgeschichten ermöglicht.

Die unter diesen Voraussetzungen ‚vorgestellte' Gemeinschaft hat eine ‚Biographie': „So wie es im Fall moderner Personen ist, so ist es auch bei Nationen. Ein Bewusstsein davon zu haben, in eine säkular voranschreitende Zeit eingebettet zu sein, mit allen Implikationen der Kontinuität und dennoch die Erfahrung dieser Kontinuität ‚vergessend' (…) hat notwendig zur Folge, ein Narrativ der ‚Identität' zu erzeugen" (33; S. 177). Anders als Personen haben, so Anderson, Nationen jedoch keine präzise fixierbaren Lebensdaten, ist ihre Erinnerung nicht der einer Familienabstammung ähnlich, sondern von symbolischen Haupt- und Staatsaktionen – vorwiegend gewaltsamen Toden – bestimmt: „Diese gewaltsamen Tode müssen erinnert/vergessen werden als ‚unsere eigenen'" (33; S. 178).

Das Narrativ der Gemeinschaft: die „Biographie" der Nation

Anderson konzentriert sich auf die Analyse der Konstruktionsmechanismen der ‚vorgestellten' Gemeinschaft. Er stellt unterschiedliche Dimensionen des Wandels dar.

Konstruktionsmechanismen der Erfindung der Nation

- Die Wahrnehmung der Zeit veränderte sich: Anderson gehört ausdrücklich nicht zu den Vertretern der säkularisierungsgeschichtlichen Substitutionsthese, die davon ausgeht, die Idee der Nation trete an die Stelle der Religion. Vielmehr betont er, dass Nationalismus nur zu verstehen sei, wenn man seine Vermischung mit den großen kulturellen Systemen untersucht, „die ihm vorausgegangen sind und aus denen – und gegen die – er entstanden ist" (33; S. 19). Zu diesen großen kulturellen Systemen zählt Anderson die beiden mächtigsten imaginierten Gemeinschaften vor der Zeit der Nationen: die religiöse Gemeinschaft mit ihrer „Vorstellung einer besonderen Schriftsprache als privilegierte[m] Zugang zu einer ontologischen Wahrheit" (33; S. 37) und das dynastische Reich. Um von der Welt der Glaubensgemeinschaften und Dynastien zu einer Welt zu gelangen, in welcher die ‚Nation' gedacht und konstruiert werden kann, bedarf es einer Reihe von Wahrnehmungsveränderungen: die komplexe und abstrakte Vorstellung von der Nation setzt „die Vorstellung eines sozialen Organismus [voraus], der sich bestimmbar durch eine homogene und leere Zeit bewegt" (33; S. 30). Anders ausgedrückt und auf den abstrakten Charakter der als solche niemals erfahrbaren Nation bezogen: „Ein Amerikaner wird niemals mehr als eine Handvoll seiner vielleicht 240 Millionen Landsleute kennen lernen oder auch nur deren Namen wissen. Er hat keine Vorstellung, was sie gerade tun. Doch er hat volles Vertrauen in ihr stetes, anonymes, gleichzeitiges Handeln" (33; S. 30). Dieses Vertrauen ist dem mittelalterlichen und frühneuzeitlichen Menschen unbekannt. Anderson sieht die Grundlage dieser Wahrnehmungsveränderung der Zeit in der Kommunikationsverdichtung durch Buch und Zeitung: „Das Veralten der Zeitung am Tag nach ihrem Erscheinen (…) bringt (…) eine außergewöhnliche

Wandel in der Erfahrung der Zeit

Massenzeremonie hervor: der praktisch gleichzeitige Konsum der Zeitung als Fiktion" (33; S. 37). Demgegenüber verleiht das Buch Inhalten Kontinuität und Reproduzierbarkeit: „der Buchmarkt [verlieh] der Sprache eine neue Fixierung, die auf lange Sicht jenes Bild vergangener Zeiten zu errichten half, das für die subjektive Vorstellung der Nation von zentraler Bedeutung ist" (33; S. 45).

|Wandel in der Erfahrung des Raums| • Die Erfahrung des Raums war erheblichem Wandel unterworfen: Reisen als sinnstiftende Erfahrung. Säkulare Territorialkörperschaften kennen als weltliches Gegenstück zur Pilgerreise die administrative Inspektionsreise von staatlichen Funktionären. Solche staatliche Reisetätigkeit, die amtliche Dokumente und Amtsträger über ein Herrschaftsgebiet verteilt, setzt eine einheitliche Amtssprache voraus. Siedeln sich die Amtsträger einer fernen kolonialen Zentrale in einer Kolonie an, entstehen Statusprobleme zwischen den im Mutterland und den in den Kolonien Geborenen.

Wandel in der Erfahrung der Sprache

• Die Sprache wurde auf andere Weise wahrgenommen und eingesetzt: Seit dem ausgehenden 18. Jahrhundert veränderte eine philologischen Revolution das Bild der Sprache. Sie übertrug einmal mehr das Muster der Standardisierung: „Einsprachige Wörterbücher waren umfassende Kompendien des Wortschatzes jeder Sprache. Zweisprachige Wörterbücher machten den heraufdämmernden Egalitarismus unter den Sprachen augenfällig: von den politischen Realitäten draußen unbeeinflusst, kam in einem Wörterbuch Tschechisch-Deutsch/Deutsch-Tschechisch beiden Sprachen derselbe Status zu" (34; S. 66). Die Intensivierung meritokratischer bürokratischer Herrschaft mit der Eröffnung von neuen Karrieremöglichkeiten gerade für Angehörige der unteren Mittelschichten war an die Beherrschung der Amts- und Verkehrssprache gebunden (33; S. 71). Diese vorgestellte Grundlage war in besonderem Maß von den Perspektiven abhängig, welche ihr die Sprache des ‚Buchwissens' suggerierte: „Einmal geschehen, eroberte sich die Revolution schnell einen Platz im guten Gedächtnis des Buchdrucks. Die überwältigende und verblüffende Verkettung von Ereignissen, wie sie ihre Vollstrecker und Opfer erfuhren, wurde zu einem ‚Ding' – mit einem eigenen Namen: die Französische Revolution. (…) Warum ‚sie' ausbrach, was ‚ihr' Ziel war, warum ‚sie' gelang oder scheiterte, dies wurde zu Themen für endlose Auseinandersetzungen von Befürwortern und Gegnern (…)" (33; S. 74 f.). Die besondere identitätsstiftende Wirkung der Sprache gilt vor allem für die Kolonien: „Die weitaus wichtigste Eigenschaft der Sprache ist (…) ihre Fähigkeit, vorgestellte Gemeinschaften hervorzubringen, indem sie *besondere Solidaritäten* herstellt und wirksam werden lässt. Schließlich sind Kolonialsprachen immer auch *Landessprachen*, d. h. eine besondere unter allen anderen Landessprachen" (33; S. 115).

Veränderte Herrschaftstechniken

• Herrschaftstechniken veränderten sich: Offizieller Nationalismus. Die Entdeckung einer integrationskräftigen nationalen Zugehörigkeit durch die Dynastien, ihre ‚Naturalisierung' (der Romanows als ‚Russen', der Hannoveraner als ‚Engländer' der Hohenzollern als ‚Deutsche'), bildete offiziellen Nationalismus heraus: „Diese ‚offiziellen Nationalismen' sind am bes-

2. Nationalismustheorien und ihre historische Anwendung

ten als Mittel zu verstehen, die Naturalisierung mit der Beibehaltung der dynastischen Macht zu verbinden (…). Es ging mit anderen Worten darum, die schmale und enge Haut der Nation über den riesigen Körper eines Imperiums zu spannen" (33; S. 79). Eine Grundlagenstudie zum offiziellen Nationalismus hat Hugh Seton-Watson 1977 vorgelegt (132), auf die Anderson im Hinblick auf die Russifizierungspolitik unter Zar Alexander III. Bezug nimmt. Offizieller Nationalismus ist die Antwort dynastischer Machtstrukturen auf die Herausforderung durch nationalrevolutionäre Bewegungen: „Dieser offizielle Nationalismus war eine konservative, um nicht zu sagen reaktionäre *Politik* nach dem Modell eines Vorläufers, des zumeist spontanen Volksnationalismus. Letztlich blieb er nicht auf Europa und den Mittelmeerraum beschränkt. Im Namen des Imperialismus verfolgten Gruppierungen desselben Typs in den riesigen Gebieten Asiens und Afrikas, die im 19. Jahrhundert unterworfen wurden, eine ganz ähnliche Politik" (33; S. 98).

- Zu den Konstruktionsmechanismen vorgestellter Gemeinschaften gehört für Anderson auch die Unterscheidung zwischen den Funktionen des Rassismus und des Nationalismus: Anderson widerspricht ausdrücklich der u.a. von Tom Nairn 1978 vertretenen Ansicht, dass Rassismus stets aus extremem Nationalismus abgeleitet werden könne (133; S. 3–29). Ebenso scharf lehnt Anderson Anthony Smiths Interpretation vom ‚ethnischen Ursprung' der Nation ab (134). Anderson argumentiert: „Der Nationalismus denkt – und darauf kommt es hier an – in historisch-schicksalhaften Begriffen, während der Rassismus von immerwährenden Verunreinigungen träumt, die sich vom Ursprung der Zeiten an in einer endlosen Folge ekelerregender Kopulationen fortpflanzen: außerhalb der Geschichte" (33; S. 129).

Unterscheidung von Rassismus und Nationalismus

Anderson kommt immer wieder auf koloniale Verhältnisse zurück, da sein Nationalismusverständnis wesentlich durch die hier im Zeitraum zwischen Kolonisierung und Unabhängigkeit modellhaft ablaufenden Prozesse geprägt ist. Die letztlich nationsbildende ‚Grammatik' kolonialer Herrschaft sieht Anderson von drei wirkungsmächtigen Mechanismen bestimmt:

Die Erfindung des ‚Eigenen' in der Fremde: nation-building durch Kolonialherrschaft

- Volkszählungen und Erhebungen zur Zusammensetzung der Einwohnerschaft kolonialer Gebiete beruhen, so Anderson, auf einem bestimmten Bild der Bevölkerung einer Gebietskörperschaft, von der Daten erhoben werden. Die Enge und Weite des Fragerasters für bestimmte Volksgruppen, ihre ethnische und religiöse Identität, bildet bestimmte Interessen der Kolonialverwaltung ab: „Diese ‚Identitäten', wie sie von den (konfus) klassifizierenden Gemütern des Kolonialstaats entworfen wurden, zielten auf ihre Verdinglichung, die eine baldige administrative Durchdringung möglich machen sollte. Darüber hinaus erkennt man die Leidenschaft der Zensusinitiatoren für Vollständigkeit und Eindeutigkeit. Daher rührt ihre Intoleranz gegenüber multiplen, politisch ‚transvestitenhaften', verschwommenen oder wechselnden Identifikationen" (33; S. 142). Die im Zensus zum Ausdruck kommende Klassifizierungsfiktion erfindet eine lückenlos erfassbare Gesellschaft, die es in der Realität so nicht gibt.

77

III. Forschungsprobleme

Die Landkarte: Herrschaft über die Raumdefinition

- Landkarten führten in den Kolonialgebieten das Prinzip der territorialen und politischen Grenze ein, das die dort bekannten ‚heiligen' oder mystischen Landkarten obsolet machte bzw. in einen abgegrenzten Bereich ritueller, ‚unzivilisierter' Traditionspflege verwies. Moderne Landkarten sind „Anleitungen für militärische Vorhaben und für die Küstenschifffahrt, aber keine Wegweiser zum Heiligen" (33; S. 148). Zwei Formen der Landkarte sind besonders wichtig für die Herrschaftslegitimation. Mit Hilfe der historischen Landkarte ließ sich das Alter von Territorien und die sich daran knüpfenden politischen Ansprüche darstellen. „Durch chronologisch arrangierte Sequenzen solcher Landkarten entstand eine Art politisch-geographisches Herrschaftsnarrativ (...)" (33; S. 151). Durch die Landkarte als Logo hebt der imperiale Staat seine Kolonien in imperialer Didaktik besonders hervor. „In den imperialen Landkarten Londons waren die britischen Kolonien gewöhnlich rot-rosa gefärbt, die französischen blau-lila, die holländischen gelb-braun, usw. Auf diese Weise eingefärbt, erschien jede Kolonie wie ein herausnehmbares Teil eines Puzzles" (33; S. 151). Der Sinn der Karte war nicht mehr geographische oder topographische Orientierung, sondern die nackte Dokumentation von Herrschaftsansprüchen.

Musealisierung der ‚Eingeborenengeschichte': Herrschaft über die Wahrnehmung der Vergangenheit

- Die Kolonialmächte griffen bestimmte Aspekte der archäologischen und sonstigen kulturellen Überlieferung einer Kolonie entkontextualisiert heraus, um sie zur Herrschaftsbekräftigung zu musealisieren. Zugleich wurde auf diese Weise das museale Gedächtnis der später selbständigen dekolonisierten Staaten präfiguriert. „Die alten, heiligen Stätten wurden der Landkarte der Kolonie einverleibt, und das von ihrer Altehrwürdigkeit abstrahlende Prestige (...) übertrug sich auf die Kartographen. Diese paradoxe Situation lässt sich anschaulich durch die Tatsache illustrieren, dass die rekonstruierten Monumente oftmals mit eleganten Rasenflächen umgeben und immer mit erklärenden Tafeln und ausführlichen Datierungen versehen wurden" (33; S. 156). Musealisierung setzt Inventarisierung voraus. Die Kolonialherren machten die von ihnen beherrschte und in ihre Herrschaftskultur integrierte Tradition inventarisierbar: „Niemand hat eine bessere Metapher für dieses Denkgerüst gefunden als der große indonesische Erzähler Pramoedya Ananta Toer, der den letzten Band seiner Tetralogie über die Kolonialzeit *Rumah Kaca* (Das Glashaus) betitelt hat. Es ist ein Bild (...), das für totale Transparenz steht. Denn der Kolonialstaat trachtete nicht allein danach, eine unter seiner Kontrolle stehende menschliche Landschaft von vollkommener Sichtbarkeit zu erschaffen; die Voraussetzung für diese ‚Sichtbarkeit' bestand darin, dass jedermann und jedes Ding (gewissermaßen) eine Seriennummer besaß" (33; S. 129).

Die Bedeutung von Kommunikationszusammenhängen für die Selbst- und Fremdwahrnehmung

Es ist Andersons Verdienst, eine Anregung von Ernest Renan aufgegriffen zu haben, indem er dem Stichwort des ‚Erinnerns und Vergessens' nachgegangen ist. Beides, so schon Renan (1), sei für die Konstruktion nationaler Identitäten gleichermaßen unverzichtbar, allein schon deshalb, um die blutigen Spuren der Vergangenheit übergehen zu können, die sich in jeder zur Nationalgeschichte überhöhten Vergangenheit unschwer finden lassen. Anderson zeigt, welche Bedeutung das synchronische Nebeneinander von New York

2. Nationalismustheorien und ihre historische Anwendung

und York, von New Orleans und Orléans, von Nieuw Amsterdam und Amsterdam für die Moderne hatte: große Gruppen von Menschen konnten ihr Leben in ‚neuen Welten' als parallel zu dem anderer großer Gruppen in ‚alten Welten' empfinden: „Die Akkumulation technologischer Erneuerungen zwischen 1500 und 1800 in den Bereichen des Schiffbaus, der Navigation, der Zeitmessung und Kartographie, vermittelt durch das Druckwesen, ermöglichte diese Art von Vorstellung" (33; S. 162). Die Kommunikationszusammenhänge veränderten ihren Charakter: Transkontinentale Kommunikation, sogar transkontinentale ‚transatlantische' Identität zwischen Neu-England und England wurde möglich. Auf dem Festland entwickelte sich Nordamerika seit dem 18. Jahrhundert zum Anwendungsfall großräumiger sozialer Kommunikation, der den Sinn für Simultaneität und Parallelität modellhaft schärfte. Der amerikanische Unabhängigkeitskrieg tat diesem transatlantischen Kommunikationszusammenhang keinen Abbruch: der ‚Krieg unter Verwandten' stellte die kulturellen und wirtschaftlichen Verflechtungen zwischen Alter und Neuer Welt nicht in Frage, sondern hob sie lediglich auf eine andere Grundlage. Anderson hebt immer wieder die Bedeutung historischer Modelle für den Nationalismus hervor. So wurde die Amerikanische Unabhängigkeitserklärung der dreizehn Staaten zum Modell für Mittel- und Südamerika und die Französische Revolution, auch wenn die jeweiligen Begründungsstrukturen des Nationalismus z. T. sehr unterschiedlich waren. So erwähnte die amerikanische Unabhängigkeitserklärung nicht einmal eine ‚amerikanische Nation' und die europäische Nationalismen nach 1800 bedienten sich des Begründungsmusters der ‚vom Schlaf erweckten Nation' – das in Amerika unbekannt war.

Ein Beispiel für die kritisch-differenzierende Anwendung von Andersons Theorie auf historische Beispiele bietet die in der Einleitung vorgestellte Arbeit von Abigail Green über das *nationbuilding* und die Traditionserfindung in deutschen Mittelstaaten des 19. Jahrhunderts (6). Green bestätigt die Anwendbarkeit von Andersons Konzept der ‚Erfindung der Nation' auf die deutschen ‚Mittelstaaten' vor und auch noch nach der Gründung des Nationalstaats von 1871. Manche dieser alt-neuen ‚Länder'-Traditionen waren im Vergleich zur ‚reichsdeutschen' Traditionsstiftung nicht nur weitaus erfolgreicher und langlebiger; sie waren zugleich auch offener für eine demokratische, föderale und europäische Überformung im 20. Jahrhundert.

> Aktualität des konstruktivistischen Ansatzes: Abigail Green

In einem die Schweiz, Deutschland und Frankreich vergleichenden Beitrag über den Nationalstaat und die ‚Tradition von Erfindung' prüft Andreas Suter die Tauglichkeit des Ansatzes der ‚Invention of Tradition' (135; S. 69–95.) Suter betont eine in der Diskussion um die Erfindung der Nation im 19. und 20. Jahrhundert vernachlässigte Dimension, „die Frage nach dem Zusammenspiel und Spannungsverhältnis der Erfindung einer nationalstaatlichen Ordnung im 19. und 20. Jahrhundert und den früheren Erfindungen anonymer politischer Ordnungen (…)" (135; S. 69). Suter geht davon aus, dass die Schweiz als Beispiel für Kontinuität und für die Vorstellung der Erfindung von Tradition aus der eigenen Geschichte heraus zu verstehen sei. Den genauen Gegensatz dazu verkörpere Frankreich, in dem der Bruch mit der Kontinuität der eigenen Geschichte einen zentralen identitätsstiftenden Stellenwert einnahm. Beide Anknüpfungsformen an die eigene Geschichte sieht

> Andreas Suter

Suter in „mithin entscheidend von politischen Ordnungsvorstellungen geprägt, die im Spätmittelalter oder in der Frühen Neuzeit konstruiert und ins 19. Jahrhundert überliefert wurden" (135; S. 72 f.). Im Vergleich mit der deutschen Nationalstaatsgründung überwiegen die Gemeinsamkeiten zwischen Frankreich und der Schweiz gegenüber den Unterschieden hinsichtlich der Verfahren der Traditionserfindung.

Suter konstatiert, dass sich die entstehenden Nationalstaaten Frankreichs und der Schweiz aufgrund bestimmter Voraussetzungen zu Staatsbürgernationen entwickeln konnten, die im historisch-politischen Raum Deutschlands fehlten.

In Frankreich und in der Schweiz war die Nation schon lange Zeit vor der Nationalstaatsgründung auf ein eindeutiges Territorium bezogen. In Frankreich war die Nation darüber hinaus mit dem dynastischen Untertanenverband identisch gewesen. Der Prozess der Nationalstaatsgründung hatte hier primär das Problem zu lösen, welche politische Organisationsform zu einem bereits bestehenden Modell der Nation passte. Anders in Deutschland: Abigail Green zufolge bestanden hier sogar mehrere ‚deutsche' Nationen. Die Frage des großdeutschen oder kleindeutschen Territoriums war zumindest bis 1866 offen. Die deutsche Nationalbewegung hatte also auch Antworten auf dieses Problemknäuel zu entwickeln. Hinzu kam, dass hier in den nationalen Traditionsbeständen – anders als in der Schweiz und in Frankreich – gerade nicht das praktisch-politische Moment „im Sinne des eidgenössischen Republikanismus oder im Sinn des französischen Untertanenverbandes" (135; S. 92) beherrschend war, sondern das vorpolitische Merkmal der Sprache und Schriftkultur.

Die zweite Hauptvoraussetzung für die Staatsbürgernation in Frankreich und der Schweiz sieht Suter in dem Bruch mit den ständisch-monarchischen Ordnungsprinzipien. Er war in der Schweiz bereits im Spätmittelalter erfolgt und verkörperte sich in der Französischen Revolution, in Abgrenzung zu deren Folgen sich die deutsche Nationalbewegung konstituierte.

Suter bestätigt für die Schweiz, Frankreich und Deutschland die herausragende Bedeutung von kriegerischen und revolutionären Krisen für die Konstruktion des Selbst- und Fremdbilds: „Wie der Vergleich zwischen der Schweiz, Frankreich und Deutschland darüber hinaus verdeutlicht, waren aber selbst noch die Inhalte der neuen Ordnung, die in solchen Krisenphasen konstruiert wurden, durch den spezifischen historischen Krisenkontext entscheidend mit geprägt. Die protonationalen und nationalen Bewegungen definierten sich und ihren Zukunftsentwurf stets über ihre inneren und äußeren Feinde, von denen sie sich abgrenzen wollten: die Eidgenossenschaft gegen das von Kaiser und Adel dominierte Alte Reich, Frankreich gegen den absolut regierenden König und Deutschland gegen das napoleonische Frankreich" (135; S. 94).

> Bedeutung des konstruktivistischen Paradigmas außerhalb der Geschichtswissenschaft

Der durch Anderson verbreitete Identitäts-Konstruktivismus (136) ist alles andere als ein exklusiv geschichtswissenschaftlicher Untersuchungsansatz, obwohl er hier wohl am nachhaltigsten wirksam wurde (vgl. für eine an Anderson orientierte moderne niederländische Nationalgeschichte: 137). In der Ethnologie belegt das Clifford Geertz, Ernest Gellner in der Philosophie. Auch im Bereich der Literaturwissenschaft gehörte er zum interpretatori-

2. Nationalismustheorien und ihre historische Anwendung

schen Standardrepertoire, lange bevor die Geschichtswissenschaft ihn für sich entdeckte.

h) Konstruktivistisch-sozialgeschichtlicher Ansatz: Partizipation und Gewalt, gesellschaftliche Gruppenidentitäten

Dieter Langewiesche interpretierte 1994 den Nationalismus als Erscheinung „zwischen Partizipation und Aggression" (13; S. 35 – 54). Dieser Ansatz, der von den typologisierenden Interpretationen wegführt und auf die Zusammengehörigkeit modernisierender und konfliktbezogener Merkmale des Gesamtphänomens Nationalismus zielt (ein deutsch-britisches Beispiel: 138), hat sich seither in der Nationalismusforschung etabliert. Noch 1987 trieb Jürgen Domes in seinem Beitrag über Nationalismus im ‚Staatslexikon' der Görres-Gesellschaft die Typologisierung auf eine einsame Spitze, indem er meinte, zwischen ‚Emanzipations-Nationalismus', ‚Integrations-Nationalismus', ‚Konfrontations-Nationalismus' und ‚Hegemonial-Nationalismus' unterscheiden zu sollen. Diese Extremtypologie relativierte er sogleich durch den Hinweis, es handele sich lediglich um historische ‚Phasen' (139; Sp. 1272 – 1275). Von dieser Argumentation grenzt sich Langewiesche durch die im Folgenden erläuterten Interpretationen ab:

Dieter Langewiesche

- „Universalismus als Nationalismus" (13; S. 35 – 39): Langewiesche weist ausdrücklich darauf hin, dass das Demokratieideal und der Nationalismus seit der Amerikanischen und Französischen Revolution zusammengehören. Die Nation stellte den Handlungsraum für die partizipatorischen Ansprüche dar. Das ursprünglich revolutionäre Prinzip der Nation universalisierte sich durch seine ersten Erfolge in Amerika und Frankreich zur globalen Mission: „Wer sich diesem Zwang zur Nationalisierung nicht einfügen konnte, ging unter" (13; S. 36). Auch die kolonialen Imperien des 19. Jahrhunderts beruhten auf Nationalstaaten moderner Prägung, zu deren ‚Mission' die ‚Zivilisierung' gehörte (140). Die universalistische Geschichte des Nationalismus ist widerspruchsreich und lädt dazu ein, eine bestimmte Phase bereits als Ergebnis, die bisherige Verlaufsgeschichte als Vorgeschichte zu interpretieren: „Im späten 18. Jahrhundert, als eine antiständische, egalitäre Befreiungsideologie entstanden, veränderte der Nationalismus die staatliche und auch die gesellschaftliche Ordnung Europas im Laufe eines Jahrhunderts völlig, griff im Gefolge der imperialistischen Eroberungszüge weltweit aus und wurde zu einem zentralen Bestandteil der Europäisierung der Welt, häutete sich aber erneut zur Befreiungsideologie, entlegitimierte die imperialistischen Zentren und half so, die Kolonialreiche, die er zuvor mitgeschaffen hatte, wieder aufzulösen" (13; S. 37). Die weitere Geschichte des Nationalismus sieht Langewiesche als offen an: tatsächlich bieten weder die westeuropäisch-supranationale Integration noch der ‚klassische' Nationalstaat glaubwürdige und handlungsfähige politische Modelle, die sich ohne weiteres z.B. auf die ‚Dritte Welt' oder die postkommunistischen Nachfolgestaaten übertragen lassen.

Merkmale der Nationalisierung in der Moderne

- Die Unterscheidung zwischen einem ‚guten' Prinzip der Nation und seiner ‚bösen' Entartung, dem Nationalismus, hält Langewiesche für unhaltbare „Begriffspädagogik" (13; S. 39). Hier grenzt er sich deutlich von Otto Dann und dessen nationalismusgeschichtlicher Gesamtdarstellung ‚Nation und Nationalismus in Deutschland' ab (7; S. 12, 17). Langewiesche bevorzugt eine auf Theodor Schieders Begriff der „spezifischen Integrationsideologie" (141; S. 105) zurückgreifende Definition: „(…) Nationsbildung vollzieht sich stets als ein doppelbödiger Prozess: nach innen Integration, nach außen Abgrenzung. Beides ist doppelbödig. Auch die Außenabgrenzung hat eine Innenseite. Sie besteht darin, die Nation als Partizipationsgemeinschaft zusammenzuschweißen und handlungsfähig zu machen. Im Gegenbild erkennt sich die Nation, entwirft sie eine Vorstellung von sich selbst. Selbstbild durch Gegenbild, nicht selten gesteigert zum Feindbild" (13; S. 41; 142). Partizipation und Aggression gehören zusammen.

- „Nationalisierung von Werten und Lebensformen" (13; S. 41–45): Die nationale Umbildung aller Werte ist total und absolut. Gerade weil sie nicht alle Angehörigen der Nation in gleichem Maß und auf gleiche Weise erfasst, ist die Nationsbildung ein langandauernder Prozess. Besonders diejenigen politischen Bewegungen, die sich nationalisieren, erfahren durch diesen Prozess eine tiefgreifende Umgestaltung: „Indem der Konservatismus nationalistisch wurde, konnte er sich populistisch erneuern und eine Massenresonanz finden, die er zuvor als Traditionsideologie nie besessen hatte. (…) Der Nationalismus, diese in ihren Ursprüngen und in ihrem Veränderungswillen revolutionäre Ideologie, modernisierte seit dem späten 19. Jahrhundert den Konservatismus und wurde von diesem zugleich usurpiert. Das ist der oft beschworene Wandel vom linken zum rechten Nationalismus" (13; S. 43).

- „Konfliktherd Territorium" (13; S. 45–49): Das allen Nationalstaaten eingeschriebene Territorialprinzip hat immer wieder – und zwar sowohl bei den Staatsnationen als auch bei den Sprach- und Kulturnationen zu Konflikten geführt. Im Hinblick auf die „territorialpolitische Aggressionsbereitschaft" (13; S. 46) seien sich beide Nationstypen, so Langewiesche, ähnlich. „In dem Ziel eines jeden Nationalismus, einen eigenen Staat zu erhalten oder zu verteidigen, steckt ein Aggressionspotential, dessen Brisanz mit der territorialen Gemengelage von Bevölkerungsgruppen wächst, die sich als Nation verstehen" (13; S. 47). Diese Konfliktbereitschaft kann bis zur ethnischen Säuberung gehen – und sie ist in keiner Weise von einem vermeintlich ‚unschuldigen' Prinzip der Nation als Befreiungs- und Partizipationsideologie zu trennen (143).

- „Ausgrenzung des Fremden" (13; S. 49–54): Langewiesche fasst unter diesem Punkt Ansätze u.a. von Reinhart Koselleck, Norbert Elias und Benedict Anderson zusammen: „Eine Nation konstituiert sich über Selbst- und Gegenbilder. Im Bild von dem Fremden gewinnt man ein Bild von sich selbst. Und umgekehrt: Am Selbstbild formt sich das Bild des Fremden. Insofern ist jedem Nationalismus immer die Abgrenzung vom Nationsfremden eigen" (13; S. 49).

2. Nationalismustheorien und ihre historische Anwendung

Jörg Echternkamps 1996 veröffentlichte Bielefelder Dissertation über den ‚Aufstieg des deutschen Nationalismus, 1770–1840' (145) steht für einen neuen integrativen sozialgeschichtlichen Ansatz, der auch Fragestellungen und Methoden des kulturgeschichtlichen Konstruktivismus berücksichtigt. Echternkamp interpretiert den deutschen Nationalismus zwischen 1770 und 1840 exemplarisch ideologiegeschichtlich und als soziale Bewegung unter der Leitfrage, „warum die Vorstellung vom deutschen Volk als einem weltgeschichtlichen Subjekt auf immer mehr Menschen eine solche Anziehungskraft ausübte, dass es ihr politisches und gesellschaftliches Denken strukturierte und die Weichen für ihr Handeln stellte" (145; S. 480). Er stellt acht Thesen zur sozialen, mentalen und politischen Bedeutung des Nationalismus zwischen 1770 und 1840 vor:

Aktualität des konstruktivistisch-sozialgeschichtlichen Ansatzes: Jörg Echternkamp

- Erstens sind Nation und Nationalismus moderne Erscheinungen: „Neu war nicht das verpflichtende Gefühl, einer Großgruppe anzugehören; neu war, dass ein veränderter Nationsbegriff von immer mehr Menschen als eine solche Bezugsgröße akzeptiert wurde" (145; S. 492). Die Traditionsstiftung der Nation habe an bestehende Traditionen anknüpfen können.

Acht Thesen zum Nationalismus zwischen 1770 und 1840

- Zweitens ist Nationalismus ein bürgerliches Konstrukt: „Nationalisiert wurden Elemente des kulturellen Wissens der gebildeten Bürger wie zum Beispiel der neuhumanistische Sendungsglaube, das veränderte historische Bewusstsein oder literarische Topoi. Die Presse, die Universität und der bürgerliche Verein bildeten den geeigneten Rahmen für die Vermittlung des Nationalismus und die Einübung in eine entsprechende soziale Praxis" (145; S. 493).

- Drittens bekommt die Nation Erlebnischarakter: „Der Nationalismus erweiterte seine Wirkungsmacht von einem bloßen Deutungs- und Argumentationsmuster, das in der intellektuellen Diskussion über Sprache, Literatur und Theater seinen Platz gefunden hatte, zu einer Erfahrung breiter Kreise der Bevölkerung (…)" (145; S. 493).

- Viertens wandelten die Schlüsselbegriffe des Nationalismus ihre Bedeutung: „Die nationalistischen Begriffe, die zuvor als Beschreibungskategorien gedient hatten, wurden zu emotionsgeladenen Erwartungsbegriffen; Nation stand als Vorgriff auf eine historisch gesättigte gedachte Ordnung" (145; S. 494).

- Fünftens wurde der deutsche Nationalismus 1770 bis 1840 zur Partizipations- und Legitimationsideologie der frühliberalen Emanzipationsbewegung (145; S. 494).

- Sechstens ist der Nationalismus eine Mobilisierungsideologie.

- Siebtens stellt der Nationalismus eine Integrationsideologie dar.

- Achtens ist der „Liberalnationalismus" Ausdruck und Folge von Modernisierungskrisen: „Der Dreh- und Angelpunkt des deutschen Liberalnationa-

83

lismus, die Rückbindung jeglicher Freiheit und Entwicklung an die metaphysische Einheit ‚Volk', zog an einer zentralen Stelle von Anfang an eine klare Trennlinie zu jeder vernunft- und naturrechtlichen Argumentation" (145; S. 497 f.).

Stefan Berger: britischer und deutscher Nationalismus im Vergleich

Für den integrativen sozialhistorischen Konstruktivismus steht ein vor allem in methodischer Hinsicht aufschlussreicher Beitrag von Stefan Berger über britischen und deutschen Nationalismus im Vergleich. Berger grenzt sich sehr deutlich von den typologisierenden Interpretationen von Hans Kohn bis Theodor Schieder ab, die, so Berger, im Kern auf eine Grobunterscheidung zwischen westlichen ‚guten' und mitteleuropäisch-östlichen ‚schlechten' Nationalismen hinauslaufen. Er sieht in den Nationaltypologien selbst einen Ausdruck nationalistischen Denkens: „Idealtypische Konstruktionen guter oder schlechter Nationalismen dienen somit der Etablierung bestimmter Formen von nationaler Identität. Die Homogenisierung von Nationalkulturen mittels Idealtypen lässt gerade die vielfältigen Überlappungen und Parallelen unterschiedlicher nationaler Identitätskonstruktionen unsichtbar werden (...)" (146; S. 97–115, 114 f.). Berger plädiert für einen Nationalismenvergleich, der nicht reduktionistisch die vorgefundene Komplexität verdeckt. Die Aufgabe der Nationalismusforschung müsse die Aufdeckung des Bezugsreichtums von Nationalismus sein. Berger hebt hervor, dass in Großbritannien und Deutschland ein unterschiedlicher Erfahrungshintergrund spezifische Reaktionen auf die Krise des Nationsverständnisses seit dem Ende des Zweiten Weltkrieges und besonders in den 1960er Jahren bewirkten: „In Deutschland kam es erst in diesem Jahrzehnt zu einer breiten öffentlichen Diskussion um die Verbindungslinien zwischen dem historischen Problem der Nationalstaatlichkeit und dem Sieg des Nationalsozialismus, die zumindest auf mittlere Sicht das Konzept des Nationalstaats nachhaltig diskreditierte. In Großbritannien rückte in demselben Jahrzehnt der aus dem öffentlichen Diskurs lange Zeit ausgeblendete multinationale Charakter des britischen Staates in den Vorgrund. Stand England jahrhundertelang stellvertretend für das gesamte Königreich, so stürzte nun ein erneut erwachender schottischer und walisischer Nationsdiskurs den britischen Staat in eine schwere Legitimationskrise" (146; S. 113 f.).

Berger stellt im Hinblick auf fünf Themengebiete: das Verhältnis von Monarchie, Adel und Bürgertum, den Imperialismus und das ethnische *nation-building*, Verfassung und Parlament, Nation und Geschlecht sowie die Rolle von Kriegen und Feindbildern fest, dass „das Idiom des Nationalen" (147) in Großbritannien und Deutschland sich keinesfalls idealtypologisierend kontrastieren lasse.

Der klassischen Gegenüberstellung einer militaristisch-aristoristokratischen ‚Junkerherrschaft' in Deutschland im Unterschied zur frühen britischen Bürgergesellschaft stehe eine mittlerweile deutlich herausgearbeitete Realität zäh verteidigter britischer aristokratischer Privilegien bis 1914 gegenüber (148). „In kultureller Hinsicht wird man wohl in beiden Ländern eher von einer starken Interaktion und Interdependenz von bürgerlicher und aristokratischer Kultur als von einer einseitigen Verbürgerlichung oder Feudalisierung sprechen können" (146; S. 102).

2. Nationalismustheorien und ihre historische Anwendung

Auch wenn der Kolonialismus für die Konstruktion des Nationalbewusstseins in Deutschland nicht entfernt dieselbe Bedeutung haben konnte wie in Großbritannien, „so rücken beide Länder doch wieder näher zusammen, wenn man Fragen der internen Kolonisierung und des ethnischen Selbstverständnisses betrachtet. Kolonialen Charakter hatte die Germanisierung nicht deutschsprachiger Bevölkerungsteile in den Ost-, Nord- und Westprovinzen des Deutschen Reichs im späten 19. Jahrhundert. Zudem kam es zunehmend zu Forderungen nach ,Lebensraum im Osten', der der germanischen ,Herrenrasse' auf Kosten der slawischen Bevölkerung den notwendigen Expansionsraum bieten sollte" (146; S. 103). Das imperiale Nationsverständnis in Großbritannien sieht Berger eindeutig ,rassisch' konnotiert: „Die Orientierung an einem imperialen Nationsverständnis erlaubte es den britischen politischen Eliten außerdem, *Englishness* als unvereinbar mit *Blackness* zu konstruieren. Wie vor allem Paul Gilroy gezeigt hat (149), bleiben Schwarze bis heute von der soziokulturellen Aufnahme in die Nation ausgeschlossen, da ihnen eines der wichtigsten Bestandteile des nationalen Selbstverständnisses, die weiße Hautfarbe, fehlt" (146; S. 103 f.).

Parlamentarismus und Interessenpluralismus sieht auch Berger als wichtige Bestandteile des britischen nationalen Selbstverständnisses an, weist aber deutlich auf die sich um 1900 verstärkende britische Parlamentarismuskritik hin. Der integrale Nationalismus der Navy League hatte deutlich antidemokratische und antiparlamentarische Züge.

Die britischen und deutschen nationalen ,Meistererzählungen' enthalten nach Bergers Einschätzung starke geschlechterrollenspezifische Elemente: „In beiden Ländern wurde die Nation häufig als Familie imaginiert. Dabei erschienen die Männer als das staatsbürgerlich aktive Element, während den Frauen, wenn überhaupt, die passive Repräsentation ewiger nationaler Werte oblag. (…) Demokratische Partizipationsrechte der Männer waren dabei besonders vielfältig mit dem Ausschluss von Frauen von eben diesen Rechten verbunden" (146; S. 108). Für Deutschland und Großbritannien sei die Feminisierung des nationalen Gegenbildes – Frankreichs im deutschen Fall, des kolonialen Raums im britischen Fall – charakteristisch. Das britische Männlichkeitsideal beschränkte auch die politische Selbstbestimmung auf nicht zuletzt körperlich starke Weiße: „Die als feminin konstruierten Körper der Inder erfüllten diese Ansprüche nicht, was wiederum zur Folge hatte, dass sie unmöglich zu einer Selbstverwaltung ihrer eigenen Angelegenheiten in der Lage sein konnten" (146; S. 109).

Die kriegerische Abgrenzung nach außen und die stets damit korrespondierende Ausgliederung von großen Bevölkerungsgruppen im Innern – z.B. den Katholiken und den Sozialisten – ist in Deutschland wie Großbritannien Teil besonders mythenträchtiger nationaler Identitätsbildung. In Deutschland gehört unter anderem dazu der Erinnerungsfundus an den Krieg von 1870/71, der Frontsoldatenkult nach dem Ersten Weltkrieg und die totalitäre Militarisierung des Nationalen durch den Nationalsozialismus. Die nationale Ideologie der *Britishness* beruhte, so Berger, „auf den Grundpfeilern Krieg, Protestantismus und Monarchie" (146; S. 111). Während der ,totale' nationalsozialistische Kriegsnationalismus den Nationalismus und Militarismus für die westdeutsche Nachkriegsgesellschaft nahezu völlig diskreditiert hatte –

was seit den 1960er in zunehmend kritische Diskurse um nationale Identität mündete – blieb in Großbritannien „der Zweite Weltkrieg eine ganz überwiegend positive Identitätsfolie, und dies umsomehr, als die Nachkriegsentwicklung des Landes weitgehend als eine Geschichte des langsamen Niedergangs interpretiert wird" (146; S. 112).

i) Pfadabhängigkeit: institutionelle Stabilität und Strukturwandel

Marktfähigkeit nationalistischer Vorstellungen

Das in der sozialwissenschaftlichen, von der ‚institutionenökonomischen' Wirtschaftstheorie beeinflussten Gesellschaftsforschung (150) derzeit aktuelle Themenfeld der Pfadabhängigkeit (151; 152) enthält mehrere Fragestellungen, die für die Nationalismusforschung insofern von Bedeutung sein können, als sie sich mit Konstruktionsmustern und -prinzipien von Beharrung und Veränderung, Kontinuität und Diskontinuität befassen. Dabei geht es nicht nur um die Reformulierung nationalismusgeschichtlicher Diagnosen in wirtschaftswissenschaftlichen Begriffen. Die Theorie der Pfadabhängigkeit kann dazu beitragen, die Anpassungsfähigkeit des Nationalismus präziser zu beschreiben, indem sie für bestimmte ‚marktförmige' Verhaltensmuster erfolgreicher Nationalisten sensibilisiert.

Richard Deeg: Leitfragen zur Pfadabhängigkeit

Richard Deeg fasst die Leitfragen zur Pfadabhängigkeit, die er in einem finanzanalytischen Kontext anwendet, so zusammen: „Wie lässt sich bestimmen, wann ein bestehender institutioneller Pfad endet und durch einen neuen ersetzt wird? Wie vollzieht sich ein solcher Prozess? Wie kann zwischen einer institutionellen Innovation im Rahmen einer bestehenden Trajektorie und dem Wechsel zu einem neuen Pfad unterschieden werden?" (151; S. 2)

Vor dem Hintergrund der historischen (153), politikwissenschaftlichen (154; S. 369–404), und soziologischen (155, S. 507–548) Anwendung lassen sich daraus die im Folgenden dargelegten Schlüsse für die Nationalismusforschung ziehen.

Nationalismusgeschichtliche Anwendung der Pfadabhängigkeit

● Der Ansatz der ‚initial costs' kann helfen, das Festhalten an einer nationalistischen Zielorientierung (Gründung eines Nationalstaats) einer Nationalbewegung zu erklären, auch wenn diese Nationalbewegung (noch) nicht erfolgreich ist. Dabei geht es um die Frage, inwieweit sich eine ursprüngliche ‚Investition' in den Aufbau einer Nationalbewegung langfristig rentiert.

● Die Beachtung von ‚learning effects' trägt dazu bei, das Verhältnis von progressiven und Status-quo-orientierten Anteilen nationalistischen Verhaltens besser zu beschreiben, ohne zwischen ‚progressivem' und ‚konservativem' Nationalismus unterscheiden zu müssen. Außerdem betont der Ansatz der Lerneffekte die ‚Aufhebung' der Erfahrungen einer bestimmten Nationalbewegung in einer spezifischen Form von *nationbuilding* innerhalb eines bestimmten Nationalstaats. Nationalismus begründet und verteidigt eine Lerngemeinschaft und ein Innovationssystem auf dem ‚Markt' nationaler Sinnstiftungskonzepte und nationalstaatlicher Konkurrenz.

3. Modernisierung, *nationbuilding* und Nationalismus | III.

- Das Modell der ‚coordination effects' kann den Prozess der Nationalisierung verschiedener gesellschaftlich-politisch-sozialer Diskurse verdeutlichen sowie zur Erklärung der Entwicklung vom Eliten- zum Massennationalismus beitragen. Die Nationalisierung eines Diskursmarktes beruht auf einem ‚coordination effect'. Gleiches gilt von dem auf die Analyse kollektiver Erwartungshaltungen übertragbaren Ansatz der ‚adaptive expections' im Bereich von Selbst- und Fremdbild. Das nationale Selbstbild erweist sich von einem bestimmten Zeitpunkt an als attraktiv, dass es auf dem Sinnstiftungsmarkt expandiert und andere Anbieter verdrängt bzw. zur Anpassung zwingt.

3. Modernisierung, *nationbuilding* und Nationalismus

a) Das Fallbeispiel der Niederlande

Der direkte Vergleich zweier Modernisierungswege, des deutschen (156; 7) und des niederländischen (157; 137), zeigt Stärken und Grenzen der modernisierungstheoretischen historischen Nationalismusforschung. Im deutschen und besonders deutlich im niederländischen Fall (158) verlaufen Nationalstaatsgründung und zentrale Aspekte der Modernisierung unabhängig voneinander, zum Teil in verschiedenen historischen Epochen und mit sehr unterschiedlichen Ergebnissen (159; zur Frage der Identität als ‚tolerantes' Einwanderungsland 49; 303–361). Die Modernisierungsgeschichte arbeitet dies besonders deutlich heraus: frühe Nationalgesellschaft auf der Grundlage eines nationalreligiösen Unabhängigkeitskampfes aus dem Geist des konfessionellen Zeitalters in den Niederlanden (49; 131–187), späte wirtschaftlich-gesellschaftliche Modernisierung in den Niederlanden (49; 363–422) in Form einer partiell nachholenden industriellen Revolution; später kleindeutsch-großpreußischer Nationalstaat, ‚Modernisierungsblockade' des politischen Systems bis 1918 in Deutschland. Doch ist mit diesen griffig klingenden Formeln noch kein historisches Problem gelöst, keine Frage nach Ursachen und Folgen beantwortet, kein Begriff in der modernisierungsgeschichtlichen Bilanz erklärt, weil die angewandte Modernisierungstheorie als Musterbeispiel einer sich selbst erfüllenden Prophezeiung lediglich das historisch zu beweisen imstande ist, was sie begrifflich und inhaltlich vorgibt: einen bestimmten Begriff der ‚Moderne' mit politischen, wirtschaftlichen und gesellschaftlichen Aspekten. Diese stark ‚faktoral' eingeschränkte, Entwicklung und Dynamik kaum berücksichtigende, allein schon durch die Begrifflichkeit (‚Modernisierungsaufgaben', ‚Modernisierungsdefizite', ‚Modernisierungsverlierer/-gewinner') extrem wertende Interpretation kann die historische Wirklichkeit sogar vollkommen verfehlen. Ein Beispiel dafür liefert der amerikanische Sozialhistoriker Charles Tilly in seiner stark modernisierungsgeschichtlich ausgerichteten Geschichte der europäischen Revolutionen, indem er den Charakter des als Adelsrevolte beginnenden, bis zu seiner Ermordung 1584 vom vornehmsten niederländischen Adligen, Wilhelm von Oranien, angeführten, nationalreligiösen, auf ständische und provinzielle

Deutschland und die Niederlande als ‚Modernisierungstypen'

Autonomie zielenden niederländischen Unabhängigkeitskriegs als „das europäische Modell der bürgerlichen Revolution" (157; S. 89–115, 106) missdeutet. Tilly begründet dies mit der von starken bürgerlichen Schichten getragenen, weit fortgeschrittenen wirtschaftlich-sozialen Entwicklung im europäischen Nordwesten. Im Calvinismus habe sich das selbstbewusste niederländische Bürgertum eine ‚modernisierungskompatible' religiöse Aufsteigerideologie zu eigen gemacht. Der niederländische Unabhängigkeitskrieg gegen das katholische Habsburg-Spanien sei also im Kern ein sozioökonomischer Modernisierungskonflikt in konfessionellem Gewand (zur Auseinandersetzung mit diesen Argumenten 160; S. 108 f.):

Kritik der modernisierungsgeschichtlichen Interpretation von Charles Tilly

Dieser Interpretation liegt ein dezidiert modernisierungstheoretisches Konzept des Verhältnisses der Begriffe ‚Moderne' und ‚Religion' zugrunde, welches die Autonomie des Religiösen in Frage stellt und ‚Modernisierung' säkularisierungsgeschichtlich als Verfall bzw. aktive Auflösung religiöser Lebenswelten interpretiert. Dabei übersieht Tilly, dass das von den niederländischen Aufständischen im Zeichen konfessioneller und regionaler Autonomie bekämpfte Habsburg-Spanien Philipps II. das im europäischen Vergleich ‚moderne' Modell des zentralistischen Absolutismus verkörperte. Im Hinblick auf nahezu alle ‚Modernisierungsaufgaben' war dieser Staat der multipluralen, integrationsfeindlichen nordwesteuropäischen Städte- und Provinzenoligarchie weit voraus (160; S. 109).

Der Charakter der niederländischen Gesellschaftsgeschichte

Dieses modernisierungsgeschichtliche Bild der niederländischen ‚bürgerlichen' Revolution zu Beginn der Neuzeit ist eher normativ als historisch. Die entstehende frühneuzeitliche niederländische Gesellschaft um 1600 (auch noch um 1800 und um 1900) war in wesentlichen Aspekten nicht modern, sondern vormodern. Sie blieb ständisch gegliedert und fest im Griff einer rigiden öffentlichen Sozialmoral. Die entstehende niederländische Nationalgesellschaft wurde von mächtigen Patrizierkorporationen regiert, woran auch Johan Rudolf Thorbeckes liberale Musterverfassung von 1848 bis nach dem Ersten Weltkrieg wenig änderte, und entwickelte starke konfessionelle und bürgerliche Identitäten. Deren Toleranzbegriff hatte mit den Koexistenz- und Paritätsregelungen des Westfälischen Friedens von 1648 (161) im Einzelnen weitaus mehr gemein als mit den liberalen Vorstellungen der Vertragstheorie und der allgemeinen Menschenrechte seit 1789 und 1848. Die Niederlande wurden zwar im achtzigjährigen Krieg (1566–1648) eindeutig im Sinne der Kategorien Renans kraft Willensentschlusses zu einer Nation mit einem deutlich vom Rest Europas verschiedenen sozialen Klima, aber sie erfüllten noch zweihundert Jahre später, zur Zeit der Französischen Revolution, kein einziges Zentralkriterium der Modernisierung. Sie ‚lösten' keine einzige der ‚Modernisierungsaufgaben' Integration, Partizipation und Nationalstaat – jedenfalls nicht im Sinne des 19. oder des 20. Jahrhunderts (zum scheiternden Versuch nachholender zentralistischer Nationsbildung durch Wilhelm I. nach 1815: 137; S. 15–45). Selbst der Widerstand gegen die nationalsozialistische Besetzung 1940 bis 1945 kam überwiegend aus den konfessionell-politischen ‚Säulen' der niederländischen Gesellschaft und verteidigte ein anderes Modell europäischer Moderne gegen den in technologischer, industrieller und militärischer Hinsicht überlegenen und ‚moderneren' Nationalsozialismus.

3. Modernisierung, *nationbuilding* und Nationalismus

Das sich zunehmend in den Niederlanden entwickelnde, für Intellektuelle aus ganz Europa anziehende freie geistige Klima und die seit 1648 in Europa weit verbreitete Wahrnehmung der Niederländer als ‚fortschrittlich' war nicht ein Ergebnis einer – wiederum im Sinne des 19. Jahrhunderts – ‚liberalen' politischen Verfassungsordnung, sondern eher des völligen Fehlens (national-)staatlicher zentraler Organisation. Nicht der Staat war in der ‚modernen' niederländischen Geschichte entscheidend, sondern die Gesellschaft. Der Versuch zentralistischer Integrationspolitik im neuen Königreich der Niederlande von 1815 durch Wilhelm I. mobilisierte lediglich die Widerstandskraft der korporativen gesellschaftlichen Kräfte und schuf die Voraussetzung für die ‚Versäulung' der niederländischen Gesellschaft in stark gegeneinander abgegrenzte sozialmoralische Milieus. Deshalb passt auch Schieders typologisches Kriterium des ‚frühen' oder ‚alten' westeuropäischen Nationalstaats nicht auf die Niederlande. Die zu dieser Republik zusammengefassten Provinzen und die seit dem Ende des 16. Jahrhunderts langsam entstehende niederländische Nationalgesellschaft sind mit dem Begriff des Nationalstaats insgesamt nicht sinnvoll zu beschreiben (162). Man kann mit guten Argumenten bestreiten, dass die Niederlande vor Napoleon überhaupt ‚Nationalstaat' waren – und ebenfalls, dass sie es danach in Schieders Sinn wurden. Denn auch im Vergleich mit anderen ‚westeuropäischen' Nationalstaaten – z.B. England und Frankreich – überwiegen die Unterschiede eindeutig die Gemeinsamkeiten. Es wäre geradezu unsinnig, in der Entwicklung der Niederlande einen weiteren ‚Sonderweg' erkennen zu wollen, es sei denn, der Begriff sollte ‚eigene historische Entwicklung' bedeuten.

Diese eigene historische Entwicklung, zu der u.a. die empirisch belegbare Geschichte der Modernisierung in den Niederlanden gehört, erlaubt im Vergleich mit den makrotheoretischen Kategorien der Modernisierungstheorie weitaus tiefere Einblicke in die Strukturen niederländischer Geschichte und in diese Variante nationaler Pfadabhängigkeit. Die durchgreifende Modernisierung der im europäischen Vergleich ungewöhnlichen, weil stark in sozialmoralische Milieus ‚versäulten' niederländischen Nationalgesellschaft erfolgte außerordentlich spät, an der Wende vom 19. zum 20. Jahrhundert, im Hinblick auf die Durchsetzung der Strukturen einer industriellen Massengesellschaft sogar erst endgültig nach dem Zweiten Weltkrieg. Dieser nachholende Wandel in Gesellschaft und Wirtschaft bildet sich z.B. in einem der größten Infrastrukturprojekte der niederländischen Geschichte ab, der Eindeichung der Zuiderzee von 1916 bis 1932. Schon während der langen Vorbereitung des Zuiderzee-Projektes seit den 1890er Jahren war unumstritten, dass ein solches Vorhaben ausschließlich vom Staat ausgeführt werden könne. Nur den staatlichen Institutionen wurde der planvolle Einsatz der erforderlichen Mittel und Kompetenz, ferner die Autorität verteilender Gerechtigkeit gegenüber den neuen Bewohnern zugetraut. Aber tatsächlich lag diese sehr moderne Zuständigkeitsvermutung durchaus nicht in der Kontinuität niederländischer Geschichte, die durch eine Dominanz des Gesellschaftlichen gegenüber der staatlichen Politik, ja durch eine große Skepsis gegenüber allem Staatlichen tief geprägt ist (163). Die vornapoleonische Oligarchen-Republik der Generalstaaten (1795 wurden die Niederlande von den Franzosen erobert, als Batavische Republik nach französischem

Nationalgesellschaft statt Nationalstaat

Geschichte der niederländischen Modernisierung statt Modernisierungsgeschichte der Niederlande

Forschungsprobleme

Muster umgebildet) kann man deshalb nur mit großen Einschränkungen als ‚Staat' bezeichnen. Das nachnapoleonische Königreich (durch den Wiener Kongress wurde 1815 das Königreich der Vereinigten Niederlande unter Einschluss der ab 1830/31 zu einem belgischen Staat verselbständigten Südlichen Niederlande) war im Hinblick auf die Präsenz des Staats in Militär und Administration alles andere als ein moderner Nationalstaat. Kaum etwas charakterisiert die herrschende calvinistisch-prädestinative Sozialmoral und das gesellschaftliche Klima prägnanter als der Satz ‚Hilf dir selbst, dann hilft dir Gott' (zur Semantik der niederländischen Selbstbilds und dem Einfluss calvinistischer Traditionen: 62; S. 64–110) Landgewinnung in kleinerem Umfang war im 19. Jahrhundert von privaten Erschließungsgesellschaften oder von Privatpersonen betrieben worden, die das Neuland entweder selber nutzten oder unwegsames Sumpfland schnell und möglichst teuer verkauften, ohne an eine weitere Erschließung und Besiedlung des Gebietes zu denken. Den Ausschlag für ein staatlich finanziertes und geleitetes Infrastrukturprojekt gab aber nicht allein die technisch größere Dimension des Zuiderzee-Projektes und die in ihm zum Ausdruck kommenden ‚nationalökonomische', auf die gesamten Niederlande bezogene Denkrichtung, sondern vorrangig die Vermutung, dass der im Zusammenhang mit einem solchen Projekt notwendige Interessenausgleich Aufgabe des gesamtstaatlichen Gemeinwesens sein müsse. Der niederländische Staat erfuhr seine Legitimation traditionell durch die Anerkennung der in den Generalstaaten versammelten, eigensüchtigen und untereinander zerstrittenen Provinzen sowie durch den Gedanken des sich in dem jeweils herrschenden Oranier verkörpernden Statthalteramtes, eines Monarchen von provinziellen Gnaden (160; S. 94–119). Mit und nach Napoleon kam allmählich das partizipatorische Element hinzu und der durchschnittliche Niederländer erstmalig in der ‚overheid' vor. Das Zuiderzee-Projekt war nun an einen ganz anderen niederländischen Staat adressiert: nicht an die ferne, überprovinzielle Honoratiorenversammlung in Den Haag – die zwar kraft einer der modernsten europäischen Verfassungen regierte, deren soziale Distanz zum Lebensalltag der meisten Niederländer aber erheblich war –, sondern an den Staat als planende und verteilende Agentur sozialer Daseinsfürsorge und Chancenverteilung. Man kann vermuten, dass die lange parlamentarische Unentschiedenheit gegenüber dem Vorhaben nicht zuletzt auch damit zusammenhing, dass der Krisendruck erst eine bestimmte subjektive Schwelle überschreiten mußte, um die Bereitschaft für diese Art infrastruktureller Modernisierung von oben zu schaffen. Die Niederlande vollzogen hier mit der Intensivierung der infrastrukturschaffenden Staatstätigkeit wiederum nur eine Entwicklung zum modernen Interventionsstaat nach, die sich z.B. im Deutschen Reich unter Bismarck seit den 1880er Jahren abgezeichnet hatte, allerdings in einem ganz anderen Bereich des politisch-sozialen Systems. Die unmittelbare soziale staatliche Daseinsfürsorge würde in den Niederlanden erst durch die politische Kooperation der beiden wichtigsten gesellschaftlichen ‚Säulen', der großen sozialdemokratischen und der kleinen konfessionell katholischen, nach dem Zweiten Weltkrieg als Antwort auf das weitgehende soziale Versagen des liberal dominierten politischen Systems vor 1940 erfolgen (49; S. 13–129).

3. Modernisierung, *nationbuilding* und Nationalismus

Selbstverständlich ließe sich diese Geschichte einer Modernisierung vom Ende des 19. bis etwa in die Mitte des 20. Jahrhunderts auch mit der Semantik des Modernisierungstheoretikers als eine Geschichte von Herausforderung und Lösung beschreiben, aber sie bliebe immer die Übersetzung eines historischen ‚Pfades' in die Modernisierungsterminologie und damit ein Sprachspiel. Auch für den Vergleich von Modernisierungsgeschichten ist der Erkenntnisgewinn der Modernisierungstheorie gering, da ein in seinem Kern frühneuzeitliches *nationbuilding* – Niederlande – mit einem *nationbuilding* im 19. Jahrhundert – Deutschland – verglichen und damit vollständig seinem historischen Kontext entfremdet würde.

Die Grenzen des modernisierungsgeschichtlichen Ansatzes

b) Nationalismus und sozialer Wandel

Für eine funktional-vergleichende Interpretation vom Nationalismus und verschiedenen Formen der Nationsgründung steht Otto Danns Ansatz, der ‚Nationalismus und sozialen Wandel' untersucht: „nationale Bewegungen sind vielfach durch gesellschaftliche Wandlungsvorgänge bedingt und andererseits ist der Nationalismus selbst ein Faktor, der auf den Prozess der Modernisierung einwirkt" (164; S. 210). Grundlegende Fallstudien zu den Prozessen sozialer Mobilisierung in der Modernisierung haben George L. Mosse 1977 (165) und Eugen Weber 1976 (166) vorgelegt. Beide Titel ‚The Nationalisation of the Masses' (Mosse) und ‚Peasants into Frenchmen' (Weber) wurden zu festen Begriffen einer historisch fundierten Modernisierungsgeschichte des Nationalismus. Die Kategorien der Modernisierungsgeschichte schaffen lediglich die Vergleichsgrundlage; jede einzelne Modernisierungsgeschichte wird damit ausdrücklich nicht historisch entkontextualisiert. Auf dieser Ebene eines strukturellen Funktionsvergleichs von Nationalismus lassen sich wiederum auf der Grundlage des Vergleichs verschiedener Prozesse der Nationsbildung allgemeine Aussagen über den Nationalismus treffen. Nationalismus, so Dann, könne als „eine Folge von Wandlungsvorgängen im Zusammenhang der Modernisierung traditionaler Gesellschaften" (164; S. 210) beschrieben werden. Nationalismus sei das Ergebnis einer in Bewegung geratenen Gesellschaft, und zwar im Hinblick auf mehrere Dimensionen:

Otto Dann

- *Durchsetzung von Verwaltungsstrukturen im Zusammenhang des modernen statebuilding* mit der Folge „einer intensiveren und unmittelbaren Inanspruchnahme und Kontrolle der Bevölkerung durch politische Institutionen," welche die politische Willensbildung stimulieren. Dies um so mehr, wenn die administrativen Strukturen von einer als ‚fremd' empfundenen Elite aufgebaut und getragen werden (z.B. Polen, Irland, Italien im 19. Jahrhundert).

Modernisierungsgeschichtliche Merkmale des Nationalismus

- *Soziale Mobilisierung der sich national engagierenden Schichten der Bevölkerung* sowohl auf der Ebene der Führung als auch in der Basis der nationalen Bewegung: Die Führungsgruppen fühlen sich nicht mehr an ständisch-regionale Bezüge und Loyalitäten gebunden, sondern bilden eine nationale Vorhut. Breitere Bevölkerungsschichten sind durch ihre „Bereitschaft zur Integration in einen überregionalen Ereignis- und Kommunikationszusammenhang" (164; S. 211) traditionalen Lebensgewohnheiten bereits zu einem gewissen Grad entfremdet.

- *Entwicklung des überregionalen Kommunikationsnetzes*: Eisenbahn, Presse, Schulen und Schulbesuch mit dem Effekt hoher Alphabetisierung, Universitäten mit einem überregionalen Austausch von Gelehrten und Studierenden.

- *Willen zur politischen Emanzipation*: Unzufriedenheit mit den bestehenden politischen Verhältnissen, die von der nationalen Bewegung aufgefangen wird; Forderung nach einer Umgestaltung des politischen Systems unter stärkerer Berücksichtigung derjenigen Gruppen, die sich als Nation definieren.

Ralf Dahrendorf

Als modernisierungsgeschichtliches Entwicklungsmodell zusammengefasst: *„Es müssen bestimmte Prozesse der Staatsbildung, insbesondere der administrativen Penetration, sowie einer kommunikativen Integration und Nationsbildung schon in Gang gekommen und Probleme politischer Partizipation und Legitimität bereits aufgebrochen sein, wenn es zur Heranbildung von Nationalismus kommen soll"* (164; S. 211). Dies legte im Blick auf die deutsche Entwicklung Ralf Dahrendorf bereits 1965 in seinem Standardwerk ‚Gesellschaft und Demokratie in Deutschland' dar (122; S. 59 ff.).

Eine volle Entfaltung des Modernisierungsprozesses – z.B. im Bereich der Industrialisierung – sei, so Dann, nicht erforderlich. Die funktionale Abhängigkeit des Nationalismus vom Prozess der Modernisierung beschreibt er folgendemaßen: Nationalismus sei „stets eine Folge der Probleme (…), die sich aus einer partiellen Modernisierung ergeben. Unter ‚partieller Modernisierung' wäre hier zu verstehen: ein modernisierender Wandel im Bereich der Staatsbildung, der sozialen und lokalen Mobilisierung und der Partizipation, aber noch nicht in allen Schichten der Bevölkerung und noch nicht im Hinblick auf eine Industrialisierung und andere Entwicklungsbereiche" (164; S. 212).

Der Nationalismus sei jedoch nicht nur Folge, sondern auch ein beschleunigendes oder retardierendes Element der Modernisierung.

Otto Dann: modernisierungsgeschichtliche Funktionen des Nationalismus

- *Nationale Bewegungen mobilisieren Gesellschaften:* „Nationale Bewegungen erweitern den Bewusstseinshorizont ihrer Anhänger, richten sie auf überregionale politische Ziele aus, machen sie ansprechbar für ein soziales Engagement und bieten dem einzelnen neue Möglichkeiten für gesellschaftliches Handeln und für einen sozialen Aufstieg" (164; S. 212).

- *Nationale Bewegungen integrieren eine Bevölkerung*, sie befördern das schicht- und regionenübergreifende Zusammenwachsen zu einer modernen Gesellschaft. Die nationale Bewegung trägt durch soziale Kommunikation zur Verkleinerung der sozialräumlichen Distanz von Stadt und Land, vom gesellschaftlichen ‚Oben' und ‚Unten' bei.

- *Nationalismus hat egalisierende Funktion*: „Das Gleichheitsprinzip, die partizipatorische Forderung nach gleichberechtigter Teilhabe am Staat, gehört zu den konstitutiven Elementen nationaler Bewegungen" (164; S. 214). Insofern habe jede nationale Bewegung auch eine soziale Dimension: Welche sozialen Schichten sollen gleichberechtigt zur Nation gehören, welche nicht? Vor allem hier zeige sich der emanzipatorische Charakter des modernen Nationalismus.

Zusammenfassend hält Dann fest, „dass nationale Bewegungen demnach weitgehend als Modernisierungsbewegungen zu bezeichnen sind" (164; S. 215). Letztlich bliebe das Verhältnis von Nationalismus und Modernisierung aber ambivalent: „Es hat sich als notwendig erwiesen, für jeden Nationalismus nach den beteiligten gesellschaftlichen Schichten und deren spezifischen nationalen Interessen zu fragen. Nationale Bewegungen stellen sich bei genauerem Hinsehen nur selten als eine Einheit dar, vielmehr als ein Nebeneinander und oft Gegeneinander divergenter gesellschaftlicher Gruppeninteressen" (164; S. 216).

4. Integraler Nationalismus. Ein Überblick

Für die besondere Qualität des Nationalismus, den man als ‚integral' bezeichnet, gibt es, wie Peter Alter betont hat, unterschiedliche Bezeichnungen wie ‚radikaler' oder ‚extremer' Nationalismus (55; S. 43). Einigkeit herrscht in der Nationalismusforschung seit 1945 allerdings darin, dass der Nationalismus zwischen 1870 und 1918 weltweit in eine neue Phase trat.

Der Begriff des integralen Nationalismus geht auf den französischen Publizisten Charles Maurras, zurück. In der Zeitschrift ‚Le Soleil' schrieb Maurras am 2. März 1900: „Der Nationalismus reagiert auf den Egoismus der alten republikanischen Partei, zu gleicher Zeit reagiert er auf die Gleichgültigkeit eben dieser Partei gegenüber den großen nationalen Interessen. Ein Nationalist, der seine Rolle kennt, akzeptiert als methodische Regel, dass ein guter Bürger seine Gefühle, seine Interessen und sein Lehrgebäude dem Wohl des Vaterlandes unterordnet. (…) Der Nationalismus beruht demnach auf verschiedenen Fragen, die für ihn auf einen Nenner gebracht werden, auf nichts anderes als das Interesse der Nation. (…) Im Wesentlichen stimmt der Royalismus mit verschiedenen Forderungen des Nationalismus überein: Er ist selbst der *integrale Nationalismus*" (Abdruck unter anderem: 167; S. 75f.).

Charles Maurras

Der britische Historiker Eric J. Hobsbawm hat beschrieben, was den integralen vom nicht-integralen Nationalismus unterscheidet (58; S. 122). Hobsbawm, Jahrgang 1917, verbrachte die Schulzeit in Wien und Berlin, seit 1933 lebte er in London. Er war Professor an der Stanford University, dem Massachusetts Institute of Technology, der Cornell University, der Ecole des Hautes Etudes en Sciences Sociales, am Collège de France, seit 1984 an der New School for Social Research in New York. Seine großen Epochendarstel-

Eric J. Hobsbawm

lungen zum 19. (168; 169; 170) und 20. Jahrhundert (171) gehören zu den einflussreichsten und am weitesten verbreiteten historischen Epochendarstellungen der Gegenwart.

Der integrale Nationalismus beruht nach Hobsbawm auf einer Reihe von qualitativen Veränderungen im europäischen Nationalismus der zweiten Hälfte des 19. Jahrhunderts:

Veränderungen im Nationalismus des 19. Jahrhunderts

- Der Nationalismus zwischen 1880 und 1914 beanspruchte im Unterschied zur vorangegangenen Zeit für *jede* Gemeinschaft von Menschen, die sich als Nation verstand, die volle nationale Selbstbestimmung. Das Nationalstaatsprinzip wurde vom revolutionären Sonder- zum Regelfall, zur unhinterfragbaren Selbstverständlichkeit und ‚Normalkultur'.

- Ethnische Zugehörigkeit und Sprache entwickelten sich zu den herrschenden Definitionskriterien des Nationalismus. Die Konstruktion einer Identität trat an die Stelle der Einforderung von Partizipation im nationaldemokratischen Rahmen.

- Der Begriff ‚Nationalismus' entwickelte sich zum zentralen Integrationsinstrument der politischen Rechten.

- Hobsbawm sieht drei Gründe dafür, dass die aus heutiger Sicht in dieser Zeit deutlich hervortretende Dominanz eines ethnisch-sprachlichen Nationalismus zeitgenössisch kaum im Vordergrund des Interesses an nationalen Fragen stand:

Drei Gründe für die Dominanz des ethnisch-sprachlichen Nationalismus

- Die beiden bedeutendsten nichtstaatlichen nationalen Einigungsbewegungen, die deutsche und die italienische, waren in ihrem Kern hochkulturelle Gebildetenbewegungen, deren Sprach- und Literaturreligion anderen europäischen Sichtweisen und Erfahrungen nicht entsprach. Weder die polnische noch die belgische Unabhängigkeitsbewegung und die Befreiungsnationalismen der Balkanvölker stützten sich auf die Sprache.

- Der politisch folgenreiche Charakter der deutschen Romantik als Konstruktionslabor nationalistischer Identität wurde erst ex post deutlich: „Wie das Beispiel der Britischen Inseln zeigt, besteht im übrigen kein notwendiger Zusammenhang zwischen kulturellen Erneuerungsbewegungen dieser Art und den späteren nationalen Agitationen und Bewegungen eines politischen Nationalismus (…)" (58; S. 124 f.).

- Bis in die zweite Hälfte des 19. Jahrhunderts fehlte eine populäre, massenwirksame biologistische Ideologie, die es ermöglichte, die Nation mit biologischer Abstammung gleichzusetzen und den Nationalismus rassistisch aufzuladen, vor allem: ihm eine unverkennbar antisemitische Textur zu verleihen.

Hobsbawm identifiziert die folgenden Hauptmerkmale des integralen Nationalismus:

4. Integraler Nationalismus. Ein Überblick

- Popularisierung des ‚Rasse'-Begriffs durch die Sozialwissenschaften und die pseudowissenschaftliche Übertragung der Evolutionslehre Darwins auf die sozialen Beziehungen, u.a. mit der Folge der Entstehung eines ‚rassisch' argumentierenden Antisemitismus ab etwa 1880,

- massenpolitischer, populistisch-integrierender, mobilisierender Charakter,

- Antisozialismus: Ablehnung der internationalistischen Arbeiterbewegung.

> Merkmale des integralen Nationalismus

Das soziale Profil des Sprachnationalismus charakterisiert Hobsbawm folgendermaßen: „Die Sozialisten jener Zeit, die das Wort ‚Nationalismus' nur selten ohne das Attribut ‚kleinbürgerlich' gebrauchten, wussten, wovon sie redeten. Die Schützengräben des sprachlichen Nationalismus waren bemannt mit Provinzjournalisten, Volksschullehrern und aufstrebenden Subalternbeamten" (58; S. 139).

Charakteristisch für den integralen Nationalismus in Europa sind seine zahlreichen Organisationen (zum Alldeutschen Verband: 172, zum Bund der Landwirte: 173, zum Deutschen Ostmarkenverein: 174, zum Deutschen Flottenverein: 175).

Eine Studie zur ‚radikalen Rechten' am Beispiel Großbritanniens hat Arnd Bauerkämper in seiner Bielefelder Dissertation 1991 vorgelegt. Hier wird zugleich die Forschungsentwicklung zum Thema des integralen Nationalismus referiert (176). Eine einflussreiche Arbeit zum Vergleich der extremen rechten politischen Bewegungen am Beispiel von *Action française*, italienischem Faschismus und Nationalsozialismus veröffentlichte Ernst Nolte 1965 unter dem aus dem Kontext der damaligen Faschismusdebatte sich erklärenden Titel ‚Der Faschismus in seiner Epoche' (177).

> Arnd Bauerkämper: radikaler Nationalismus in Großbritannien

Hans-Ulrich Wehler hat als Antwort auf die Frage nach den Methoden und Gründen der Ausbreitung des Nationalismus sechs Antworten formuliert, die zugleich auch Gründe für die erstaunliche Durchsetzungskraft des integralen Nationalismus und seiner Organisationsformen sind (44; S. 46–50):

- die durch die Forschungen von Karl Wolfgang Deutsch herausgestellte Kommunikationsrevolution als Voraussetzung der Nationalisierung: „Dank der Vorzüge dieser Kommunikationsetablierung und -verdichtung konnten auch die Leitvorstellungen des Nationalismus eine rasch anwachsende Menschenzahl erreichen. Die Vergegenwärtigung der ‚Kommunikationsrevolution' ermöglicht es daher, den Nationalismus nicht schlichtweg als selbstläufigen Prozess vorauszusetzen, sondern seine Entwicklung in dieser modernisierungsgeschichtlichen und kulturtechnischen Dimension historisch zu rekonstruieren" (44; S. 46),

> Hans-Ulrich Wehler: sechs Gründe für den Erfolg des integralen Nationalismus

- die schulförmige, auf die hochkulturelle Schriftsprache verpflichtende Ausbreitung gemeinsamer konstruierter ‚Volkssprachen' als Vehikel nationaler Vorstellungen,

- die sichtbare Veranschaulichung und emotionale Bekräftigung des Nationalismus in Denkmälern und Ritualen,

Forschungsprobleme

- die Märtyrerqualitäten der Elitennationalisten bzw. der Kader der Nationalbewegungen,

- der kumulative Effekt der Nationalisierung von der Schule über den Markt bis zu den sozialen Interessen,

- die Einübung des Perspektivenunterschiedes zwischen ‚uns' und ‚denen' u.a. durch Überhöhung des Grenzgedankens, Legitimierung von Fremdenfeindlichkeit und nationalistischen Wettbewerb mit anderen Nationen.

Aktualität des Begriffs ‚integraler Nationalismus': Theodore R. Weeks

Eine exemplarische Interpretation eines integralen Nationalismus bietet Theodore R. Weeks in einem 2001 publizierten Beitrag über ‚Official and Popular Nationalism' im zaristischen Russland 1863 bis 1914. Die besondere Bedeutung des integralen Nationalismus sieht Weeks in seinem „persuasive Potential" (178; S. 411–432, 430), das zur Annäherung des ‚offiziellen' an den ‚Nationalismus von unten' führe. 1860 habe Nationalismus in Russland lediglich in den Köpfen weniger Intellektueller als vager Vorstellungskomplex von russischer Kultur und russischem Nationalcharakter existiert. Ein halbes Jahrhundert später war der integrale russische Nationalismus ein politischer Alltagscode. Weeks nennt die wichtigsten Veränderungen, die in diese Zeit fallen: „For one thing, the majority of Russians were now able to read on some level. Railroads, the telegramme, and modern journalism brought the world to the Russians even in regions far from Moscow and St. Petersburg, forcing even provincial Russians to think about their place in the Empire and in the world. The revolution of 1905 was especially important for the growth of nationalism in Russia. Relaxed censorship, elections, and a parliament, where deputies could speak freely, protected by parliamentary immunity, also helped to create a larger national identity" (178; S. 431).

Nach 1905 habe der russische integrale Nationalismus an juden- und fremdenfeindlicher Aggressivität gewonnen: nun gerieten ihm die ‚national unzuverlässigen' Minderheiten – Polen, Juden, Deutsche und Muslime – in den Blick. Dafür identifiziert Weeks drei wesentliche Gründe: „First, the events of 1905/06 had shown the dissatisfaction of many non-Russians with the present regime. (…) Second, the existence of an elected parliament forced the Russian government to rally popular support on some level. (…) Finally, the threatening international situation after 1905 [gemeint ist die russische Niederlage im Krieg gegen Japan 1904/05 mit seiner Folge der Anerkennung japanischer Vorherrschaft iin Ostasien] inclined both educated society and the government to look for methods of unifying and rallying the entire population in anticipation of a future international conflict. Following such a programme, it could be necessary to restrict the rights of ‚untrustworthy' nationalities such as Germans, Poles, Jews, and even Central-Asian Muslims (…)" (178; S. 431).

5. Nationalismus und Region

Regionale nationalistische Konflikte bzw. nationalistische Regionalismen gehören zu den politischen Strukturmerkmalen des ausgehenden 20. Jahrhunderts (179; zu den nationalistischen Strukturen regionaler Konflikte am Beispiel der Gründung des Südweststaats Baden-Württemberg: 119; S. 53 f.). Sehr unterschiedliche Nationalstaaten sind von diesem Problem betroffen (180): Spanien, Frankreich, Großbritannien, die Schweiz, die postsozialistischen Nachfolgestaaten der UdSSR, viele längst entkolonialisierte Staaten in der ‚Dritten Welt', Ostasien und Kanada.

Im Hinblick auf die Reichweite der Zielsetzungen lassen sich drei Abstufungen unterscheiden (181):

- Separatismen fordern die Umwandlung der Region in einen Nationalstaat. Sie stellen einen Gesamtstaat und seine Legitimität grundsätzlich in Frage. Als Beispiele der Zeit vor 1989/1991 sind zu nennen: der baskische, bretonische, elsässische, flämische, korsische, nordirische, schottische (182), Südtiroler (183), wallonische Regionalismus sowie der postkoloniale Regionalismus der ‚Dritten Welt' innerhalb nach wie vor kolonialer Grenzen (184) sowie der separatistische Nationalismus in Asien (185). Seit 1989 bis 1991 sind Autonomiebewegungen auch im ehemaligen Ostblock (186; 187) einflussreich.   *Merkmale des Separatismus*

- Föderalismen erkennen das Nebeneinander gesamtstaatlicher und regionaler Territorialität an. Entscheidend ist hier die Verteilung der Kompetenzen sowie die Absicherung regionaler Autonomie. So weist die Bundesrepublik Deutschland ein ausgeprägt föderales System auf (historische Dimension: 188; aktuell: 189).   *Merkmale des Föderalismus*

- Autonomiebewegungen wehren sich gegen das unitarische Selbstbild eines zentralen Einheitsstaates, ohne dabei separatistische Ziele oder föderalistische Lösungen anzustreben. Im Hintergrund können sowohl regionale kulturelle als auch wirtschaftliche Sonderinteressen (190) stehen. Vor allem innerhalb des straffen französischen Zentralismus haben sich wiederholt verschiedene regionale Autonomiebewegungen herausgebildet, u.a. auf Korsika und in Südfrankreich.   *Merkmale von Autonomiebewegungen*

Der Regionalismus ist durch drei Strukturmerkmale gekennzeichnet:

- Er geht von der Unterscheidbarkeit historisch-politisch und sprachlich-kultureller Einheiten in bestehenden Kulturräumen und Nationalstaaten aus, stellt aber auch auf ethnische und/oder lebenskulturelle Unterschiedlichkeit (‚Volkskultur') ab.   *Merkmale des Regionalismus*

- Er braucht die übergeordnete nationalstaatliche Ebene zur Abgrenzung selbst dann, wenn er auf die Legitimierung in supranationalen Vereinigungen zielt: ‚Europa der Regionen' (191) statt ‚Europa der Nationen'.

- Er betont den regionalen Pluralismus als positive Form von Integration und Partizipation als Gegenmodell zu zentralistisch-unitarischer Steuerung.

Stein Rokkan, Shmuel N. Eisenstadt

Wichtige Anregungen erhielt die vergleichende Regionalismusforschung seit den 1970er Jahren durch die sozialwissenschaftlichen Arbeiten des norwegischen Soziologen und Politologen Stein Rokkan (192; 193). Rokkan brachte Konzepte der regionalen Wahl- und Akzeptanzforschung in die Regionalgeschichte ein. Grundlegend waren in diesem Bereich ferner die von Rokkan und dem israelischen Soziologen und Modernisierungstheoretiker Shmuel N. Eisenstadt 1973 herausgegebenen zwei Bände ‚Building States and Nations' (194).

Eric Hobsbawm hat auf einige Besonderheiten des regionalen Nationalismus im 19. und 20. Jahrhunderts hingewiesen:

Eric J. Hobsbawm: Besonderheiten des regionalen Nationalismus

- Der regionale Nationalismus ist negativ und separatistisch. Er betont dabei eine bestimmte ethnische Zugehörigkeit, sprachlich-kulturelle, oft auch religiöse Identität.

- Der Kernpunkt der Argumentation ist stets die Bewahrung regionaler Autonomie, die von übermächtigen nationalen Zentralen ausgehöhlt wird.

- Regionale Nationalismen reagieren auf die sozialen und wirtschaftlichen Auswirkungen globaler sozialer Umwälzungen ‚in der Provinz'. Soziale Destabilisierung wird auf diese Weise kompensiert (195). Der Protestcharakter dieser Haltung ist offensichtlich.

Die Analyse des Verhältnisses von politisch integrierendem Regionalismus, z.B. in supranationalen Verbünden wie der Europäischen Union, und desintegrierendem regionalem Nationalismus gehört nach wie vor zu den Forschungsdesideraten vergleichender Regionalgeschichte.

6. Recht und Nation: die Erfindung der deutschen Reichsnation im Staats- und Verwaltungsrecht nach 1871

Juristisches nationbuilding

Ein bislang kaum in den Blick genommener Bereich des *nationbuilding* ist die juristische ‚Erfindung der Nation' durch Rechtsetzung und juristische Institutionengründung. In kaum einem anderen Bereich wird die Perspektive der Nationalisierung so deutlich wie hier. Ein national legitimierter Gesetzgeber definiert auf der Grundlage vielschichtiger rechtsvergleichender und damit strukturell übernationaler Rezeptionsprozesse rechtliche Standards für das Zusammenleben der Nation, die keinen Bereich des zunehmend ‚verrechtlichten' Alltags unberührt lassen. Dieser nationale juristische Formgebungsprozess wird im Blick auf die deutsche Rechtsgeschichte in der Regel auf die Einführung der nationalen zivilrechtlichen Großkodifikation des Bürgerlichen Gesetzbuchs (BGB) am 1. 1. 1900 beschränkt. Das BGB regelt seit-

6. Recht und Nation

her den überwiegenden Teil der Rechtsbeziehungen der Rechtssubjekte untereinander. Für das Verständnis der Mechanismen des juristischen *nationbuilding* ist die Entstehung der Institutionen des öffentlichen Rechts im Bereich des Staats- und Verwaltungsrechts von weitaus größerer nationalisierender Bedeutung, weil in diesem Bereich die Beziehungen der ‚Rechtsunterworfenen' zum Staat festgelegt werden. Aus der Rechtsvergleichung ist bekannt, dass hinter den jeweiligen nationalen Rechtssätzen allgemeine gesellschaftliche und politische Regelungsprobleme stehen. Umso aufschlussreicher ist es für eine vergleichende Nationalismusgeschichte, nach den nationalen juristischen Mentalitäten und staatsrechtlichen ‚Pfaden' zu fragen, die z.B. im Staats- und Verwaltungsrecht des Deutschen Kaiserreichs erkennbar werden. Dieser Bereich rechts- und sozialgeschichtlicher Forschungen zur juristischen – vor allem öffentlichrechtlichen Seite – des *nationbuilding* steht noch ganz am Anfang. Die folgenden Erläuterungen sollen daher für das Potential dieses Forschungsansatzes sensibilisieren.

Das 19. Jahrhundert war das ‚Zeitalter der Vergleichung' (196) und zugleich ein ‚juristisches' Jahrhundert, in dem Nationalität und Internationalität oft weniger gegen- als vielmehr nebeneinander standen. Das zeigt sich besonders deutlich an der deutschen Rechtsgeschichte. Als im Jahr 1900 der große Pariser Rechtsvergleichungskongress als Bestandteil der Pariser Weltausstellung unter Edouard Lambert und Raymond Saleilles zusammenkam (197; S. 8–16), lag es bereits fast ein halbes Jahrhundert zurück, dass sich die deutsche Rechtswissenschaft im Zeichen der Nationalisierung endgültig und mit weitreichenden Folgen für die Organisation der wissenschaftlichen Forschung und Lehre in Romanisten und Germanisten gespalten hatte. Der erste Lehrstuhl für Rechtsgeschichte und Rechtsvergleichung, 1869 in Oxford errichtet, bestand bereits seit fast 30 Jahren (198; S. 23). Die 1881 gegründete, vergleichend angelegte Zeitschrift des großen Strafrechtslehrers Franz von Liszt mit dem programmatischen Titel ‚Zeitschrift für die gesamte Strafrechtswissenschaft' erschien im zwanzigsten Jahr (198; S. 24). 1900 war das Bürgerliche Gesetzbuch in Kraft getreten – mit der Folge einer endgültigen Historisierung der Pandektistik – der Lehre vom tradierten römischen Pandektenrecht und seiner Anwendung – in Deutschland. Mit dem Erscheinen der nationalen Großkodifikation des deutschen Zivilrechts, die selbst ein Inbegriff des juristischen *nationbuilding* war, trat der ‚abendländische' Kern der europäischen Rechtswissenschaft, das römische Recht, endgültig hinter dem nationalen geltenden Recht zurück. Das römische Recht wurde zum Gegenstand der Rechtshistoriker und der -vergleicher, für die Praxis spielte es keine Rolle mehr.

Aber nicht nur im Privatrecht bildete sich die ‚Erfindung der Nation im nationalstaatlichen Rahmen', sondern vor allem und in exemplarischer Weise in der Entwicklung des deutschen Staats- und Verwaltungsrechts nach 1871. Dies hat Michael Stolleis im zweiten Band seiner ‚Geschichte des öffentlichen Rechts in Deutschland' ausführlich dargestellt. Das reichsdeutsche Staats- und Verwaltungsrecht definierte nicht nur das juristische Skelett des Nationalstaats, sondern bestimmte auch wesentlich seine Form und sein gesellschaftlich-politisches Klima, unter anderem durch die Regelung der Zugehörigkeit zum Nationalstaat im Staatsangehörigkeitsrecht, die Dieter

Nationalität und Internationalität im Recht

Michael Stolleis

Gosewinkel in seiner Geschichte der ‚Nationalisierung der Staatsangehörigkeit' zusammengefasst hat (199).

> Deutsche Pfadabhängigkeit in der Rechtsgeschichte bis 1918: ‚Rechtsstaat' und Demokratieneutralität

Liberale Bürger veränderten nach 1815 mit Unterstützung der Juristen die Gesellschaft, indem sie das, was politisch nicht durchzusetzen war, juristisch-wissenschaftlich erreichten. Auf diese Weise entstand der ‚Rechtsstaat' – ein Wort, das es tatsächlich nur im Deutschen gibt. Unabhängigkeit der Justiz, Öffentlichkeit und Mündlichkeit des Verfahrens vor einem gesetzlichen Richter, *nulla poena sine lege* (keine Strafe ohne eine zum Zeitpunkt der Tat geltende gesetzliche Regelung; wichtigster Grundsatz eines rechtsstaatlichen Strafrechts zur Verhinderung von strafrechtlicher Willkür- und ‚Maßnahme'-Justiz), Einrichtung der Staatsanwaltschaft und Entstehung des Verwaltungsrechts: Das waren die Fortschritte der juristischen Wissenschaft, die zum Teil zwar den Charakter der politischen Konzession von oben hatten, immer jedoch auf Drängen von Juristen zustande kamen. Die Menschenrechte standen in den meisten Verfassungen. Auch wenn sie noch keine große Bedeutung hatten, setzten sie Standards zukünftiger rechtsstaatlicher Entwicklung. Das starke Gewicht des Rechts hatte seine Grundlage im Pandektenrecht, das mit seinem im Anwendungsbereich des römischen Rechts anerkannten hohen dogmatischen Niveau auf alle anderen juristischen Bereiche Einfluss nahm. Auf diesem Fundament entstanden dann am Ende des Jahrhunderts die berühmten Justizpaläste als Symbole des Rechtsstaats – neben dem ebenfalls an das Sakrale erinnernden Bahnhof der charakteristische Gebäudetypus der zweiten Hälfte des 19. Jahrhunderts in Deutschland schlechthin. Gleichwohl lagen hier auch wesentliche Probleme, denn das hohe dogmatische Niveau der deutschen Juristen ging einher mit einer Vernachlässigung politischer Probleme, vor allem der sozialen Frage, die erst nach dem Ersten Weltkrieg in der Weimarer Republik im Arbeits- und Mietrecht eine juristische Rolle zu spielen begann. Überdies zeigten sich in der Gesellschaft von Weimar die negativen Seiten des deutschen juristischen Jahrhunderts: Durch die pandektische Methode war das Recht formalistisch geworden. Demokratie, soziale Gerechtigkeit und Menschenrechte waren ihm fremd, insbesondere im Verfassungsrecht. Die deutschen Juristen hatten keine ausgeprägte demokratische Tradition, in ihrer Mehrheit verhinderten sie die Justizkatastrophe im ‚Dritten Reich' nicht.

> Definitionen des Staates: Wilhelm Eduard Albrecht, Carl Friedrich Wilhelm von Gerber

Am Anfang der Staatsrechtslehre steht die Frage: Was ist der Staat (200; S. 199–202)? Da die deutsche Staatsrechtslehre nach 1871 nicht nur diese, sondern vor allem die Frage zu beantworten hatte, was der auf den Landkarten neue *deutsche* Staat sei, sind ihre Antworten für die Nationalismusgeschichte wichtig. Die klassische deutsche Staatsrechtslehre, so Peter Badura, verstehe den Staat als „die gebietsbezogen definierte politische Organisation einer Gesellschaft in Gestalt eines durch Recht geordneten Herrschaftsverbandes" (200; S. 199). Die besondere Wirkungsweise staatlicher Herrschaft ist die verfassungsrechtlich konstituierte und begrenzte Staatsgewalt. Die von Wilhelm Eduard Albrecht (1800–1876) und dessen Schüler Carl Friedrich Wilhelm von Gerber (1823–1876) begründete Lehre von der Rechtspersönlichkeit des Staates begründe, so Badura, die methodische Staatsrechtslehre. Von der Zivilrechtswissenschaft herkommend, legte von Gerber, so Walter Pauly in einem werksbiographischen Aufriss, die Grundlage der modernen deutschen Staatsrechtswissenschaft, indem er ihr eine spezifisch willenstheoretische Kodierung verlieh (201; S. 229 f.). Gerber entwickelte auf dieser Basis staatsrechtliche Grundbegriffe, die beanspruchten, Grundeinsichten in die Struktur des Rechts im Allgemeinen sowie des Staatsrechts im Besonderen zu verkörpern. Die tiefste Erkenntnis, so Pauly, galt dem Wesen des Rechts, das Gerber schon in seinem ‚System des deutschen Privatrechts' unter Rückgriff auf den Personenwillen bestimmt hatte. Wahrhaft juristisch galt Gerber dort „allein das System der Rechte, welches den gesamten Rechtsstoff nur als den möglichen Ausdruck des Personenwillens betrachtet". Der Personenwille war für Gerber der Universalcode des Privatrechts, d. h., mit seiner Hilfe könne jedes Privatrechtssystem konstruiert oder rekonstruiert werden. Das unternahm Gerber dann am germanisch-deutschen Rechtsstoff. In seiner Eigenschaft als Zivilrechtslehrer nahm Gerber von 1857 bis 1861 an den Beratungen zum allgemeinen deutschen Handelsgesetzbuch teil.

Eine entsprechend zentrale Stellung räumte Gerber dem Willen im öffentlichen Recht ein. 1852 entstand seine Abhandlung ‚Ueber öffentliche Rechte', in welcher er den Staat noch nicht als juristische Person begriff. Dort bildeten die Willensäußerungen der Individuen als Glieder der Volksverbindung den Stoff, aus dem die öffentlichen Rechte abgeleitet werden. Seit 1863 lehrte Gerber in Leipzig und zeigte sich ab 1865 zunehmend von der Theorie vom Staat als juristischer Person beeinflusst. Gerber fasste deshalb die Staatsgewalt als „Willensmacht des Staats" auf. Entsprechend beantwortete das Staatsrecht nunmehr die Fragen: „Was kann der Staat als solcher wollen? (Inhalt und Umfang der Staatsgewalt); Durch welche Organe und in welchen Formen kann und soll sich sein Wille äußern?" Gerber legte in die Rechtspersönlichkeit des Staates den „Ausgangs- und Mittelpunkt des Staatsrechts" und sah hierin „zugleich die Möglichkeit und Richtung eines wissenschaftlichen, d. h. durch einen einheitlichen Gedanken beherrschten Systems" (201). Alle zentralen juristischen Begriffe von der „Herrschaft" bis zur Konstruktion des Monarchenrechts oder der bundesstaatlichen Verhältnisse können mit Hilfe des Willenselements codiert und konstruiert werden. Gerber verfuhr folglich nicht gesetzespositivistisch, aber die Früchte seines wissenschaftlichen Positivismus konnten in der Gesetzgebung genutzt werden. Ihm selber war es verwehrt, seinen methodischen Ansatz im Rahmen einer vollständigen Interpretation der Reichsverfassung von 1871 durchzuführen. Nachdem er schon als Mitglied des konstituierenden Reichstages an den Beratungen zur Verfassung des Norddeutschen Bundes teilgenommen hatte, wurde er Ostern 1871 zum sächsischen Kultusminister ernannt und kurz vor seinem Tod 1876 noch Vorsitzender des sächsischen Gesamtministeriums.

> Die ‚Rechtspersönlichkeit' des Staates

Die Lehre von der Rechtspersönlichkeit des Staates enthält folgende Kernaussagen: Der Staat wird als rechtlicher Zuordnungspunkt von Rechten und Pflichten, Aufgaben, Befugnissen und Zuständigkeiten begriffen, d. h. als juristische Person, und zwar unter Berücksichtigung seines verbandsartigen, ‚genossenschaftlichen' Charakters, als Körperschaft des öffentlichen Rechts. Im Hinblick auf die territoriale Wirkung der Staatsgewalt wurde der Staat als ‚Gebietskörperschaft' definiert. Die Zurechnung von Handlungen natürlicher Personen zu der juristischen Person ‚Staat' erfolgt mit Hilfe der Rechts-

> Merkmale der Rechtspersönlichkeit des Staates: politische Implikationen

figuren des Organs und des Amtes. Organe im Rechtssinn sind nicht natürliche Personen, sondern durch die Rechtsordnung geschaffene, also nur in der Rechtswirklichkeit existierende Subjekte von Zuständigkeiten; Amt ist die durch Einzelakt einer natürlichen Person verliehene rechtliche Fähigkeit, die Aufgaben und Befugnisse eines Organs wahrzunehmen. Dem Rechtsbegriff des Staates liegt die politische Idee des Staates als der für die europäische Neuzeit charakteristischen Herrschaftsform zugrunde, die im Verlauf eines Prozesses langer Dauer schließlich in der Epoche des Absolutismus deutliche Gestalt annahm. Die in Verbindung damit hervortretende und in den Revolutionen des 17. und 18. Jahrhunderts verwirklichte politische Idee der Verfassung, das Programm des Konstitutionalismus, wonach Grundlagen und Organisation der Staatsgewalt sowie die Freiheit der Bürger durch eine unverbrüchliche rechtliche Grundordnung, ein Staatsgrundgesetz, festgelegt und gesichert werden müssten, gab dem modernen Staat die Form des bürgerlichen Verfassungsstaats.

Die Herausforderung des deutschen Staatsrechts durch die preußisch-deutsche Nationalstaatsgründung, 1866 bis 1871

Für das Allgemeine Deutsche Staatsrecht sei die Übergangsphase der Jahre 1866 bis 1871 eine Zeit dramatischer Veränderung gewesen, wie Michael Stolleis im zweiten Band seiner monumentalen ‚Geschichte des öffentlichen Rechts in Deutschland' ausgeführt hat (34; S. 322–380). Die kleindeutsche Lösung der Nationalstaatsgründung hatte erhebliche Auswirkungen auf die Wissenschaftsgeschichte des öffentlichen Rechts. An die Stelle des von der Wissenschaft entwickelten allgemeinen deutschen Staatsrechts, das in der Zeit des Deutschen Bundes die verbindenden Elemente geliefert und gleichsam die fehlende staatliche Einheit juristisch ersetzt hatte, trat nun, so Stolleis, das Reichsstaatsrecht. Das Verfassungsrecht des Norddeutschen Bundes und des Reiches war geltendes Recht – das unterschied es vom allgemeinen deutschen Staatsrecht, bei dem immer Zweifel bestanden hatten, wie es seine Geltung begründen könne. Das neue Reichsstaatsrecht war zwar zunächst lückenhaft, aber es bot der juristischen Arbeit eine völlig andere Grundlage: Das Staatsrecht war weniger abstrakt, sondern vielmehr politisch konkret. Das hatte vielfältige Auswirkungen auf das politische Selbstbild und Selbstbewusstsein der Juristen.

Das Jahr 1866 war der entscheidende Wendepunkt gewesen: Die Suspendierung des Deutschen Bundes, die Beendigung des preußischen Verfassungskonflikts und die folgende Gründung des Norddeutschen Bundes berührten das öffentliche Recht grundsätzlich. Dem Übergang vom wissenschaftlich begründeten zum staatlich gesetzten Recht entsprach, so Stolleis, ein Methodenwandel. In wenigen Jahren vor und nach 1866 erschienen programmatische juristische Grundlagenwerke, die schon von den Zeitgenossen als Neuansatz wahrgenommen wurden: Ferdinand Franz von Mayers Versuch eines verwaltungsrechtlichen ‚Allgemeinen Teils', 1857/62, Otto Bährs ‚Der Rechtsstaat' 1864, Hermann Schulzes ‚Einleitung in das deutsche Staatsrecht' 1865, Otto von Gierkes erster Band des ‚Genossenschaftsrechts' 1868, schließlich Paul Labands ‚Budgetrecht' 1871. Die deutsche Rechtswissenschaft trat in eine neue Phase der Nationalisierung ein.

Hermann Schulze-von Gaevernitz

Der Breslauer Staatsrechtler Hermann Schulze (1824–1888, nach der Nobilitierung Schulze-von Gaevernitz) hatte sich vorgenommen, ein umfassendes ‚System des deutschen Staatsrechts' zu schreiben. Die Gründung des

6. Recht und Nation

Norddeutschen Bundes schuf dafür neue politische Verhältnisse. Schulze ergänzte vor diesem Hintergrund seine ‚Einleitung in das deutsche Staatsrecht' und konzentrierte sich auf das preußische Staatsrecht. 1881/86 erschien dann sein ‚Lehrbuch des deutschen Staatsrechts'. Die ‚Einleitung' von 1865 knüpft an die ältere deutsche Staatsrechtslehre an. Schulze war, so Stolleis, kein Positivist; die geschichtliche Legitimität und die ‚Idee' des Rechts war ihm wichtig. In diesem Sinn begann seine ‚Einleitung' mit einer Beschreibung des Staatsrechts als Disziplin. Ausführlich charakterisierte er Stellung, Einteilung, Quellen, Hilfswissenschaften, Literatur, Aufgaben, Methoden und System. Daran schloss eine allgemeine Staatslehre und eine bis in seine Gegenwart reichende Verfassungsgeschichte an (202).

Der bereits erwähnte Übergang von den Methodenidealen der frühen Historischen Rechtsschule zum Wissenschafts- und Gesetzespositivismus in den mittleren Jahrzehnten des 19. Jahrhunderts vollzog sich vor allem im Zivilrecht. Die Zivilrechtler Georg Friedrich Puchta (1798–1846) bis zu Bernhard Windscheid (1817–1892) vollzogen diese Transition schrittweise und gelangten am Ende zu einer Umkehr der Prioritäten im Verhältnis von Wissenschaft und Gesetzgebung. Savigny, der 1814 eine ruhige Entwicklung der Wissenschaft gefordert und erst langfristig die potentielle Überführung ihrer Ergebnisse in eine Kodifikation für möglich gehalten hatte, trug den Sieg davon – wenn auch nicht kraft seiner Autorität, sondern weil der die nationale Gesetzgebung tragende Nationalstaat nicht zustande gekommen war. Der Preis, der für die wissenschaftliche Ausprägung kodifizierbarer Rechtsbegriffe gezahlt wurde, war hoch. Es bedurfte für diesen Sieg der juristischen Wissenschaft einer konsequenten Marginalisierung des Naturrechts sowie problematischer metaphysisch-fortschrittsgläubiger Rechtsbegründungen. Diese schlossen den Gedanken ein, man könne durch konsequente ‚Reinigung' des juristischen Denkens von ‚nichtjuristischen Elementen' zum Aufbau einer ‚reinen' Begriffspyramide gelangen. Dieses Programm schien nicht nur Abwehrkräfte gegen politischen Druck zu bieten, sondern vor allem das Prestige der ‚Wissenschaftlichkeit'. Das unterscheidet den deutschen Juristen mentalitätsgeschichtlich vor allem von seinen Kollegen im anglo-amerikanischen Rechtsraum und Rechtskreis, in dem das advokatorisch-rhetorische Element dominiert und auch das juristische Selbstbild prägt.

> Von der Historischen Schule Savignys zur Begriffsjurisprudenz

Die Konzentration Gerbers auf die rechtliche Ausformung der Staatsgewalt als „Willensmacht eins persönlich gedachten sittlichen Organismus" (203; S. 19) führt zum Bild eines Staates, der das legitime Gewaltmonopol restlos realisiert hat: „Die rechtliche Äußerung der Staatsgewalt ist das *Herrschen*" (203; S. 19). Das Volk, die Gemeinden und die öffentlichrechtlichen Korporationen waren für Gerber Gegenstände der Herrschaft. Schroff lehnte er die Versuche ab, den Staat als eine strukturell subsidiäre Hierarchie von Genossenschaften zu denken. Gerbers Staat war der einheitliche autoritäre Obrigkeitsstaat; genossenschaftliches Denken war ihm zutiefst verdächtig. Ihn störte dabei vor allem das auch darin steckende demokratische, staatsunabhängige Element der Selbstverwaltung, der Autonomie, das den Staat auf die Rolle des subsidiären Ordnungsrahmens reduzierte. Der Staatsbürger Gerbers war Untertan. Ihm wurde die vollständige Unterwerfung unter das staatliche Gewaltverhältnis abverlangt, mehr noch: Er sollte diese Unterord-

> Gerber: Staatsrecht für den autoritären Obrigkeitsstaat

nung – man erkennt unschwer hier Kants kategorischen Imperativ – als „Wohltat" empfinden, denn der Monarch und Volk einschließende Staatsorganismus löschte gewissermaßen alle Dissonanzen in sich aus und unterwarf sich unter sich selbst. Von individualrechtlichen Positionen des Bürgers, gar in Form von vorstaatlichen Grundrechten gegen staatlichen Zugriff, kann keine Rede sein. Der Wille des Monarchen ist der allgemeine Wille des Staates. Regierung und Beamtentum waren Diener und Gehilfen des Monarchen; ihre hoheitlich begründete Rechtsstellung wurde vom Monarchenrecht abgeleitet. Demgegenüber waren die Landstände minderen Rechts. Obwohl sie ihr Recht aus eigener Wurzel bezogen, sollten sie lediglich die Rechtmäßigkeit monarchischer Regierung stützen. Als unabhängige Größe ist bei Gerber allein die Justiz gedacht: Sie spricht zwar im Namen des Monarchen Recht und ist durch seinen Herrscherwillen legitimiert, betreibt aber die Rechtsfindung nach eigenen wissenschaftlichen Regeln.

Wie vollständig Gerber stilbildend gewirkt hatte, zeigten, so Stolleis, die kleinen Veränderungen im staatsrechtlichen Wortgebrauch: etwa die stillschweigende Entschärfung des Antagonismus von Monarch und Parlament in der Bezeichnung beider als ‚Staatsorgane', die Übernahme der Konstruktion des Staates als einheitlicher Willensverband, folglich auch die Bezeichnung als nunmehr öffentlichrechtlich verstandene juristische Person und die Verdrängung des nunmehr als unjuristisch und unklar empfundenen Wortes ‚Organismus'. Die Staatsrechtswissenschaft orientierte sich von nun an am Ideal „reiner Konstruktion" aus wenigen, zusammenhängenden Grundbegriffen.

Paul Laband

Die überragende Figur der Staatsrechtslehre in den Jahrzehnten nach 1871 war – und das wurde schon in seiner Zeit so gesehen – Paul Laband (1838–1918) (204; S. 364 f.). Geboren als Kind einer jüdischen Arztfamilie in Breslau, begann er dort sein Studium, setzte es in Heidelberg und Berlin bis 1858 fort. 1861 habilitierte er sich in Heidelberg mit einer Arbeit über den ‚Schwabenspiegel' für deutsche Rechtsgeschichte, wurde 1864 als Extraordinarius nach Königsberg berufen und erhielt dort 1866 eine ordentliche Professur.

Laband wurde Mitbegründer des Archivs für öffentliches Recht (1907), war intensiv als Gutachter tätig, empfing Orden, Ehrendoktorate und Festschriften, schließlich den Titel ‚Wirklicher Geheimer Rat mit dem Prädikat Exzellenz': Er war die Verkörperung des Staatsrechts im Kaiserreich, ein „Denkmal staatsrechtlicher Selbstgewißheit", wie Michael Stolleis ihn genannt hat (34; S. 343). Seine beherrschende Stellung beruhte auf dem monumentalen „Staatsrecht des Deutschen Reiches", das nach der Veröffentlichung von zwei Vorstudien ab 1876 erschien und es insgesamt auf drei, in Bearbeitungen auf vier Bände brachte. Laband konzentrierte sich in seinem ‚Staatsrecht' auf die dogmatische Konstruktion eines einheitlichen Systems von Willensbeziehungen. Sein Material war, anders als noch bei Gerber, das positive Staatsrecht des Reichs, dem durch Logik einheitliche Grundsätze und Prinzipien abgewonnen werden sollten, also sozusagen die geistige Substanz der veränderbaren Regelungen. Von Gerber zu Laband vollzog sich der Übergang vom rechtswissenschaftlichen zum Gesetzespositivismus. Für Laband war die Rechtsordnung so lückenlos wie die Ordnung der Natur. Konsequenterweise erklärte er die Schaffung eines neuen Rechtsinstituts, das einem höheren und allgemeineren Rechtsbegriff nicht untergeordnet werden könnte, für unmöglich.

Die Struktur von Labands ‚Staatsrecht' ist charakteristisch (205). Nach einer knappen Darlegung der Entstehungsgeschichte des Reichs und seiner Verfassung wird die zentrale Frage der Rechtsnatur des Reiches behandelt: Staatenbund oder Bundesstaat, Träger der Souveränität, Verhältnis zwischen Reich und Einzelstaaten. Die Kernfrage ist, so Stolleis, die der Einheit der Staatspersönlichkeit und der Staatsgewalt. Dem Staat als Subjekt stehen Objekte gegenüber, nicht etwa Glieder eines Organismus, die an der Staatsgewalt teilhaben.

Dem institutionellen Aufbau des Reichs können anschließend seine Inhalte eingefügt werden: auswärtige Angelegenheiten, Verkehrswesen, innere Angelegenheiten, Gerichtswesen, Militärwesen und Finanzwesen. Es handelt sich also ausschließlich um geltendes Recht, zweckmäßig gegliedert und in einer präzisen, gut verständlichen Sprache geschrieben. ‚Der Laband' war, so Stolleis, ein in sich geschlossenes systematisches Gedankengebäude, stringent komponiert, und in seiner nationalkonservativen Tendenz in Übereinstimmung mit der herrschenden Mentalität der Reichsgründungszeit im liberalen Bürgertum und in Teilen des Staatsapparates. Er war der geradezu idealtypische Ausdruck des juristisch-politischen *nationbuilding*.

7. Aktuelle Forschungstrends in der nationalismusgeschichtlichen Literatur der 1990er Jahre und Desiderate der Nationalismusforschung

Der folgende Literaturüberblick stellt keinen Anspruch auf Vollständigkeit. Er zielt darauf ab, auf Forschungstrends in der Nationalismusforschung seit den 1990er Jahren hinzuweisen, die bei der Auswahl exemplarischer nationalismusgeschichtlicher Probleme nicht oder nur teilweise berücksichtigt werden konnten. Ausführlicher werden diejenigen Arbeiten vorgestellt (z.B.: 18), die Zwischenbilanzen der Forschung und methodische Innovationen enthalten.

Auch die Nationalismusforschung hat in den 1990er Jahren den Trend hin zu kulturgeschichtlichen Fragestellungen textzentrierter ‚Konstruktion' und ‚Dekonstruktion' nachvollzogen. Dieser maßgeblich von Benedict Andersons nationalismusgeschichtlichem Schlüsselwerk ausgelöste Trend hat, wie Hans-Ulrich Wehler treffend bemerkt hat, auch Schattenseiten (206): Manche inhaltlichen und methodischen Innovationen der außerordentlich differenzierten Sozialgeschichte werden von der methodisch kaum konturierten und vor allem auffällig wenig kontroversenförderlichen Kulturgeschichte ignoriert (207; S. 69–78). Gerade in der Nationalismusgeschichte haben sich, wie der internationale Vergleich schnell zeigen kann, sozialwissenschaftliche und sozialgeschichtliche Methoden im weiteren Sinn behaupten können.

Ein Beispiel dafür sind die Perspektiven des britischen Sozialwissenschaftlers Anthony Smith (zur Kritik Andersons an Smith siehe oben III. 2. h)), der

Konstruktivistisch-kulturalistische Wende

III. Forschungsprobleme

Relevanz sozialgeschichtlicher Methoden und Trends der Nationalismusforschung

1991 eine Arbeit über ‚National Identity' (208) und 1995 eine Darstellung über ‚Nations and Nationalism in a Global Era' (209) vorgelegte. 1991 erschien ein von Bernhard Giesen herausgegebener Sammelband zum Thema ‚Nationale und kulturelle Identität', der Studien zur Entwicklung des kollektiven Bewusstseins in der Neuzeit versammelt (210). Über ‚Grenzfälle' des Nationalismus informiert ein von Michael Jeismann 1993 edierter Band (211); über ‚Nationalismus, Nationalitäten und Supranationalität' seit 1945 eine 1993 von Heinrich August Winkler betreute Aufsatzsammlung (212). Eine Veranstaltung der Europäischen Akademie Otzenhausen zum Thema ‚Entstehung der Nationalbewegung in Europa' dokumentierte Heiner Timmermann 1993 (213). Die Akten und Agenda eines internationalen nationalismusgeschichtlichen Kongresses in Santiago de Compostela edierte 1993 Justo G. Beramendi (214). Die Beiträge einer Tagung zu ‚Formen des nationalen Bewusstseins im Lichte zeitgenössischer Nationalismustheorien' hat Eva Schmidt-Hartmann 1994 ediert (215). 1994 erschien ein u. a. von John Hutchinson herausgegebener ‚Oxford Reader' über ‚Nationalism', der umfassend und gut verständlich in die Theoriebilder und auch in die Quellen der Nationalismusforschung einführt (216). Länderdiagnosen und theoretische Perspektiven mit einem soziologischen Schwerpunkt bietet der Sammelband ‚Das Prinzip der Nation in modernen Gesellschaften' von Bernd Estel (217). Aufsätze mit nationalismusgeschichtlichen Perspektiven zu den Lesarten von Nationalismus versammelte 1995 Sukumar Periwal (218). Mit ‚Volk, Nation und Vaterland' im 18. Jahrhundert befasst sich ein Sammelband von Ulrich Herrmann (219). ‚Nation, nationalisme, citoyenneté' thematisierte 1996 ein Band von Pierre Birnbaum (220). Zwei von Helmut Berding 1996 herausgegebene Sammelbände geben einen Überblick zu den konstruktivistischen Themen ‚Nationales Bewusstsein und kollektive Identität' (221) sowie ‚Mythos und Nation' (222). 1996 erschien die ursprünglich auf einem Kolloquium 1994 in Budapest präsentierte, auf Osteuropa bezug nehmende Arbeit unter dem Titel ‚Nationalism reframed: nationhood and the national question in the new Europe' von Rogers Brubaker (223). Eine Zusammenfassung aktueller Forschungsprobleme in diesem Bereich bietet der Band ‚Regional and national identities in Europe in the XIXth and XXth centuries', 1998 herausgegeben von Heinz-Gerhard Haupt (224). 1998 erläuterte Jürgen Habermas, was er unter der ‚postnationalen Konstellation' versteht (225). Dabei geht Habermas auch auf die emotionalen Seiten der ‚Globalisierungskritik' ein. 1996 brachte Peter Alter einen Tagungsband des Salomon-Ludwig-Steinheim-Instituts für Deutsch-Jüdische Geschichte über ‚Die Konstruktion der Nation gegen die Juden' heraus (226). Eine weitere Veranstaltung der Europäischen Akademie Otzenhausen von 1999 behandelte ‚Nationalismus und Nationalbewegung in Europa' (227). In einem 1999 veröffentlichten Aufsatz gibt Andreas Suter einen Überblick zu Fragen der ‚imagined community' mit Bezug auf den Nationalstaat (228). Die 2000 von Eric Hobsbawm und dem Afrikahistoriker Terrence Ranger vorgelegte Neuausgabe des Bandes ‚The Invention of Tradition' bietet Querschnitte zu Problemen des Geschichtsbewusstseins von 1800 bis in die Nachkriegszeit (229). Ein Sammelband von Gerd Krumeich aus dem Jahr 2000 informiert über nationalreligiöse, konfessions- und nationalismusgeschichtliche Dimensionen von ‚Nation, Religion und Gewalt im

7. Aktuelle Forschungstrends

19. und frühen 20. Jahrhundert' (230). Ein bei Benedict Anderson zentrales Thema, die politische Geographie und die kognitive Landkarte, behandelt die von Christoph Conrad 2002 herausgegebene Aufsatzsammlung ‚Mental Maps' (231). Nationalgeschichtliche Historiographie im Vergleich bietet der ebenfalls von Christoph Conrad und Sebastian Conrad herausgegebene Band ‚Die Nation schreiben: Geschichtswissenschaft im internationalen Vergleich' (232).

Ulrike von Hirschhausen und Jörn Leonhard haben in dem Titel ihrer Einführung zu dem von ihnen edierten Sammelband über ‚Nationalismen im Vergleich' den jüngsten Trend der Nationalismusforschung seit Beginn der 1990er Jahre zusammengefasst (18; S. 11–45): Die gegenwärtige politische Ausgangssituation sehen von Hirschhausen und Leonhard durch einen markanten West-Ost-Gegensatz in Europa geprägt: supranationale Integration bei gleichzeitig andauernden z. T. gewalttätigen regionalistisch-separatistischen Konflikten im Westen Europas, Renaissance von Nation und Nationalismus im Osten des Kontinents mit den üblichen kulturell-sprachlichen und religiösen Begründungsmustern. Zugleich suche eine Großteil der sich nationalistisch selbst erfindenden Staaten Osteuropas den Anschluss an die supranationale Entwicklung unter dem Dach der Europäischen Union (233). Der Vergleich west- und osteuropäischer Nationalismen, vergangener und gegenwärtiger Erfahrungen dränge sich gleichsam auf. Von Hirschhausen und Leonhard benennen zwei Hauptprobleme, die diesem nationalismusgeschichtlichen West-Ost-Vergleich bislang im Wege standen:

- die eingeübte perspektivische Beschränkung auf Westeuropa bei vergleichenden Ansätzen der westdeutschen Historiographie,

- semantische Differenzen aufgrund unterschiedlicher Vorstellungen, die mit den Begriffen ‚Nation' und ‚Volk' verbunden werden: dem politisch-voluntaristischer Nationsbegriff im Westen und kulturell-sprachlicher Nationsbegriff vor allem in Deutschland stehe der ost- und ostmitteleuropäische Begriff *narod* (etwa: ‚Volk') mit seinen ethnisch-kulturellen und religiösen Inhalten gegenüber,

- als Grundlage des Vergleichs von Nationalismen (grundlegend zur Methode historischen Vergleichens: 234) definieren von Hirschhausen und Leonhard ‚Volk', ‚Nation', ‚Nationalismus' und ‚nationale Identität',

- Volk „lässt sich in Fortführung von Überlegungen von Talcott Parsons, Karl Deutsch und M. Rainer Lepsius (…) als Personengruppe mit komplexen Kommunikationsgewohnheiten bestimmten" (18; S. 14),

- Nation – so Hirschhausen/Leonhard – könne als System von kollektiv-gemeinsamen Wertorientierungen und Ordnungsvorstellungen verstanden werden, das nach innen Teilhabe und nach außen Abgrenzung vermittelt und damit Partizipationsverheißung und Aggressionsbereitschaft konstitutiv miteinander verknüpft. Damit verbunden sei das Ziel, sich die Kontrolle über bestimmte Institutionen politischen und gesellschaftlichen Zwanges

Nationalismen im Vergleich

Relevanz des nationalismusgeschichtlichen West-Ost-Vergleichs

Vergleichsbezogene Definitionen von ‚Nation' und ‚Nationalismus'

Forschungsprobleme

sowie kultureller Selbstdeutung zu sichern. „Im *Nationalstaat* sind diese Elemente am weitesten entwickelt." (18; S. 14),

- ‚Nationalismus' bestimmen von Hirschhausen und Leonhard als „die Bevorzugung des politischen, gesellschaftlichen und kulturellen Deutungsmusters Nation und der ihren Mitgliedern zugeordneten Interessen gegenüber denen aller Außenstehenden (...)" (18; S. 14),

- *Nationbuilding* – so Hirschhausen/Leonhard – beschreibe den Prozess der Bildung und Formierung einer Nation bzw. eines Nationalstaats (18; S. 15) unter Berücksichtigung sozialer Mobilisierung, der Rolle politischer Eliten dabei, schließlich der Bedeutung von Krisen und Umbrüchen.

- ‚Nationale Identität' (kritisch: 235) meint „jene Summe kollektiver Selbstverständnisse und Selbstbilder einer Nation (...), die sich in gemeinsamen kulturellen Codes, Wertsystemen, Überzeugungen und Interessen äußert, durch Institutionen und Symbole stabilisiert und aktualisiert wird und durch die sich Nationen deuten und ihre Handlungen nach außen legitimieren" (18; S. 15).

Von Hirschhausen und Leonhard haben einen exemplarischen Leitfragen- und Themenkatalog zum Thema Nationalismen im West-Ost-Vergleich entwickelt:

Leitfragen zum Ost-West-Vergleich von Nationalismen

1. In welchem Verhältnis stehen west- und osteuropäisches *nationbuilding* einerseits und Modernisierungsprozesse wie Industrialisierung, Urbanisierung und soziale Mobilität und die Veränderung von Kommunikationsstrukturen andererseits (18; S. 21)? Von Hirschhausen und Leonhard führen zahlreiche Belege dafür an, dass Ernest Gellners These, der zufolge der Nationalismus ein Resultat industriegesellschaftlicher Homogenisierung sei, sowohl für den Westen als auch für den Osten Europas erheblich differenziert werden muss. Die generelle Annahme eines Konnexes zwischen wirtschaftlicher Rückständigkeit und nationalistischer ‚Verspätung' sei jedenfalls so nicht haltbar: „Für die Formierung eines russischen Nationalismus (...) waren nicht allein (...) Basisprozesse wie Alphabetisierung, Industrialisierung und begrenzte politische Partizipation seit Ende des 19. Jahrhunderts entscheidend, sondern auch die Herausbildung einer neuen Kategorie von Öffentlichkeit nach dem Krimkrieg in den 1850er Jahren" (18; S. 22). Dieses von westeuropäischen Erfahrungen abweichende Modernisierungsmuster einer nicht sozioökonomisch bedingten Politisierung bedarf noch näherer Untersuchung.

2. Der moderne Nationsbegriff enthält die Spannung von partizipationsverheißender Integration und Exklusion (236). Betonte man in der Nationalismusforschung lange Zeit (z. B.: Heinrich August Winkler, Peter Alter) den Paradigmenwechsel von einem ‚liberalen' zu einem ‚konservativen' Nationalismus, stellt man gegenwärtig deutlicher die Gleichzeitigkeit von Integration, Partizipation und Gewaltbereitschaft heraus. „Wo lassen sich

7. Aktuelle Forschungstrends

im Vergleich zwischen west- und osteuropäischen Nationalismen jene strukturellen und chronologischen Ungleichzeitigkeiten sowie Bruchzonen und Schwellenzeiten identifizieren, vor deren Hintergrund sich das Verhältnis zwischen integrativen und aggressiven Elementen neu ausrichtete" (18; S. 28)? Von Hirschhausen und Leonhard sehen im Vergleich von west- und osteuropäischen Fällen das auf politische Integration zielende Partizipationsversprechen später und schwächer entwickelt. Während die tschechische und ungarische Nationalbewegung 1848 auch jeweils eine Verfassungsbewegung gewesen sei, lasse sich das für Russland nicht feststellen.

3. Wer waren die Träger der Nationsbildung? Von Hirschhausen und Leonhard weisen hier ausdrücklich darauf hin, dass der Nationalismus weder in West- noch in Osteuropa noch allein als bürgerliche Bewegung beschrieben werden könne. Gerade in Ostmitteleuropa, z.B. in Galizien und Lettland, habe es auch ein spezifisch bäuerliches *nationbuilding* gegeben, in dem der Adel auch andere Rollen als in Westeuropa zukamen (18; S. 30).

4. Entlang welcher innergesellschaftlichen Konfliktlinien bildete sich der Nationalismus aus? Als ein Ergebnis ihres Vergleichs halten von Hirschhausen und Leonhard fest, dass „das Deutungsmuster der Nation (…) sich von daher nur in seiner Pluralität [erschließt]: Nationsvorstellungen oszillieren innergesellschaftlich und waren zeitlichem Wandel unterworfen. Die innergesellschaftliche Segmentierung des Nationalismus und die Überlagerung ideologischer Konfliktlinien im Nation-building kamen dabei vergleichsweise früher und stärker in den westeuropäischen als in den osteuropäischen Vergleichsfällen zum Tragen." (18; S. 30)

5. Welche Rolle spielten der Staat und sein ‚offizieller Nationalismus'? Von Hirschhausen und Leonhard haben zu dieser Fragestellung vor allem Unterschiede identifiziert: stark staatsbezogenes *nationbuilding* im zentralistischen Frankreich, späte Einführung der Wehrpflicht in Großbritannien im Ersten Weltkrieg und nichtstaatlicher Charakter von Schulen und Universitäten – anders als in Deutschland und Frankreich –, der erhebliche Stellenwert des monarchisch-militärischen Staates in Deutschland und Italien, Erhalt des Gesamtstaats durch den ‚Ausgleich' im Fall Habsburgs, zunehmende nationalistische Durchdringung des zaristischen Staates nach dem Krimkrieg.

6. Wie erfolgreich war die Durchsetzung der Nation und wie verdrängte die Nationsbildung ältere ethnische und kulturell-sprachliche Loyalitäten und Identitäten (18; S. 34)?

7. Welche Institutionen und Kommunikationsformen beherrschten das Nation-building (18; S. 37)?

8. Welche Bedeutung kam Selbst-, Fremd- und Feindbildern zu? Wie sind sie konstruiert? „Der Blick auf Ostmittel- und Osteuropa bestätigt eher Vor-

stellungen, nach denen östliche Nationalismen ein besonders starkes Aggressionspotential nach außen aufweisen" (18; S. 40). Allerdings sei deutlich zwischen Habsburg und Russland zu unterscheiden. Anders als in Habsburg nahmen im Zarenreich ethnisch-religiöse Feindbilder einen zentralen Stellenwert ein, „wobei sich diese vor allem auf Polen, Deutsche und Juden bezogen" (18; S. 40).

9. Welche Bedeutung hatte der Krieg für die Nationsbildung? „Der West-Ost-Vergleich zeigt, dass Kriege direkt oder indirekt als Zäsuren auf Nationsbildungsprozesse wirkten, dass sich darüber hinaus in den Kriegen aber auch eine spezifische Realität des Nationalismus entfalten konnte, der sich als Kriegsnationalismus von anderen Formen des Nationalismus unterschied" (18; S. 40).

10. Lassen sich Unterschiede zwischen ‚großen' und ‚kleinen' Nationen feststellen? „Gängige Ost-West-Typologien wie die von Hans Kohn oder Theodor Schieder formulierten idealtypische Kennzeichen und Funktionen von Nationalismus, wie die des transformierenden, unifizierenden oder sezessionistischen Nationalismus. Der Vergleich zeigt jedoch, dass westliche und östliche Nationalismen weitaus mehr Ähnlichkeiten aufweisen als es West-Ost-Antagonismen nahelegen" (18; S. 42). Die Begriffe Sezessionsnationalismus für Ost- und Integrationsnationalismus für Mitteleuropa seien unpräzise: „Die Abtrennung Österreichs von einem preußisch dominierten Deutschland war eine Zäsur, deren Tiefendimension diesen Begriff nicht zutreffend erscheinen lässt" (18; S. 42).

Aus ihrem komparativen Ansatz ziehen von Hirschhausen und Leonhard folgende Schlüsse für die Weiterentwicklung der Nationalismusforschung:

Prognose zur Entwicklung der Nationalismusforschung

- Der Erkenntniswert von Nationalismustypologien ist nicht nur begrenzt, sie sind auf die für Ost- und Ostmitteleuropa typischen Übergangsräume nicht anwendbar.

- Allgemeine Definitionen von Nation und Nationalismus gehen in West- wie in Osteuropa an der Komplexität der Identitätsdeterminanten vorbei. Die Nation als Rahmen für das Selbst- und Fremdbild ist keine „monolithische, homogene oder uniforme Größe" (18; S. 45).

- Historiographiegeschichtlich tritt die Nationalismusgeschichte in die Phase der Dekonstruktion ein. Nachdem sie die nationalen Deutungstraditionen erfolgreich dekonstruiert hat – ganz besonders deutlich in Deutschland nach 1945 –, werden nunmehr die Mechanismen dieser Dekonstruktion selbst dekonstruiert und historisiert: „Die in den 1950er und 1960er Jahren entwickelten Typologien reflektierten das Klima des Kalten Krieges und der Blockkonfrontation zwischen West und Ost, sie legitimierten gleichsam historisch aus der Sicht Westeuropas den Entwicklungsunterschied und die Fortschrittslücke zwischen West und Ost" (18; S. 45).

7. Aktuelle Forschungstrends

In dem Band ‚Europa zwischen den Weltkriegen' in der Reihe ‚Oldenbourg-Grundrisse' hat Horst Möller auf die Lücken der Nationalismusforschung des 20. Jahrhunderts hingewiesen:

- Der Nationalismus als gesellschaftliches Integrationsinstrument ist für die Geschichte des 19. Jahrhunderts wesentlich besser erforscht als für die des 20. Jahrhunderts (237; S. 135).

- Die Bedeutung des Nationalismus in den demokratischen Staaten nach 1918 liege endgültig nicht mehr im Bereich der Zielsetzungen und des politisch-sozialen Habitus von Nationalbewegungen, sondern vielmehr im Bereich gesellschaftlicher Integration (237; S. 136).

Horst Möller: Forschungsdefizite der Nationalismusgeschichte des 20. Jahrhunderts

Einen Überblick ausgewählter aktueller Literatur zur deutschen nationalismusgeschichtlichen Literatur bietet u.a. Hans-Ulrich Wehler in seiner Überblicksdarstellung aus dem Jahr 2001 (44; S. 118–120). Perspektivenreich und weiterführend ist der von Manfred Hettling und anderen Autoren 1996 herausgegebene Sammelband ‚Nation und Gesellschaft in Deutschland' (238). Den technikgeschichtlichen Aspekt nationaler Identität hat Sabine Höhler 2002 in einem Tagungsbeitrag für das Institut für Wissenschafts- und Technikforschung der Universität Bielefeld über ‚Nation im Zeitalter technischer Repräsentierbarkeit' herausgearbeitet (239). Der Beitrag beruht auf ihrer Braunschweiger Dissertation von 1999 über ‚Luftfahrtforschung und Luftfahrtmythos' in Deutschland zwischen 1880 und 1910 (240).

Hans-Ulrich Wehler

Die aggressiven Seiten nationalhistorischer Konstruktion im deutschen Geschichtsbild zwischen Kaiserreich und Wiedervereinigung behandelt Edgar Wolfrum in der Monographie ‚Geschichte als Waffe' aus dem Jahr 2001 (241).

Edgar Wolfrum: Geschichtspolitik

2001 legten Holm Sundhaussen und Heiko Hänsel einen Sammelband über ‚Konfliktregionen Südosteuropas im Zeichen des Nationalismus' vor (242). Ein 2002 von Kai Struve edierter Band zum Thema ‚Identitätenwandel in Oberschlesien in der Neuzeit' dokumentiert eine Tagung des Herder-Instituts in Zusammenarbeit mit dem Zentrum für Vergleichende Geschichte Europas, Berlin (243). 2003 fasste Holm Sundhaussen Gründzüge der ‚Staatsbildung und ethnisch-nationalen Gegensätze in Südosteuropa' in einem Beitrag für die Beilage der Wochenzeitung ‚Das Parlament', ‚Aus Politik und Zeitgeschichte', zusammen (244). Ebenfalls 2003 erschien ein von der Friedrich-Ebert-Stiftung herausgegebener Tagungsband über ‚Religionen und Kulturen in Südosteuropa' (245).

Holm Sundhaussen, Heiko Hänsel

IV. Ausblick: Lehren aus der Nationalismusforschung?

Ernest Gellner hat die essayistische Bilanz seiner lebenslangen Beschäftigung mit dem Nationalismus 1997 (3) mit einem Kapitel über ‚praktische Konsequenzen' abgeschlossen. Das Leid, das nationalistische Konflikte in der modernen Geschichte verursachten und bis zum heutigen Tag bewirken, hat Vertreter aller Fach- und Interpretationsrichtungen immer wieder dazu bewogen, über Lösungen dieses Problems nachzudenken. Gellner nennt einige Voraussetzungen, welche die Verbreitung von Nationalismus erschweren.

„Es gibt" – so Gellner – „keine Zauberformel, mittels deren man ethnische Konflikte verhindern und durch paradiesische Harmonie ersetzten könnte" (3; S. 168). Moralpredigten allein helfen nicht, wenn, wie Gellner es sieht, „der Hang zu nationalistischen Gefühlen in der Politik (…) in der Lebensweise der modernen Menschen selbst [wurzelt]" (3; S. 169). Von zentraler Bedeutung für jeden Lösungsansatz nationalistischer Konflikte sei es, eine kritische Distanz zu den nationalistischen Selbst- und Fremdbildern zu gewinnen. Von entscheidender Bedeutung für eine erhöhte Nationalismusresistenz – so Gellner weiter – ist der Wohlstand einer Gesellschaft. Auch der Umkehrschluss trifft zu: Je ärmer eine Gesellschaft wird oder ist, desto besser stehen die Chancen für den Nationalismus.

Ein hohes Maß an Industrialisierung begünstige Gellner zufolge einerseits die Entstehung größerer politischer Einheiten, andererseits die Erhaltung lokaler Autonomie in Kantonen bzw. Ländern. Dies kann die Anfälligkeit für Nationalismus schwächen. Die Welt der Globalisierung provoziere – wie Gellner weiter ausführt – neben der Notwendigkeit der Supra- und Internationalisierung politischer Zuständigkeiten typisch globaler Belange wie Sicherheit und Marktkontrolle die Formierung regionaler korporativer Strukturen der Interessenvertretung. Das kann bedeuten, „dass in der industriellen Welt (…) die maßgeblichen politischen Verbände demnächst entweder kleiner oder größer sind als jene ‚nationalen' Verbände, die auf bestimmten Hochkulturen basieren" (3; S. 176f.).

Nationen und Nationalismus – so Gellners Bilanz – gibt es nicht ‚an sich'. Sie sind Ergebnisse historisch-politischer Prozesse, geschichtswissenschaftlich erklärbar, vielleicht auf der Grundlage historischen Verständnisses sogar politisch überwindbar.

Perspektiven der Nationalismusforschung

Im Hinblick auf die weitere Entwicklung der interdisziplinären, im Vergleich mit anderen Forschungsgegenständen weit weniger institutionalisierten Nationalismusforschung lassen sich drei Bereiche ausmachen.

In methodischer Hinsicht ist in den nächsten Jahren die Integration von sozial- und kulturgeschichtlichen Perspektiven zu leisten. Der Nationalismus bietet sich hier in besonderer Weise als Untersuchungsgegenstand an, da er stets eine sozioökonomische und eine soziokulturelle Seite hat. Sozial- und kulturgeschichtliche Interpretationen erweisen ihre Qualität, indem sie den Vergleich von Nationalismen und verschiedener Formen des *nationbuilding* – auch kulturkreisübergreifend – ermöglichen. Der strukturelle Eurozentrismus vieler nationalismusgeschichtlicher Deutungen ist ein Hemmnis für das tiefgehende Verständnis der außerordentlichen Dynamik, die der Nationalismus in allen Teilen der Welt im 19. und 20. Jahrhundert entfaltet hat. Schon die implizite Perspektive des Begriffs ‚Transfernationalismus' zeigt dies deutlich. Anregungen sind hier vor allem aus einer vergleichenden Demokratie- und Diktaturforschung (vgl. 246) zu erwarten, die nach der Bedeutung nationalistischer Mechanismen in Demokratien und Diktaturen unter dem Gesichtspunkt der Stabilisierung und Destabilisierung gesellschaftlicher Systeme fragt.

Ob und inwieweit die muslimisch-fundamentalistischen Bewegungen seit dem letzten Drittel des 20. Jahrhunderts auf nationalistische Argumentationsmuster zurückgreifen und ob deren spezifische ‚Modernität' sogar diesen Ursprung hat, wird eine tiefenscharfe Detailforschung zu klären haben, die sich nicht von ‚kulturkämpferischen' Mentalitäten eines *clash of civilizations* (61) leiten lässt. Zweifellos sind die Forschungsdefizite der Nationalismusforschung in diesem Bereich am größten, obwohl Benedict Anderson immer wieder Beispiele aus seinem südostasiatischen Referenzraum in die nationalismusgeschichtliche Argumentation eingebracht hat. Die nach 1989 und 1991 verständliche und notwendige Hinwendung zu Ost-West-Vergleichen auf vielen historisch-politischen Ebenen sollte den Nord-Süd-Vergleich nicht marginalisieren; dies umso weniger, da im ehemaligen Herrschaftsbereich der Sowjetunion sich Ost-West- und Nord-Süd-Konflikte auf brisante Weise überschneiden und wechselseitig verstärken.

Die ausgeprägte Identitätsschwäche supranationaler Verbünde und Institutionen bzw. die Stärke alter nationaler Identitäten in diesen politischen Organisationsformen, die ihre Existenz nicht zuletzt einer Wahrnehmung des Nationalismus als Bedrohung des regionalen und des Weltfriedens verdanken, ist ein seit Jahrzehnten auf der Ebene der Vereinten Nationen und der Europäischen Gemeinschaft(en)/Europäischen Union diskutiertes Problem. Es ist nicht zu erwarten, dass eine gleichsam angewandte Nationalismusforschung durch die Präsentation von erfolgreichen Modellen des *nationbuilding* im Bereich der supranationalen europäischen oder gar der globalen Identitätsbildung die Rolle spielen kann, welche die Politikwissenschaft als dezidierte ‚Demokratiewissenschaft' bei der Stiftung einer neuen politischen Kultur in Westdeutschland nach 1945/49 gespielt hat. Dennoch kann sie zur Schaffung von Problembewusstsein und Krisenbewältigungskompetenz beitragen. Dies setzt allerdings eine wissenschaftliche Glaubwürdigkeit voraus, die auch von der Qualität des Umgangs mit der Geschichte der eigenen Fachdisziplin, z.B. der Offenlegung personeller Verstrickung in nationalistische Exzesse, abhängt (exemplarisch dazu: 247). Auch die Haltung kritischer Distanz gegenüber dem Grad der Einbindung in nationale Legitimationsstrategien und nationale historisch-politische Sinnbildung erhöht diese Glaubwürdigkeit.

Quellen und Literatur

Zu I. Einleitung

(1) Ernest Renan, Qu'est-ce que c'est une nation? Paris 1882; ND u. a. Paris 1993; dt.: Was ist eine Nation? und andere politische Schriften. Wien 1995
(2) Lothar Gall, Europa auf dem Weg in die Moderne, 1850–1890. München ²1989 (Oldenbourg Grundriß der Geschichte, Bd. 14)
(3) Ernest Gellner, Nationalismus. Kultur und Macht. Berlin 1999 (zuerst London 1997)
(4) Hans-Jürgen Goertz, Geschichte – Erfahrung und Wissenschaft. Zugänge zum historischen Erkenntnisprozeß, in: Hans-Jürgen Goertz (Hg.), Geschichte. Ein Grundkurs. Reinbek 1998 (Rowohlts Enzyklopädie), S. 15–41
(5) Hagen Schulze, Gibt es überhaupt eine deutsche Geschichte? Stuttgart 1998 (zuerst Berlin 1989)
(6) Abigail Green, Fatherlands. State-Building and Nationhood in Nineteenth-Century Germany. Cambridge/UK 2001

Zu II. Überblick

(7) Otto Dann, Nation und Nationalismus in Deutschland, 1770–1990. München 1993
(8) Eugen Lemberg, Geschichte des Nationalismus in Europa. Stuttgart 1950
(9) Hans Kohn, Die Idee des Nationalismus. Ursprung und Geschichte bis zur Französischen Revolution. Heidelberg 1950 (zuerst New York 1945 u. d. T.: The Idea of Nationalism. A Study in its Origin and Background)
(10) Geoff Eley, Ronald Grigor Suny, Becoming National. A Reader. Oxford 1996
(11) Karl Wolfgang Deutsch, Nationalism and social communication. An Inquiry into the Foundations of Nationality (1953). Cambridge/Mass. ²1966
(12) Wolfgang Altgeld, Katholizismus, Protestantismus, Judentum. Über religiös begründete Gegensätze und nationalreligiöse Ideen in der Geschichte des deutschen Nationalismus. Mainz 1992 (Veröffentlichungen der Kommission für Zeitgeschichte, Reihe B, Bd. 59; zugl. Habil.-Schr. Karlsruhe 1990)
(13) Dieter Langewiesche, Nation, Nationalismus, Nationalstaat in Deutschland und Europa. München 2000
(14) Jörn Rüsen, Was heißt: Sinn der Geschichte? (Mit einem Ausblick auf Vernunft und Widersinn), in: Hans-Jürgen Goertz (Hg.), Historische Sinnbildung. Problemstellungen, Zeitkonzepte, Wahrnehmungshorizonte, Darstellungsstrategien. Reinbek 1997, S. 17–47
(15) Clifford Geertz, Dichte Beschreibung. Beiträge zum Verstehen kultureller Systeme. Frankfurt am Main 1983
(16) Hans-Jürgen Goertz, Umgang mit Geschichte. Eine Einführung in die Geschichtstheorie. Reinbek 1995 (Rowohlts Enzyklopädie)
(17) Dieter Langewiesche, Nation, Nationalismus, Nationalstaat, in: NPL 40 (1995), S. 190–236
(18) Nationalismen in Europa. West- und Osteuropa im Vergleich. Hg. v. Ulrike von Hirschhausen, Jörn Leonhard. Göttingen 2001
(19) Mikulas Teich, Roy Porter (Hg.), The National Question in Europe in Historical Context. Cambridge 1993
(20) Hagen Schulze, Staat und Nation in der europäischen Geschichte. München 1994
(21) John Breuilly, Nationalism and the State. Manchester ²1993
(22) Wilfried von Behlow, Nation, Nationalstaat, Nationalismus, in: Dieter Nohlen (Hg.), Lexikon der Politik. Bd. 1: Politische Theorien. Hg. v. Dieter Nohlen, Rainer-Olaf Schulze. München 1995, S. 354–359
(23) Eugen Kamenka, Peter Herde, Shlomo Avineri, Nationalismus, in: Pipers Handbuch der politischen Ideen. Hg. v. Iring Fetscher, Herfried Münkler. Bd. 4: Neuzeit. Von der Französischen Revolution bis zum europäischen Nationalismus. München/Zürich 1986, S. 589–631
(24) Imanuel Geiss, Geschichte griffbereit. 6 Bde. Gütersloh/München 2002 (zuerst Reinbek 1979)
(25) Peter Alter (Hg.), Nationalismus. Dokumente zur Geschichte und Gegenwart eines Phänomens. München 1994
(26) Dorothea Weidinger (Hg.), Nation – Nationalismus – Nationale Identität. Bonn 2002 (Schriftenreihe der Bundeszentrale für politische Bildung, Bd. 392)
(27) Anthony Smith, Nationalism and Modernism: A Critical Survey of Recent Theories of Nations and Nationalism. London 1998
(28) Etienne François, Hannes Sigrist, Jakob Vogel (Hg.), Nation und Emotion. Deutschland und Frankreich im Vergleich, 19. und 20. Jahrhundert. Göttingen 1995

(29) Eberhard Jäckel, Hitlers Weltanschauung. Entwurf einer Herrschaft. Stuttgart 1981
(30) Eberhard Jäckel, Hitlers Herrschaft. Vollzug einer Weltanschauung. Stuttgart 1986
(31) Altgeld, Wolfgang (Hg.), Kleine Geschichte Italiens. Stuttgart 2002
(32) Ute Frevert, Vertrauen. Historische Annäherung an eine Gefühlshaltung, in: Emotionalität. Zur Geschichte der Gefühle. Hg. v. Claudia Benthien u. a. Köln u. a. 2000, S. 179–197
(33) Benedict Anderson, Die Erfindung der Nation. Zur Geschichte eines folgenreichen Konzepts. Neuausg. Berlin 1998 (zuerst ebd., 1983; engl. zuerst 1983 u. d. T. ‚Imagined communities')
(34) Michael Stolleis, Geschichte des öffentlichen Rechts in Deutschland. Bd. II: Staatsrechtslehre und Verwaltungswissenschaft, 1800–1914. München 1992
(35) Rainer Kipper, Der Germanenmythos im Deutschen Kaiserreich. Formen und Funktionen historischer Selbstthematisierung. Göttingen 2002 (Formen der Erinnerung, Bd. 11; zugl. Diss. phil. Gießen 2000)
(36) Hagen Schulze, Der Weg zum Nationalstaat. Die deutsche Nationalbewegung vom 18. Jahrhundert bis zur Reichsgründung. München ^{2}1986 (Deutsche Geschichte der neuesten Zeit vom 19. Jahrhundert bis zur Gegenwart)
(37) Historikerlexikon. Von der Antike bis zum 20. Jahrhundert. Hg. v. Rüdiger vom Bruch. München 1991
(38) Wolfgang Hardtwig, Geschichtskultur und Wissenschaft. München 1990
(39) Friedrich Meinecke, Weltbürgertum und Nationalstaat: Studien zur Genesis des deutschen Nationalstaats. München 1908
(40) Carlton J. H. Hayes, The Historical Evolution of Modern Nationalism. New York 1931
(41) Theodor Schieder, Typologie und Erscheinungsformen des Nationalstats in Europa (1966), in: Heinrich August Winkler (Hg.), Nationalismus. Königstein/Ts. ^{2}1985, S. 119–137
(42) Miroslav Hroch, Die Vorkämpfer der nationalen Bewegung bei den kleinen Völkern Europas. Eine komparative Untersuchung der sozialen Zusammensetzung der patriotischen Gruppen. Prag 1968 (Acta Universitatis Carolinae, Monographia, XXIV)
(43) Hagen Schulze, Kleine deutsche Geschichte. München 1996
(44) Hans-Ulrich Wehler, Nationalismus. Geschichte, Formen, Folgen. München 2001
(45) Karl Lamprecht, Deutsche Geschichte. Bd. 1 Berlin ^{6}1920 (zuerst 1906)

(46) Max Weber, Wirtschaft und Gesellschaft. Grundriß der verstehenden Soziologie (1922). Tübingen ^{5}1976
(47) Johan Huizinga, Holländische Kultur im siebzehnten Jahrhundert (1932, erw. dt. Erstausg. 1941). Frankfurt am Main 1977
(48) Norbert Elias, Über den Prozeß der Zivilisation. Soziogenetische und psychogenetische Untersuchungen. Bd. I: Wandlungen des Verhaltens in den weltlichen Oberschichten des Abendlandes (1939). Frankfurt am Main ^{21}1997
(49) Friso Wielenga, Ilona Taute (Hg.), Länderbericht Niederlande. Geschichte – Wirtschaft – Gesellschaft. Bonn 2004 (Schriftenreihe der Bundeszentrale für politische Bildung, Bd. 399)
(50) Thomas Mann, Deutschland und die Deutschen (1945), in: ders., GW, Bd. XI: Reden und Aufsätze, Bd. 3. Frankfurt am Main 1990, S. 1126–1148
(51) Eugen Lemberg, Nationalismus. Bd. II: Soziologie und politische Pädagogik. Reinbek 1964 (Rowohlts Enzyklopädie)
(52) Karl Wolfgang Deutsch, Nation und Welt (1966), in: Heinrich August Winkler (Hg.), Nationalismus. Königstein/Ts. ^{2}1985, S. 49–66
(53) Elie Kedourie, Nationalismus. München 1971 (zuerst Oxford 1960)
(54) Programm der SED. Berlin (Ost) 1976
(55) Peter Alter, Nationalismus. Frankfurt am Main 1985
(56) Athena S. Leoussi (Ed.), Nationality and nationalism, London 2004
(57) Brockhaus Enzyklopädie in 24 Bdn. Bd. 15. Mannheim ^{19}1991
(58) Eric J. Hobsbawm, Nationen und Nationalismus. Mythen und Realität seit 1780. München 1996 (zuerst Frankfurt am Main 1991)
(59) Reinhart Koselleck, Volk, Nation, Nationalismus, Masse, in: Geschichtliche Grundbegriffe. Historisches Lexikon zur politisch-sozialen Sprache in Deutschland. Bd. 7. Hg. v. Otto Brunner, Werner Conze, Reinhart Koselleck. Stuttgart 1992, S. 141–431
(60) Joseph Rovan, Geschichte der Deutschen. Von den Anfängen bis heute. München/Wien 1995 (zuerst Paris 1994)
(61) Samuel P. Huntington, Kampf der Kulturen. Die Neugestaltung der Weltpolitik im 21. Jahrhundert. Berlin ^{2}1998 (zuerst New York 1996)
(62) Dik Linthout, Frau Antje und Herr Mustermann. Niederlande für Deutsche, Berlin 2003 (zuerst u.d.T. ‚Onbekende Buren', Amsterdam 2000)
(63) Deutsche Historiker im Nationalsozialismus. Hg. v. Winfried Schulze, Otto Gerhard Oexle. Frankfurt am Main 1999

(64) Hans Magnus Enzensberger, Haßproduzenten. Eine Erinnerung, in: ders., Zickzack. Aufsätze. Frankfurt am Main 1997, S. 95–105
(65) Harry Pross (Hg.), Die Zerstörung der deutschen Politik. Dokumente 1871–1933. Frankfurt am Main 1959
(66) Simon Cosgrove, Russian nationalism and the politics of Soviet literature, London 2004

Zu III. Forschungsprobleme der Nationalismusgeschichte

(67) Eckhard Jesse (Hg.), Demokratien des 21. Jahrhunderts im Vergleich: historische Zugänge, Gegenwartsprobleme, Reformperspektiven, Opladen 2003
(68) Franz Schnabel, Deutsche Geschichte im neunzehnten Jahrhundert. Bd. 1: Die Grundlagen. Freiburg i. Br. 1929 (ND München 1987)
(69) Friedrich Meinecke, Die deutsche Katastrophe. Wiesbaden 1946
(70) Dokumentation der Vertreibung der Deutschen aus Ost-Mitteleuropa. 6 Bde. Bearb. v. Theodor Schieder. Bonn 1954 ff.
(71) Handbuch der Europäischen Geschichte. 7 Bde. Hg. v. Theodor Schieder. Stuttgart 1968 ff.
(72) Theodor Schieder, Das Deutsche Kaiserreich von 1871 als Nationalstaat (1961). Hg. v. Hans-Ulrich Wehler. Göttingen ^{2}1992
(73) Horst Lademacher, Zwei ungleiche Nachbarn: Wege und Wandlungen der deutsch-niederländischen Beziehungen im 19. und 20. Jahrhundert. Darmstadt 1989
(74) Miroslav Hroch, Das Erwachen kleiner Nationen, in: Heinrich August Winkler (Hg.), Nationalismus. Königstein/Ts. ^{2}1985, S. 155–172
(75) Philosophisches Wörterbuch. Bd. 2. Hg. v. Georg Klaus, Manfred Buhr. Berlin (Ost) ^{11}1975 (zuerst ebd. 1964), s.v. ‚Nation', S. 833–839
(76) Heinrich August Winkler, Der Nationalismus und seine Funktionen, in: ders. (Hg.), Nationalismus. Königstein/Ts. ^{2}1985, S. 5–46
(77) Pierre Bourdieu, Sozialer Raum und ‚Klassen'. Frankfurt am Main 1985
(78) Heinrich August Winkler, Demokratie und Nation in der deutschen Geschichte (1994), in: ders., Streitfragen der deutschen Geschichte. Essays. München 1997, S. 31–51
(79) Peter Burke, Offene Geschichte. Die Schule der ‚Annales'. Berlin 1991 (zuerst Cambridge/UK 1990)
(80) John A. Armstrong, Nations before Nationalism. Chapel Hill/NJ 1982
(81) Otto Dann (Hg.), Nationalismus in vorindustrieller Zeit. München 1986
(82) Karl Wolfgang Deutsch, Der Nationalismus und seine Alternativen. München 1972
(83) Dietmar Rothermund, Nationalismus und sozialer Wandel in der Dritten Welt. Zwölf Thesen, in: Otto Dann (Hg.), Nationalismus und sozialer Wandel. Hamburg 1978, S. 187–208
(84) Gilles Kepel, Der Prophet und der Pharao. Das Beispiel Ägypten: Die Entwicklung des muslimischen Extremismus. München 1995
(85) Adid Dawilsa, Arab nationalism in the twentieth century: from triumph to despair. Princeton/NJ 2003
(86) Christian P. Scherrer, Ethnicity, nationalism, and violence: conflict management, human rights, and multilateral regimes. Aldershot u.a. 2003.
(87) Imanuel Geiss, Imperien und Nationen. Zur universalhistorischen Topographie von Macht und Herrschaft, in: Tel Aviver Jahrbuch für deutsche Geschichte 28 (1999), S. 57–91
(88) Peter Alter, Der eilige Abschied von der Nation. Zur Bewußtseinslage der Deutschen nach 1945, in: Harm Klueting (Hg.), Nation, Nationalismus, Postnation. Beiträge zur Identitätsfindung der Deutschen im 19. und 20. Jahrhundert, S. 185–202
(89) Hans Buchheim, Aktuelle Krisenpunkte des deutschen Nationalbewußtseins. Mainz 1967
(90) Niedersächsische Landeszentrale für politische Bildung (Hg.), Die Deutsche Frage. Materialien zur politischen Bildung. Hannover 1985
(91) Politische Kultur und deutsche Frage. Materialien zum Staats- und Nationalbewußtsein in der Bundesrepublik Deutschland. Hg. v. Werner Weidenfeld. Köln 1989
(92) Karl Jaspers, Wohin treibt die Bundesrepublik? Tatsachen, Gefahren, Chancen. München 1966
(93) Andreas Hillgruber, Die gescheiterte Großmacht. Eine Skizze des Deutschen Reiches 1871–1945. Düsseldorf 1984 (zuerst ebd., 1980)
(94) Jörn Rüsen, Grundzüge einer Historik. Bd. 1: Historische Vernunft. Göttingen 1983; Bd. 2: Rekonstruktion der Vergangenheit. Göttingen 1986; Bd. 3: Lebendige Geschichte. Göttingen 1989
(95) Horst Walter Blanke (Hg.), Dimensionen der Historik. Geschichtstheorie, Wissenschaftsgeschichte und Geschichtskultur heute. Jörn Rüsen zum 60. Geburtstag. Köln 1998
(96) Georg G. Iggers, Geschichtstheorie zwischen postmoderner Philosophie und geschichtswissenschaftlicher Praxis, in: Geschichte und Gesellschaft 26 (2000), S. 335–346
(97) Hans-Ulrich Wehler, Die Herausforderung der Kulturgeschichte. München 1998
(98) Chris Lorenz, Das Unbehagen an der Modernisierungstheorie. Über das ambivalente Verhältnis

zwischen Gesellschaftsgeschichte und Modernisierungstheorie, in: Sabine Haring, Katrina Scherke (Hg.), Analyse und Kritik der Modernisierung um 1900 und um 2000. Studien zur Moderne Bd. 12. Wien 2000, S. 229–263

(99) Thomas Nipperdey, Wehlers ‚Kaiserreich'. Eine kritische Auseinandersetzung (1975), in: ders., Gesellschaft, Kultur, Theorie. Gesammelte Aufsätze zur neueren Geschichte. Göttingen 1976 (Kritische Studien zur Geschichtswissenschaft, Bd. 18), S. 360–389

(100) Hartmut Lehmann (Hg.), Historikerkontroversen, Göttingen 2000 (Göttinger Gespräche zur Geschichtswissenschaft, 10)

(101) Oliver Brachfeld, Minderwertigkeitsgefühle beim Einzelnen und in der Gemeinschaft. Stuttgart 1953

(102) Jörn Rüsen (Hg.), Die dunkle Spur der Vergangenheit. Psychologische Zugänge zum Geschichtsbewußtsein. Frankfurt am Main 1998 (Erinnerung, Geschichte, Identität, Bd. 2)

(103) Jörn Rüsen (Hg.), Geschichtsbewußtsein. Psychologische Grundlagen, Entwicklungskonzepte, empirische Befunde. Köln u.a. 2001 (Beiträge zur Geschichtskultur, Bd. 21)

(104) Karl W. Deutsch, Nation und Volk (1966), in: Heinrich August Winkler (Hg.), Nationalismus. Königstein/Ts. ²1985, S. 49–66

(105) Karl Rohe, Politische Kultur und ihre Analyse, in: HZ 250 (1990), S. 321–346

(106) Andreas Renner, Nationalismus und Diskurs. Zur Konstruktion nationaler Identität im Russischen Zarenreich nach 1855, in: Ulrike von Hirschhausen, Jörn Leonhard (Hg.), Nationalismen in Europa. West- und Osteuropa im Vergleich. Göttingen 2001, S. 433–449

(107) Klaus von See, Freiheit und Gemeinschaft. Völkisch-nationales Denken in Deutschland zwischen Französischer Revolution und Erstem Weltkrieg. Heidelberg 2001

(108) Werner Sombart, Händler und Helden: patriotische Gesinnungen. München 1915

(109) Arlie J. Hoover, The Gospel of Nationalism. German Protestant Preaching from Napoleon to Versailles. Stuttgart 1986

(110) Richard van Dülmen, Religionsgeschichte in der historischen Sozialforschung, in: GuG 6 (1980), S. 36–59

(111) Hans-Ulrich Wehler, Deutsche Gesellschaftsgeschichte, Bd. 2: Von der Reformära bis zur industriellen und politischen ‚Deutschen Doppelrevolution' 1815–1845/49. München 1987

(112) Eric Voegelin, Die politischen Religionen. Wien 1938

(113) Hans Maier, ‚Totalitarismus' und ‚Politische Religionen'. Konzepte des Diktaturvergleichs, in: Eckhard Jesse (Hg.), Totalitarismus im 20. Jahrhundert. Eine Bilanz der internationalen Forschung. Bonn 1996 (Schriftenreihe der Bundeszentrale für politische Bildung, Bd. 336), S. 118–134

(114) Heinz-Gerhard Haupt, Dieter Langewiesche (Hg.), Nation und Religion in der deutschen Geschichte. Frankfurt am Main/New York 2001

(115) Friedrich Wilhelm Graf, Die Wiederkehr der Götter. Religion in der modernen Kultur, München 2004

(116) Edward A. Shils, Ideologie, in: Wörterbuch der Soziologie. Hg. v. Wilhelm Bernsdorf. Stuttgart ²1969

(117) Hans-Peter Schwarz, Fragen an das 20. Jahrhundert, in: VZG 48 (2000), S. 1–36

(118) Rolf-Ulrich Kunze, Destruktives Dagegensein. Politische Antibewegungen im 20. Jahrhundert, in: Liberal. Vierteljahreshefte für Politik und Kultur 45 (2003), Heft März 2003, S. 76–78

(119) Badisches Landesmuseum Karlsruhe (Hg.), Baden und Europa, 1918 bis 2000, Karlsruhe 2004

(120) Kurt Sontheimer, Antidemokratisches Denken in der Weimarer Republik. Die politischen Ideen des deutschen Nationalismus zwischen 1918 und 1933. München ³1992 (zuerst ebd. 1962)

(121) Armin Mohler, Die Konservative Revolution in Deutschland 1918 – 1932. Grundriß ihrer Weltanschauungen. Stuttgart 1950 (zugl. Diss. phil., Basel 1949)

(122) Ralf Dahrendorf, Gesellschaft und Demokratie in Deutschland. München 1965

(123) Herfried Münkler, Die Politischen Ideen der Weimarer Republik, in: Pipers Handbuch der politischen Ideen. Bd. 5. Hg. v. Iring Fetscher, Herfried Münkler. München/Zürich 1987, S. 283–318

(124) Albert O. Hirschman, Denken gegen die Zukunft. Die Rhetorik der Reaktion. München/Wien 1992 (zuerst Cambridge/Mass. 1991)

(125) Thomas H. Marshall, Class, Citizenship and Social Development. New York 1965

(126) Ernest Gellner, Thought and Change. Chicago 1965

(127) Ernest Gellner, Nations and Nationalism. Oxford 1983

(128) Ernest Gellner, Nationalismus und Moderne. Berlin 1991

(129) Ernest Gellner, Encounters with nationalism. Oxford 1994

(130) Wolfgang Sofsky, Traktat über die Gewalt. Frankfurt am Main 1996

(131) Ulrike von Hirschhausen, Stand, Religion, Nation und Reich: Die Gleichzeitigkeit des Ungleichzeitigen im lokalen Raum Ostmitteleuropas. Das Beispiel Riga 1860–1914, in: Ulrike von Hirschhausen, Jörn Leonhard (Hg.), Nationalismen in Europa. West- und Osteuropa im Vergleich. Göttingen 2001, S. 372–397

(132) Hugh Seton-Watson, Nations and States. An Inquiry into the Origins of Nations and the Politics of Nationalism. Boulder, Co 1977

(133) Tom Nairn, The Modern Janus, in: The New Left Review 94 (11/12 1975), S. 3–29

(134) Anthony Smith, The Ethnic Origin of Nation. Oxford 1987

(135) Andreas Suter, Der Nationalstaat und die ‚Tradition von Erfindung' – Die Schweiz, Frankreich und Deutschland im Vergleich, in: Ulrike von Hirschhausen, Jörn Leonhard (Hg.), Nationalismen in Europa. West- und Osteuropa im Vergleich. Göttingen 2001, S. 69–95

(136) Chris Lorenz, De constructie van het verleden. Meppel u.a. 1987 (zugl. Diss. Amsterdam 1987)

(137) Piet de Rooy, Republiek van rivaliteiten. Nederland sinds 1813. Amsterdam 2002

(138) Frank Lorenz Müller, Britain and the German question: perceptions of nationalism and political reform, 1830–1863. Basingstoke 2002

(139) Jürgen Domes, Nationalismus, in: Staatslexikon. Recht, Wirtschaft, Gesellschaft. Hg. v. der Görres-Gesellschaft. Bd. III. Freiburg i. Br. u.a. 1987, Sp. 1272–1275

(140) Sönke Neitzel, Weltmacht oder Untergang: die Weltreichslehre im Zeitalter des Imperialismus. Paderborn u.a. 2000

(141) Theodor Schieder, Nationalismus und Nationalstaat: Studien zum nationalen Problem im modernen Europa. Hg. v. Otto Dann, Hans-Ulrich Wehler. Göttingen 1992

(142) Sven Oliver Müller, Nationalismus in Deutschland und Großbritannien im Ersten Weltkrieg. Göttingen 2002 (Kritische Studien zur Geschichtswissenschaft, Bd. 158; zugl. Diss. phil. Bielefeld 2001)

(143) Jörg Echternkamp (Hg.), Die Politik der Nation: deutscher Nationalismus in Krieg und Krisen, 1760–1960. München 2002

(144) Matthias Steinbach, Abgrund Metz. Kriegserfahrung, Belagerungsalltag und nationale Erziehung im Schatten einer Festung 1870/71. München 2002 (Pariser Historische Studien, Bd. 56)

(145) Jörg Echternkamp, Der Aufstieg des deutschen Nationalismus (1770–1840). Frankfurt am Main 1998 (zugl. Diss. phil. Bielefeld 1996)

(146) Stefan Berger, Britischer und deutscher Nationalismus im Vergleich: Probleme und Perspektiven, in: Ulrike von Hirschhausen, Jörn Leonhard (Hg.), Nationalismen in Europa. West- und Osteuropa im Vergleich. Göttingen 2001, S. 97–115

(147) Rogers Brubaker, Citizenship and Nationhood in France and Germany. Cambridge/Mass. 1992

(148) David Cannadine, The Decline and Fall of the British Aristocracy. New Haven 1990

(149) Paul Gilroy, „There ain't No Black in the Union Jack": The Cultural Politics of Race and Nation. Chicago 1987

(150) Andrea Maurer (Hg.), Neuer Institutionalismus: zur soziologischen Erklärung von Organisation, Moral und Vertrauen. Frankfurt am Main u.a. 2002

(151) Richard Deeg, Institutional Change and the Uses and Limits of Path Dependency: The Case of German Finance. Köln 2001 (Max-Planck-Institut für Gesellschaftsforschung, discussion paper, 2001,6)

(152) Paul Pierson, Not Just What, but When: Timing and Sequence in Political Processes, in: Studies in American Political Development 14, S. 72–92

(153) Gerhard Lehmbruch, Der unitarische Bundesstaat in Deutschland: Pfadabhängigkeit und Wandel. Köln 2002 (Köln 2001 (Max-Planck-Institut für Gesellschaftsforschung, discussion paper, 2002,2)

(154) Kathleen Thelen, Historical Institutionalism and Comparative Politics, in: Annual Review of Political Science 2 (1999), S. 369–404

(155) James Mahoney, Path Dependence in Historical Sociology, in: Theory and Society 29 (2000), S. 507–548

(156) Deutschlands Weg in die Moderne. Politik, Gesellschaft und Kultur im 19. Jahrhundert. Hg. v. Wolfgang Hardtwig, Harm-Hinrich Brandt. München 1993 (Gedächtnisschrift Thomas Nipperdey)

(157) Charles Tilly, Die europäischen Revolutionen. München 1993 (zuerst Oxford 1993)

(158) Horst Lademacher, Die Niederlande. Politische Kultur zwischen Individualität und Anpassung. Berlin 1993

(159) Horst Lademacher (Hg.), Freiheitsstreben, Demokratie, Emanzipation. Aufsätze zur politischen Kultur in Deutschland und den Niederlanden. Münster 1993 (Niederlande-Studien, Bd. 5)

(160) Rolf-Ulrich Kunze, ‚Vader des vaderlands', Protorevolutionär oder toleranter Fürst? Zur Rolle Wilhelms von Oranien im Aufstand der Niederlande, 1566–1584, in: Archiv für Kulturgeschichte 82 (2000), S. 93–119

(161) Horst Lademacher (Hg.), Krieg und Kultur. Die Rezeption von Krieg und Frieden in der Nieder-

ländischen Republik und im Deutschen Reich, 1568–1648. Münster u.a. 1998
(162) Horst Lademacher, Staat, natie en nationaliteitsbesef: over Nederlandse en Duitse uitgangspunten van politieke cultuur. Amsterdam 2001 (Koninklijke Nederlandse Academie van Wetenschappen, Afdeling Letterkunde, 62,11)
(163) Horst Lademacher, Der europäische Nordwesten: historische Prägungen und Beziehungen. Ausgewählte Aufsätze. Münster u.a. 2001
(164) Otto Dann (Hg.), Nationalismus und sozialer Wandel. Hamburg 1978
(165) George L. Mosse, The Nationalisation of the Masses: Political Symbolism and Mass Movements in Germany from the Napoleonic Wars Through the Third Reich. New York 1977
(166) Eugen Weber, Peasants into Frenchmen: The Moderization of Rural France, 1870–1914. Stanford 1976
(167) Hartwig Brandt, Werner Grütter (Hg.), Nationalstaat und Nationalismus im 19. Jahrhundert. Paderborn 1981
(168) Eric J. Hobsbawm, Europäische Revolutionen. Zürich 1962 u.ö.
(169) Eric J. Hobsbawm, Die Blütezeit des Kapitals. München 1977
(170) Eric J. Hobsbawm, Das imperiale Zeitalter. Frankfurt am Main u.a. 1989
(171) Eric J. Hobsbawm, Das Zeitalter der Extreme. Weltgeschichte des 20. Jahrhunderts. München/Wien 1995
(172) Michael Peters, Der Alldeutsche Verband am Vorabend des Ersten Weltkrieges, 1908–1914. Ein Beitrag zur Geschichte des völkischen Nationalismus im spätwilhelminischen Deutschland. Frankfurt am Main 1996
(173) Stefan Biland, Die deutschkonservative Partei und der Bund der Landwirte in Württemberg vor 1914. Ein Beitrag zur Geschichte der politischen Parteien im Königreich Württemberg. Stuttgart 2002 (Stuttgarter historische Studien zur Landes- und Wirtschaftsgeschichte, Bd. 2)
(174) Sabine Grabowski, Deutscher und polnischer Nationalismus. Der Deutsche Ostmarkenverein und die polnische Straz, 1894–1914. Marburg 1998 (Materialien und Studien zur Ostmitteleuropaforschung; zugl. Diss. phil. Düsseldorf 1997)
(175) Geoff Eley, The German Navy League in German politics, 1908–1914. Univ. of Sussex 1974 (Diss. Phil.)
(176) Arnd Bauerkämper, Die ‚radikale Rechte' in Großbritannien: nationalistische, antisemitische und faschistische Bewegungen vom späten 19. Jahrhundert bis 1945. Göttingen 1991 (Kritische Studien zur Geschichtswissenschaft, Bd. 93; zugl. Diss. phil. Bielefeld 1989)
(177) Ernst Nolte, Der Faschismus in seiner Epoche. Die Action française, der italienische Faschismus, der Nationalsozialismus. München² 1965
(178) Theodore R. Weeks, Official and Popular Nationalisms: Imperial Russia 1863–1914, in: Ulrike von Hirschhausen, Jörn Leonhard (Hg.), Nationalismen in Europa. West- und Osteuropa im Vergleich. Göttingen 2001, S. 411–432
(179) Barry Jones, Michael Keating (Hg.), The European Union and the Region. Oxford 1995
(180) Hans-Jürgen Puhle (Hg.), Nationalismen und Regionalismen in Westeuropa. Göttingen 1994 (GuG 20/3)
(181) Handbuch der westeuropäischen Regionalbewegungen. Hg. v. Jochen Blaschke. Frankfurt am Main 1980
(182) Anke Schmidt-Felzmann, Kultureller und politischer Nationalismus: Unabhängigkeitsbestrebungen in Katalonien und Schottland. Germersheim 2001
(183) Rudolf Lill, Südtirol im Zeitalter des Nationalismus. Konstanz 2002
(184) Sheila Page, Regionalism and regional integration in Africa. Uppsala 2001
(185) Fu-kup Liu (Hg.), Regionalism in East Asia. Richmond 2001
(186) Graeme P. Herd, Anne Aldis (Hg.), Russian regions and regionalism: strength through weakness. London 2002
(187) Leonidas Donskis, Identity and freedom: mapping nationalism and social criticism in twentieth century Lithunia. London 2002
(188) Dieter Langewiesche, Georg Schmidt (Hg.), Föderative Nation. Deutschlandkonzepte von der Reformation bis zum Ersten Weltkrieg. München 2000
(189) Ute Wachendorfer-Schmidt, Der Föderalismus in der Bundesrepublik Deutschland. Eine Einführung. Wiesbaden 2003
(190) Björn Hettne (Hg.), Globalism and new regionalism. Basingstoke 2001
(191) Kommission der Europäischen Gemeinschaften, Die Regionen in Europa. Brüssel 1969
(192) Stein Rokkan, Die vergleichende Analyse der Staaten- und Nationenbildung, in: Wolfgang Zapf (Hg.), Theorien des sozialen Wandels. Köln 1970, S. 228–252
(193) Stein Rokkan (Hg.), The politics of territorial identity: studies in European regionalism. London 1982
(194) Shmuel N. Eisenstadt, Stein Rokkan (Hg.), Building States and Nations. 2 Bde. Beverly Hills 1973

(195) Dirk Gerdes, Regionalismus als soziale Bewegung: Westeuropa, Frankreich, Korsika. Vom Vergleich zur Kontextanalyse. Frankfurt am Main 1985
(196) Erik Jayme, ‚Das Zeitalter der Vergleichung' – Emerico Amari (1810–1870) und Friedrich Nietzsche, in: Aldo Mazzacane, Reiner Schulze (Hg.), Die deutsche und die italienische Rechtskultur im ‚Zeitalter der Vergleichung'. Berlin 1995 (Schriften zur europäischen Rechts- und Verfassungsgeschichte, Bd. 15), S. 21–29
(197) Roscoe Pound, Some thoughts about comparative law, in: Hans Dölle, Max Rheinstein, Konrad Zweigert (Hg.), Festschrift für Ernst Rabel. Bd. 1: Rechtsvergleichung und internationales Privatrecht. Tübingen 1954, S. 8–16
(198) Elmar Wadle, Einhundert Jahre rechtsvergleichende Gesellschaften in Deutschland. Festgabe anläßlich der Tagung für Rechtsvergleichung, 23.–26. März 1994 in Berlin. Baden-Baden 1994 (Arbeiten zur Rechtsvergleichung, Bd. 163)
(199) Dieter Gosewinkel, Einbürgern und Ausschließen: die Nationalisierung der Staatsangehörigkeit vom Deutschen Bund bis zur Bundesrepublik Deutschland. Göttingen 2001 (Kritische Studien zur Geschichtswissenschaft, Bd. 150)
(200) Peter Badura, Staatsrecht, Verfassungslehre, in: ders., Erwin Deutsch, Claus Roxin (Hg.), Fischer Lexikon Recht. Frankfurt am Main 1987, S. 199–202
(201) Walter Pauly, Carl Friedrich von Gerber, in: Michael Stolleis (Hg.), Juristen. Ein biographisches Lexikon. München 1995, S. 229 f
(202) Hermann Schulze, Einleitung in das deutsche Staatsrecht. Leipzig 1865
(203) Carl Friedrich von Gerber, Grundzüge eines Systems des deutschen Staatsrechts. Leipzig 1865
(204) Walter Pauly, Paul Laband, in: Michael Stolleis (Hg.), Juristen. Ein biographisches Lexikon. München 1995, S. 364 f.
(205) Paul Laband, Das Staatsrecht des Deutschen Reichs. Tübingen 1876–82
(206) Wolfgang Hardtwig, Hans-Ulrich Wehler (Hg.), Kulturgeschichte Heute. Göttingen 1996 (Geschichte und Gesellschaft, Sonderheft 16)
(207) Hans-Ulrich Wehler, Historisches Denken am Ende des 20. Jahrhunderts, 1945–2000. Göttingen 2001 (Essener Kulturwissenschaftliche Vorträge, Bd. 11),
(208) Anthony Smith, National Identity. London 1991, ²1993
(209) Anthony Smith, Nations and Nationalism in a Global Era. Oxford 1995
(210) Bernhard Giesen (Hg.), Nationale und kulturelle Identität. Frankfurt am Main 1991

(211) Michael Jeismann (Hg.), Grenzfälle: über neuen und alten Nationalismus. Leipzig 1993
(212) Heinrich August Winkler u.a. (Hg.), Nationalismus, Nationalitäten, Supranationalität. Stuttgart 1993 (Industrielle Welt, Bd. 53)
(213) Heiner Timmermann (Hg.), Die Entstehung der Nationalbewegung in Europa: 1750–1849. Berlin 1993 (Europäische Akademie Otzenhausen. Dokumente und Schriften, Bd. 71)
(214) Justo G. Beramendi (Hg.), Nationalism in Europe: past and present. Actas do Congreso Internacional Os Nacionalismos en Europa Pasado e Presente, Santiago de Compostela, 27–29 de setembro de 1993. Santiago de Compostela 1993 (Cursos y congresos de la Universidad de Santiago de Compostela, 84)
(215) Eva Schmidt-Hartmann (Hg.), Formen des nationalen Bewußtseins im Lichte zeitgenössischer Nationalismustheorien: Vorträge der Tagung des Collegium Carolinum in Bad Wiessee vom 31. Oktober bis 3. November 1991. München 1994
(216) John Hutchinson u.a. (Hg.), Nationalism. Oxford 1994 (Oxford readers)
(217) Bernd Estel (Hg.), Das Prinzip Nation in modernen Gesellschaften: Länderdiagnosen, theoretische Perspektiven. Opladen 1994
(218) Sukumar Periwal (Hg.), Notions of nationalism. Budapest u.a. 1995
(219) Ulrich Herrmann (Hg.), Volk – Nation – Vaterland. Hamburg 1996 (Studien zum achtzehnten Jahrhundert, Bd. 18)
(220) Pierre Birnbaum, Nation, nationalisme, citoyenneté. Paris 1996
(221) Helmut Berding (Hg.), Nationales Bewußtsein und kollektive Identität. Frankfurt am Main 1996
(222) Helmut Berding (Hg.), Mythos und Nation. Frankfurt am Main 1996
(223) Rogers Brubaker, Nationalism reframed: nationhood and the national question in the new Europe. Cambridge 1996
(224) Heinz-Gerhard Haupt (Hg.), Regional and national identities in Europe in the XIXth and XXth centuries, Den Haag 1998
(225) Jürgen Habermas, Die postnationale Konstellation. Politische Essays. Frankfurt am Main 1998
(226) Peter Alter (Hg.), Die Konstruktion der Nation gegen die Juden. München 1999
(227) Heiner Timmermann (Hg.), Nationalismus und Nationalbewegung in Europa: 1914–1945. Berlin 1999 (Europäische Akademie Otzenhausen. Dokumente und Schriften, Bd. 85)
(228) Andreas Suter, Nationalstaat und die ‚Tradition der Erfindung', in: GuG 25 (1999), S. 480–503

(229) Eric J. Hobsbawm, Terrence Ranger (Hg.), The Invention of Tradition. Cambridge ^{15}2000

(230) Gerd Krumeich u.a. (Hg.), ‚Gott mit uns'. Nation, Religion und Gewalt im 19. und frühen 20. Jahrhundert. Göttingen 2000 (Veröffentlichungen des Max-Planck-Instituts für Geschichte, Bd. 162)

(231) Christoph Conrad (Hg.), Mental Maps. Göttingen 2002 (GuG 28/3)

(232) Christoph Conrad (Hg.), Die Nation schreiben. Geschichtswissenschaft im internationalen Vergleich. Göttingen 2002

(233) Manfred Hildermeier, Jürgen Kocka, Christoph Conrad (Hg.), Europäische Zivilgesellschaft in Ost und West. Begriff, Geschichte, Chancen. Frankfurt am Main 2000

(234) Hartmut Kaelble, Der historische Vergleich. Eine Einführung zum 19. und 20. Jahrhundert. Frankfurt am Main 1999

(235) Lutz Niethammer, Kollektive Identität. Heimliche Quellen einer unheimlichen Konjunktur, unter Mitarbeit von Axel Dissmann. Reinbek 2000

(236) Dieter Langewiesche, Nationalismus im 19. und 20. Jahrhundert. Zwischen Partizipation und Aggression. Bonn 1994

(237) Horst Möller, Europa zwischen den Weltkriegen. München 1998 (Oldenbourg Grundriß der Geschichte, Bd. 21)

(238) Manfred Hettling u.a. (Hg.), Nation und Gesellschaft in Deutschland. München 1996

(239) Sabine Höhler, Nation im Zeitalter technischer Repräsentierbarkeit. Das Zusammentreffen des Grafen von Zeppelin, seines Luftschiffes und des deutschen Volkes im ‚Wunder von Echterdingen' 1908. IWT-Paper 26. Bielefeld 2002 [http://archiv.ub.uni-bielefeld.de/kongresse/technikidentitaet]

(240) Sabine Höhler, Luftfahrtforschung und Luftfahrtmythos: wissenschaftliche Ballonfahrt in Deutschland, 1880–1910. Frankfurt am Main 2001 (zugl. Diss. phil. TU Braunschweig 1999)

(241) Edgar Wolfrum, Geschichte als Waffe: vom Kaiserreich bis zur Wiedervereinigung. Göttingen 2001

(242) Holm Sundhaussen, Heiko Hänsel (Hg.), Konfliktregionen Südosteuropas im Zeitalter des Nationalismus, Teil 1. Berlin 2001

(243) Kai Struve (Hg.), Die Grenzen der Nationen: Identitätenwandel in Oberschlesien in der Neuzeit. Marburg 2002

(244) Holm Sundhaussen, Staatsbildung und ethnisch-nationale Gegensätze in Südosteuropa, in: Aus Politik und Zeitgeschichte 53 (2003), H. 10, S. 3–9

(245) Friedrich-Ebert-Stiftung (Hg.), Religionen und Kulturen in Südosteuropa: Nebeneinander und Miteinander von Muslimen und Christen. Berlin 2003

(246) Totalitarismus und Demokratie. Zeitschrift für Internationale Diktatur- und Freiheitsforschung im Auftrag des Hannah-Arendt-Instituts für Totalitarismusforschung Dresden 1 (2004), H. 1 ff.

(247) Frank-Rutger Hausmann, ‚Deutsche Geisteswissenschaft' im Zweiten Weltkrieg. Die ‚Aktion Ritterbusch' (1940–1945). Dresden/München 1998 (Schriften zur Wissenschafts- und Universitätsgeschichte, Bd. 1)

Netsites:

http://www.nationalismproject.org/about.htm
http://archiv.ub.uni-bielefeld.de/kongresse/technikidentitaet

Personenregister

Adenauer, Konrad 47
Adler, Alfred 50
Albrecht, Wilhelm E. 100
Alexander III. 77
Alter, Peter 8, 22, 29, 37 ff., 46 f., 93, 106, 108
Altgeld, Wolfgang 1, 7, 9, 55, 57 ff.
Anderson, Benedict 6, 16 ff., 21, 39, 46, 74 f., 77–80, 82, 105, 107, 113
Armstrong, John A. 40
Avineri, Shlomo 8

Badura, Peter 100
Baeumler, Alfred 55
Bähr, Otto 102
Bauerkämper, Arnd 1, 95
Beramendi, Justo G. 106
Berding, Helmut 106
Berger, Stefan 84 f.
Birnbaum, Pierre 106
Bismarck, Otto von 5, 10, 35, 37, 48, 90
Börne, Ludwig 55
Bourdieu, Pierre 36
Breuilly, John 8
Brubaker, Rogers 106
Buchheim, Hans 47

Cavour, Camillo B. 37
Conrad, Christoph 107
Conrad, Sebastian 107

Dahn, Felix 55
Dahrendorf, Ralf 92
Dann, Otto 7, 29, 40 f., 82, 91 ff.
Darwin, Charles R. 39, 95
Dawilsa, Adid 43
Deeg, Richard 86
Deutsch, Karl W. 7, 10, 15 ff., 21, 25, 41, 51 ff., 54, 95, 107
Domes, Jürgen 81
Droysen, Johann G. 27
Durkheim, Émile 58

Echternkamps, Jörg 83
Eisenstadt, Shmuel N. 98

Elias, Norbert 20, 82
Enzensberger, Hans M. 26
Estel, Bernd 106

Feuerbach, Ludwig 58
Follen, Karl 55
François, Etienne 8
Freud, Sigmund 50
Frevert, Ute 9

Gall, Lothar 14, 37
Geertz, Clifford 8, 80
Geiss, Imanuel 1, 8 f., 43–46
Gellner, Ernest 7, 9, 16, 24 f., 39, 53, 63–73, 80, 108, 112
Gerber, Carl F. W. von 100 f., 103 f.
Gierke, Otto von 55, 102
Giesen, Bernhard 106
Gilroy, Paul 85
Goethe, Johann W. 37
Gosewinkel, Dieter 99 f.
Graf, Friedrich W. 59 ff.
Green, Abigail 6, 79 f.
Grimm, Jacob und Wilhelm 52

Habermas, Jürgen 106
Hänsel, Heiko 111
Hardtwig, Wolfgang 51
Haupt, Heinz-Gerhard 59, 106
Hayes, Carlton J. H. 14
Herde, Peter 8
Herder, Johann G. 18, 30, 37, 39, 72
Herrmann, Ulrich 106
Hettling, Manfred 111
Hillgruber, Andreas 48
Hirschhausen, Ulrike von 8, 73, 107–110
Hitler, Adolf 9, 36, 62, 69
Hobsbawm, Eric J. 23, 93 ff., 98, 106
Höhler, Sabine 111
Hroch, Miroslav 16, 25, 31–35, 63
Huizinga, Johan 19
Hume, David 71
Huntington, Samuel P. 24
Hutchinson, John 106

Jäckel, Eberhard 9
Jaspers, Karl 46
Jeismann, Michael 106

Kamenka, Eugen 8
Kant, Immanuel 71, 104
Karl V. 19
Kedourie, Elie 21, 63, 65
Kemal, Mustafa (Kemal Atatürk) 38
Kennedy, John F. 44
Kipper, Rainer 55
Kohn, Hans 7, 15, 17, 20, 25, 40, 84, 110
Koselleck, Reinhart 23, 82
Krumeich, Gerd 106

Laband, Paul 102, 104 f.
Lambert, Edouard 99
Lamprecht, Karl 18
Langewiesche, Dieter 7 f., 40 f., 59, 81 f.
Lefebvre, Lucien 39
Lemberg, Eugen 7, 20, 25, 49 f., 53
Leonhard, Jörn 8, 107–110
Lepsius, M. Rainer 107
Lill, Rudolf 9
Linthout, Dick 24, 47
Liszt, Franz von 99
Luther, Martin 24

Maier, Hans 59
Mann, Thomas 20
Marx, Karl 58
Maurras, Charles 36, 38, 93
Mayer, Ferdinand F. von 102
Mazzini, Giuseppe 30, 37, 39
Meinecke, Friedrich 8, 14 f., 17, 27 ff.
Möller, Horst 111
Mosse, George L. 91
Müller, Adam 55

Nairn, Tom 77
Napoleon I. Bonaparte 18, 27, 31, 89 f.
Nolte, Ernst 95

123

Personenregister

Palacký, František 14
Parsons, Talcott 107
Pauly, Walter 100 f.
Periwal, Sukumar 106
Philipp II. 88
Plato 71
Puchta, Georg F. 103

Ranger, Terrence 106
Renan, Ernest 3, 7, 9–15, 17 f., 21, 29, 32, 40, 69, 78, 88
Renner, Andreas 53
Rokkan, Stein 98
Rothermund, Dietmar 41 f.
Rovan, Joseph 23
Rüsen, Jörn 51

Saleilles, Raymond 99
Savigny, Friedrich C. von 103
Scherrer, Christian P. 43
Schieder, Theodor 15, 17, 25 f., 29, 31 f., 70, 82, 84, 89, 110
Schmidt-Hartmann, Eva 106
Schnabel, Franz 28

Schulze, Hagen 5 f., 8, 16, 48
Schulze, Hermann (Schulze von Gaevernitz) 102 f.
See, Klaus von 54 f.
Seton-Watson, Hugh 77
Shils, Edward 61
Siegrist, Hannes 8
Smith, Anthony 8, 77, 105
Sofsky, Wolfgang 69
Sombart, Werner 54
Spengler, Oswald 55
Stalin 69
Stolleis, Michael 1, 99, 102–105
Struve, Kai 111
Sundhaussen, Holm 111
Suter, Andreas 79 f., 106
Sybel, Heinrich von 27

Tacitus 54
Thorbecke, Johan R. 88
Tilly, Charles 87 f.
Timmermann, Heiner 106
Toer, Pramoedya A. 78

Treitschke, Heinrich von 27, 55

Voegelin, Eric 59
Vogel, Jakob 8

Weber, Eugen 91
Weber, Max 19
Weeks, Theodore R. 96
Wehler, Hans-Ulrich 17, 29, 55 ff., 95, 105, 111
Weidenfeld, Werner 47
Weidinger, Dorothea 8
Wielenga, Friso 1
Wilhelm I. 88 f.
Wilhelm I. von Oranien 87
Wilson, Woodrow 14, 68
Windscheid, Bernhard 103
Winkler, Heinrich A. 35 f., 106, 108
Wolfrum, Edgar 111

Zuelow, Eric 8

Sachregister

Absolutismus 88, 102
Achtzigjähriger Krieg 88
Action française 36, 95
Afrika 41, 77
Ägypten 11, 46
Albanien 31
Algerien 45
Alldeutscher Verband 56f., 95
Amerikanische Revolution 23, 81
Amerikanische Unabhängigkeitserklärung 79
Ancien Régime 54
Anglo-saxonism 57
Angola 45
Annales 39
Antisemitismus 36, 62, 95
Antisozialismus 95
Asien 41, 77, 97
Äthiopien 46

Baden-Württemberg 97
Baskenland 15
Batavische Republik 89
Belgien 31
Blackness 85
Böhmen 14, 25, 33
Britisch-Indien 45
Britishness 85
Bulgarien 31, 46
Bund der Landwirte 95
Bundesministerium für Vertriebene, Flüchtlinge und Kriegsgeschädigte 29
Bürgergesellschaft 84

Calvinismus 88
Chaldäa 11
Challenge and response 44
China 11, 46
Clash of civilizations 113

Dekolonisierung 18
„Deutsche Frage" 45
Deutscher Flottenverein 95
„Deutschgläubigkeit" 57
Doppelrevolution 4, 71
„Dritte Welt" 41, 81, 97

Elitennationalismus 4, 63, 87
England 4, 28, 30f., 45, 63, 84, 89
Englishness 85
Eritrea 45
Erster Weltkrieg 15, 28, 44, 54, 69, 88, 100, 109
Estland 46
„Ethnische Säuberungen" 69f., 82
Europäische Union 98, 107, 113
Evolutionslehre 95

Faschismus 16, 95
Finnland 46
Föderalismus 31f.
Frontier 43
Frankreich 4, 12, 18, 28, 30f., 69, 74, 79ff., 85, 89, 97, 109
Französische Revolution 22f., 54, 59, 76, 79, 80f., 88
Frontsoldatenkult 85
„Führerstaat" 62
Fundamentalismus 72
Fundamentalpolitisierung 41

Galizien 109
„Gebietskörperschaft" 101
„Geschichtsbewusstsein" 51
Ghana 46
Globalisierung 4, 53, 72
Griechenland 31, 46
Großbritannien 18, 31, 84ff., 95, 97, 109
Guinea-Bissau 45

Habsburg 11
Hannover 6, 12
Heimat 36
Holland 11, 19
Holocaust, siehe Shoa

„Ideen von 1789" 54
„Ideen von 1870/71" 55
„Ideen von 1914" 54
Imperialismus 18
Indien 46
Indirect rule 42

Indonesien 45, 74
Industrielle Revolution 35, 87
Interventionsstaat 90
Irak 46
„Irische Frage" 45
Irland 46, 91
„Irredenta" 62
Islamischer Fundamentalismus 43
Israel 23, 46
Italianità 31
Italien 12, 23, 30ff., 37, 46, 62, 70, 91, 109
„Italienische Frage" 45

Japan 38, 96
Jugoslawien 5
„Jung-Bosnien" 38
„Junges Europa" 37
„Junges Polen" 38
„Jungosmanen" 38
„Jungtürken" 38

Kaiserreich (Deutsches) 35, 37, 99, 104, 111
Kambodscha 45
Kanada 97
Kenia 45
Konfession 3, 24, 28, 42
Königreich der Vereinigten Niederlande 90
„Konservative Revolution" 62
Konstitutionalismus 102
Korsika 97
Kriegsnationalismus 110
Kroatien 46
Kulturgeschichte 17

Landkarte 78, 100, 107
Laos 45
„Lebensraum im Osten" 85
Lettland 46, 109
Litauen 46

„Machtergreifung" 36
Mali 46
Männlichkeitsideal 85
Marxismus-Leninismus 34

125

Sachregister

Massennationalismus 4, 16, 63, 71, 87
„Meistererzählung" 85
Menschenrechte 88, 100
„Mental Maps" 107
Minderwertigkeitsgefühl 50
Mitteleuropa 5, 39
Moderne 3
Modernisierung 9, 16, 35, 87–93
Mosambik 45
Musealisierung 78

„Nationalisierung" 6, 30, 73, 81 f., 87, 98
„Nationalökonomie" 53
Nationalsozialismus 9, 15 f., 18, 28, 36, 50, 55, 58, 61 f., 85, 88, 95
Nationbuilding 1, 3 f., 6, 9, 15, 21 f., 38 ff., 53 f., 63, 69 f., 73, 79, 84, 86, 91, 98 f., 105, 108 f., 112 ff.
Naturrecht 103
Navy League 85
Niederlande 4, 11, 24, 31, 87–91
Nordirland-Konflikt 45
Nordvietnam 45
Norwegen 44, 74

„Orientalische Frage" 45
Österreich 12, 110
Österreich-Ungarn 5, 18, 62
Ostmarkenverein 56 f., 95

Pariser Friedenskonferenz 25
Pariser Weltausstellung 99
Parma 12

Paulskirche 36
Peripherie und Zentrum 43, 46
Philhellenismus 68
Piemont 32
Polen 15, 31, 46, 91
„Politische Religionen" 59
„Polnische Frage" 45
Portugal 74
Prag 25, 32, 63
Preußen 5, 16, 31 f.

Rasse 11 f., 36, 61, 95
Raumerfahrung 74
Rechtspersönlichkeit des Staates 100 f.
„Rechtsstaat" 100
Reichsgründung 6, 36, 48
„Reichsnation" 6
Rheinliedbewegung 39
Risorgimento 31, 37 ff., 41, 45
Rumänien 31
Russland 46, 54, 96, 109 f.

Sachsen 6, 12
Schottland 15
Schweden 44
Schweiz 5, 11, 79 f., 97
Sedan 25
Serbien 31, 46
Shoa, Holocaust 45, 47
Simbabwe 45
Slowenien 46
„Sonderweg" 10, 16, 28, 32, 89
Sorbonne 11
Sowjetunion 113
Spanien 4, 74, 97
Staatsbürgerschaft 41, 67
Südostasien 74
„Südslawische Frage" 45

Südvietnam 45
Supranationale Verbündete 98
Syrien 46

Totalitarismus 58
Traditionserfindung 79
Transatlantische Identität 79
Tschechoslowakei 31, 69
Türkei 38, 46

UdSSR 5, 97
„Ultramontanismus" 55
Ungarn 11, 15, 46
Unitarismus 31 f.
USA 18, 28

Vereinte Nationen 5, 23, 113
Versäulung 89
Vertragstheorie 88
Villafranca 25
„Volkskultur" 97
Volkszählung 77

Weimarer Republik 62, 100
Westfälischer Frieden 88
Wiedervereinigung 5, 111
Wiener Kongress 6, 38, 45, 68, 90
Württemberg 6

Xenophobie 41

Young Ireland 38

Zeiterfahrung 75
„Zivilreligion" 69
Zweiter Weltkrieg 15, 24, 27, 53, 84, 86, 89 f.
Zypern 45

In der Reihe KONTROVERSEN UM DIE GESCHICHTE sind bisher erschienen:

Stefan Ehrenpreis/Ute Lotz-Heumann
Reformation und konfessionelles Zeitalter
2002. VIII, 138 S.
ISBN 3-534-14774-X

Angela Borgstedt
Das Zeitalter der Aufklärung
2004. VIII, 120 S.
ISBN 3-534-16566-7

Edgar Wolfrum
Krieg und Frieden in der Neuzeit
2003. VIII, 156 S.
ISBN 3-534-15832-X

Ewald Frie
Das Deutsche Kaiserreich
2004. VIII, 147 S.
ISBN 3-534-14725-1

Dieter Gessner
Die Weimarer Republik
2002. VIII, 131 S.
ISBN 3-534-14727-8

Detlef Schmiechen-Ackermann
Diktaturen im Vergleich
2002. VIII, 174 S.
ISBN 3-534-14730-8

Beate Ihme-Tuchel
Die DDR
2002. VIII, 128 S.
ISBN 3-534-14733-2
„... eine gelungene Zusammenschau der wichtigsten Forschungsdebatten zur Entwicklung des zweiten deutschen Staates vermittelt ... ein praktisches Kompendium ..., das Forscher wie Studenten nutzbringend verwenden können."
(*FAZ*)

Bernd Stöver
Die Bundesrepublik Deutschland
2002. VIII, 147 S.
ISBN 3-534-14728-6

Die Reihe wird fortgesetzt.